菊地照夫　著

# 古代王権の宗教的世界観と出雲

同成社　古代史選書　21

目次

## 第Ⅳ部　出雲国造神賀詞奏上儀礼をめぐって

# 古代王権の宗教的世界観と出雲

# 序章　日本古代史における出雲の特殊性の解明に向けて

## 一　古代出雲の特殊性解明の視点

日本古代史のなかで出雲は特殊な地域として位置づけられている。古事記・日本書紀の神代の部分（古事記上巻、日本書紀巻一・二、いわゆる記紀神話）では、出雲は地上世界である葦原中国の中心的な地とされ、古事記の神話では出雲に関わる物語は全体の三分の一に及ぶ。葦原中国の国作りの神オオナムチ（オオクニヌシ）は同国の支配権を天上世界の神々（タカミムスヒ、アマテラス）の側に譲渡（国譲り）して、自らは出雲に隠棲し天上から派遣されたアメノホヒに祭られたとされるが、出雲にはこの神話の記述を具現化する杵築大社（出雲大社）が存在し、アメノホヒの後裔である出雲国造によって同社に坐すオオナムチの祭祀が行なわれている。その出雲国造は就任すると上京して天皇に神宝を献上するとともに神賀詞を奏上したが、このような特殊な儀礼を行なうのは律令国家が掌握する全国の神社の神職のなかでは出雲国造だけである。[1]

本書は、このような日本古代史における出雲の特殊性の意味、その歴史的背景を解明することを課題としている。

こうした出雲の特別な扱われ方をめぐっては、これまでヤマト王権による全国統一以前に、出雲には大きな政治権力あるいは宗教勢力が存在し、それを王権が政治的、宗教的に服属させた史実を歴史的背景として考える見方が多くなされてきた(2)。しかし、そのような理解は、記紀神話の世界観をそのまま史実として受けとめたものにすぎない。考古学や文献史学の研究によって明らかにされている古代の出雲は、他の地域と比較しても、けっして特殊な地域であったわけではない。確かに王権の全国支配の進展や律令国家形成の過程で、大和と出雲との間に何らかの政治的、場合によっては軍事的緊張があり、最終的に出雲勢力が王権の支配に組み込まれた歴史的事実は存在する。しかし、それはヤマト王権と他の地域勢力との間にみられた関係と比べても異質なものではなかったはずである。

この問題を解明するためには、次の三つの視点からの検証が必要である。第一には出雲地域の古代史の様相を明らかにすること、第二にはヤマト王権と出雲との関係の実態を明らかにすること、そして第三にはヤマト王権の宗教的世界観のなかでの出雲の位相を歴史的に明らかにすることである。それぞれのアプローチは各々別個に行なわれるのではなく、相互の関係を踏まえつつ行なわれるべきであるが、筆者はこの出雲の特殊性の本質を明らかにするためには第三の視点が最も重要であると考えている。

古代出雲の特殊性は記紀の神話に端的に表れている。記紀の神話は八世紀の編纂物ではあるが、その素材は王権の神話やそれを前提とした王権に奉仕する氏族の神話であり、そこには王権の宗教的世界観が反映されている。記紀の神話に描かれている世界観は、王権支配の正統性を保証する根源的な世界である天上世界（他界）と、王権の支配すべき世界としての地上世界（現世）の垂直的な他界観を基軸としており、地上世界は葦原中国とも称されるが、出雲はその地上世界を代表する地として王権神話に位置づけられている。地上世界は常世国・根国・黄泉国などの他界とももつながっているが、これらは水平的な他界である。出雲はこれらの他界との結節点とされている。

このような記紀神話の世界観に反映されている王権の宗教的世界観とはいかなるものであろうか。

ヤマト王権は稲作農耕社会を基盤とする王権である。もちろん、その支配領域には、狩猟民も漁労民も、畑作農耕民も交易民も存在し、王権の支配の対象とされるが、弥生時代以来の列島社会が稲作農耕社会を基準に統合が進められて国家形成に向かっていったことは間違いない。その到達点である律令国家においても、天皇が大嘗祭という稲の祭りを行なうこと、国家祭祀のなかで最も大規模に行なわれる祭儀は稲作農耕儀礼に由来する祈年祭であること、支配の対象となる人民には水田が班給され、稲作農耕民として掌握されたことなどからみて、律令制下の王権・国家が稲作農耕社会を基盤としていることがわかる。

このように稲作農耕社会を基盤とするヤマト王権の宗教的世界観は、稲作農耕民に普遍的な稲霊信仰に規定されている。稲霊信仰とは、稲には稲霊が存在し、稲の稔りは稲霊の霊力の発現によってもたらされるという信仰であるが、この信仰は稲霊と人間の霊魂を同質のものととらえる霊魂観を伴う。この信仰がなぜ稲作農耕社会に普遍的にみられるかというと、それは稲に人間の霊魂の素となる稲霊が宿っていると信仰されているからに他ならない。この信仰によって稲作農耕社会では稲・米は他の農作物・食物とは別格の物として扱われるのである。稲作農耕社会とは要するに稲霊信仰を共有する社会なのである。

その稲霊信仰は次のような宗教的世界観を伴う。

① 稲霊は春、種籾に内在して他界から現世に来臨する。
② 種籾はそれのみでは発芽も生長もしないように、稲霊は現世に属する地霊・水霊などの外在的な霊力に育まれて霊威を発動して稔りをもたらすことができる。
③ 稔りをもたらして霊力を使い果たした稲霊は「死」の状態に陥り、他界へ帰還する。
④ 他界は稲霊の霊力を再生する世界であり、稲霊は冬の間に霊威を再生し、翌春、霊力に満ち溢れた状態となっ

て種籾に内在して現世に来臨する＝①へ
（③④については、「死」の状態になった稲霊は他界に帰還せず、他界から神が来訪して稲霊を再生させるパターンもある）

すなわち、稲霊信仰の世界観とは、稲作の行なわれる現世と、稲霊が生成・再生される他界の二つの世界を観想し、他界のパワーによって霊威を生成・再生した稲霊が現世の地霊・水霊に育まれて霊力を発動して現世に豊穣がもたらされるという観念である。稲作農耕社会を基盤とするヤマト王権の宗教的世界観は、こうした稲霊信仰に規定されているのである。

## 二　本書の概要

本書第I部では、王権の宗教的世界観を反映している記紀の神話・伝承の多くに稲霊信仰の宗教的世界観のモチーフに基づくストーリー構成がみられることを明らかにする。

記紀神話は複数の個別神話を接合して神代史が構成されているが、その個別神話には王権祭祀を反映した祭儀神話という性格がある。(3) 王権祭祀は王権の宗教的世界観に基づいて執り行なわれるものであり、したがって、それを反映した祭儀神話にはその宗教的世界観が表現されている。稲作農耕社会を基盤とするヤマト王権においては稲霊信仰がその宗教的世界観を規定しており、記紀神話を構成する個別神話にはその要素が認められるのである。この傾向は神話だけでなく、記紀の伝承、とくに応神天皇以前の伝承にもみることができる。そうした神話・伝承を分析して、五世紀のヤマト王権の宗教的世界観が水平的他界観に基づくものであったことを明らかにする。

続く第Ⅱ部では、ヤマト王権の発展とともにその宗教的世界観の様相が変遷していくなかで、出雲がいつ、なぜ、どのようにその世界観において特殊な地域として位置づけられていくのかという問題を考える。

六世紀中葉の欽明朝期は国家形成の大きな画期であり、この時期に世襲王権が形成され、それに伴い王権の宗教的世界観もそれまでの水平的な他界観から、記紀神話にみられるような天上世界―地上世界を基軸とする垂直的他界観に変化し、この段階で地上世界の中心に出雲が位置づけられたと考えられる。では、なぜ出雲はヤマト王権に特別視されたのであろうか。それは出雲の玉作に原因があるとみられる。第Ⅱ部ではこうした宗教的世界観の転換と出雲の特殊化の問題を論じていくが、そのなかで紀伊と出雲の間に何らかの関係があり、宗教的部民である忌部を統括する忌部氏の玉作への関与がそこに介在することを明らかにする。

そして、第Ⅲ部ではヤマト王権の新嘗と祈年祭について考察する。上述のように律令国家において新嘗（大嘗）・祈年祭という稲作に関わる祭儀は律令制祭祀の中核となるものであったが、これら令制祭祀としての新嘗（大嘗）・祈年祭が、令制前代のどのような祭祀と連なるかは、これまでの研究では十分に解明されていない。この問題についても稲霊信仰の視点が有効である。

今日、一般的には、祈年祭は春に稲作の豊穣を神に祈請する予祝祭、新嘗は秋に収穫した初穂・新穀を神に供える収穫感謝祭と理解されている。しかし稲作農耕儀礼は稲霊信仰の宗教的世界観に基づいて行なわれるものであり、祈年祭や新嘗祭の本質的な意義は稲霊信仰の観点から理解されなければならない。すなわち、稲霊信仰の観点からすると祈年祭は春に稲霊を育む現世の地霊・水霊を祭る祭儀である。また、そこには稲霊と地霊・水霊との交接の要素も含まれる。稲の豊穣を予祝する祭儀であることには違いないが、現世の地霊・水霊が中心的な祭祀対象となり、上記の①～④に整理した稲霊信仰の宗教的世界観の展開では②にあたる。一方、新嘗は豊穣をもたらして霊力を使い果たして「死」の状態となった稲霊を再生させる儀礼であり、上記の④に相当する信仰的な意義のある祭儀である。第Ⅲ部ではこうした稲霊信仰の宗教的世界観に基づいてヤマト王権の新嘗儀が王権の直轄地である屯田に設けられた斎田の稲を用いて行なわれたこと、ヤマト王権の祈年祭がその斎田の地霊神の祭祀であることを明らかにし、天孫降臨神話、国譲り神話がそれぞれの祭儀神話であることを指摘している。

王権祈年祭の祭祀対象とされる斎田の地霊神は、大和の三輪山の神（オオモノヌシ）、葛城の神（アジスキタカヒコネ・コトシロヌシ）などであったが、これらの神々は記紀神話では出雲のオオナムチと同一神またはその御子神とされている。王権祈年祭の祭祀対象の神がなぜ出雲の神とされているのか。それは終章で明らかとなる。

第Ⅳ部では、律令国家の下で出雲国造が行なう神賀詞奏上儀礼について考察する。国譲りの神であるオオナムチを祭る杵築大社、その祭祀を司る出雲国造の存在は出雲の特殊性を実態的に示すものだが、この儀礼を王権に対する出雲の服属儀礼ととらえる見方は根強い。この儀礼では出雲国造が神宝を天皇に献上して神賀詞を奏上するが、日本書紀に地方豪族が神宝を捧げて王権に服属する記事がみえており、実態は出雲の地方豪族である出雲国造が神宝を献上して神賀詞を奏上することをそれらと同様の服属儀礼ととらえるのである。しかし、出雲国造は系譜的にはアマテラスの子であるアメノホヒの子孫であり、王権側に属する立場で、葦原中国の国作りの神であるオオナムチを鎮祭する役割を負っている。王権の宗教的世界観においては現世である葦原中国は王権の支配すべき世界であり、その国を作ったオオナムチから国土の支配権を譲渡させ、出雲国造の祖神アメノホヒがオオナムチを祭り鎮めることにより、王権の国土支配は保障されることになる。神賀詞奏上儀礼における神宝は、アメノホヒがオオナムチを鎮祭する呪具に由来し、同儀礼はそれを天皇に献上してその霊威を天皇に付与（タマフリ）することにより、天皇の国土支配権が保障されるという宗教的な意義をもった儀礼であったと考えられる。

それとともに、神賀詞奏上儀礼は祈年祭との関係が指摘されているが、本書のまとめとしてこの問題を考察する。神賀詞奏上儀礼は八世紀にはほとんど祈年祭と同じ二月に行なわれている。しかも、出雲国造とともに出雲の全ての官社の祝部も国造に同行して上京しており、祝部は神祇官で行なわれる祈年祭にも参列したことは間違いない。また神賀詞詞章には国譲り神話が語られているが、国譲り神話の原形がヤマト王権の祈年祭の祭儀神話であることは第Ⅲ部で指摘している。

このように、神賀詞奏上儀礼は天皇への霊威付与のタマフリ儀礼であるとともに祈年祭とも関わるが、こうした律令国家のもとで行なわれる神賀詞奏上儀礼のあり方は歴史的に形成されたものである。その意味を理解するためには、六世紀以降の古代国家形成史のなかでのヤマト王権と出雲との関係の変遷とそれに伴う王権の宗教的世界観における出雲の位置づけの変遷をあとづけ、そのことを踏まえて八世紀、律令国家段階の神賀詞奏上儀礼の性格を検討する必要がある。終章では、出雲が王権の宗教的世界観のなかで現世の中心に位置づけられてその実態化が図られていくなかで、杵築大社が創建されてオオナムチが祀られ、その祭祀を出雲国造が担うとともに神賀詞奏上儀礼を行なうに至るプロセスの諸段階を明らかにするとともに、律令国家形成に伴って大嘗祭が成立し、それとともに王権の祈年祭が神賀詞奏上儀礼と一体化することを指摘する。

以上の考察をとおして、本書では日本古代史のなかで出雲が特殊な場所として位置づけられていることの意味とその形成過程の解明を行なった。

## 三　本書の研究手法

本書が検討の対象とするのは主に神話・伝承・祭儀であり、史料としては古事記・日本書紀が中心となるが、この分野では文献史学的な実証は難しく、民俗学や比較神話学、国文学の成果や手法の援用が必要となる。本書の中心的な概念となる稲霊信仰、宗教的世界観も民俗学に依拠している。また、第Ⅱ部は考古学の成果に基づいており、本書では文献史学に隣接する様々な分野の成果を援用して、律令国家成立以前のヤマト王権の祭儀を復元するとともに、日本列島における古代王権の発展と国家形成のプロセスのなかに出雲の問題を位置づける取組を行なっている。

このような研究の基本姿勢は、戦後歴史学のなかで王権祭祀や記紀の神話・伝承の研究をリードしてきた岡田精司の研究の手法を継承するものである。岡田は戦前・戦中における神権天皇制のもとで聖典とされて科学的な研究の許されなかった古事記・日本書紀の神話や伝承を歴史学の立場から精力的に分析し、多くの成果をあげているが[4]、本書ではその成果を引き継いでいきたい。岡田の研究は、記紀神話を構成する個別の神話を王権の祭儀神話ととらえ、そこに反映されている王権祭祀を追究するとともに、それら個別神話が体系化されて古事記・日本書紀の神話にまとめられてゆくプロセスを国家形成過程との関係で論じている。

こうした記紀神話の分析、検討のありかたに対して、国文学から、記紀の神話は古事記・日本書紀というテキストの一部としてのみ存在しているのであり、個々の部分もそれぞれのテキストの一部として読み解くべきであるとして、岡田の研究への批判が提示されている[5]。しかし、歴史学からの神話研究には、テキストの外側の問題、すなわち神話と王権・社会との関係性の追究が求められているのであり[6]、記紀を構成する個別の神話や伝承に内在する諸問題を抽出して律令制以前の王権祭祀の様相や記紀の成立過程、古代国家の形成過程を論じる岡田の研究のあり方は、歴史学の研究としては有効である。

本書が検討の対象とする、八世紀に編纂された記紀の神話や、律令国家の下で行なわれる杵築大社の祭祀と神賀詞奏上儀礼にみられる出雲の特殊性は、律令制以前のヤマト王権段階の王権と出雲との関係、王権の宗教的世界観の変遷を踏まえて歴史的に形成されたものである。本書では、その特殊性の意味と形成過程を、岡田の研究手法にならって解明していきたい。

## 註

（1）以下、本書では、古事記を記、日本書紀を紀または書紀と略すことがある。また、両書を合わせて記紀と称することもある。

（2）例えば津田左右吉は、「オホナムチの命が物語の上に於ける政治的君主としての神であって、その根抵には歴史的事実として存在したイヅモの政治的勢力があり、イヅモの国造がその名残である」「此のイヅモの勢力が、曽ては我が皇室の統治せらる国家に対して独立してゐたものであり、後には皇室に服属したものであるといふことは、其の服属の儀礼的表示が出雲国造神賀詞の奏上として、朝廷に於いて長い間、行はれてゐたのでも推知せらる。」と述べている（『日本古典の研究』上、津田左右吉全集一、岩波書店、一九六三年、五六五頁）。

（3）記紀神話と王権祭祀との関係については、松村武雄『日本神話の研究』全四巻（培風館、一九五四年）、松前健『古代伝承と宮廷祭祀』（塙書房、一九七四年）、岡田精司「記紀神話の成立」（『岩波講座日本歴史 2』古代 2、一九七五年）を参照。

（4）岡田精司『古代王権の祭祀と神話』（塙書房、一九七〇年）、同『古代祭祀の史的研究』（塙書房、一九九二年）。

（5）　神野志隆光『古事記の世界観』（吉川弘文館、一九八六年）、同『古事記と日本書紀』（講談社、一九九九年）、同『古代天皇神話論』（若草書房、一九九九年）など。
（6）　榎村寛之「神話と伝承―日本古代史と隣接諸学の関係―」（『歴史評論』六三〇、二〇〇二年）。

# 第Ⅰ部

# 稲霊信仰と宗教的世界観

# 第一章　オオナムチ・スクナヒコナの国作り神話と稲霊信仰

古事記・日本書紀・風土記等にみえる古代の神話や伝承には、稲霊信仰とその宗教的世界観（他界観）に基づくモチーフによって構成されているものが多い。本章では記紀にみえるオオナムチとスクナヒコナの国作り神話を取りあげて、これを明らかにしたい。同神話はオオナムチとスクナヒコナによる葦原中国の国作りを物語る神話である。

## 一　記紀にみえる国作り神話

まずは、記紀の国作り神話を引用する。

古事記の国作り神話は、スサノオ後裔のオオクニヌシの物語の最後の部分にみえる。

○古事記　上巻(1)

故、大国主神、出雲の御大の御前に坐す時、波の穂より天の羅摩船に乗りて、鵝の皮を内剥に剥ぎて衣服に為て、帰り来る神有りき。爾に其の名を問はせども答へず、且所従の諸神に問はせども、皆「知らず。」と白しき。爾に多邇具久白言しつらく、「此は久延毘古ぞ必ず知りつらむ」とまをしつれば、即ち久延毘古を召して問はす時に、「此は神産巣日神の御子、少名毘古那神ぞ。」と答へ白しき。故爾に神産巣日御祖命に白し上げたまへば、答へ告りたまひしく、「此は実に我が子ぞ。子の中に、我が手俣より久岐斯子ぞ。故、汝葦原色許男命と兄弟と為りて、其の国を作り堅めよ。」とのりたまひき。故、爾れより、大穴牟遅と少名毘古那と、二柱の神相並ばして、此の国を作り堅めたまひき。然て後は、其の少名毘古那神は、常世国に度りましき。故、其少名毘古那神を顕はし白せし謂はゆる久延毘古は、今者に山田の曾富騰といふぞ。此の神は、足は行かねども、盡に天の下の事を知れる神なり

是に大国主神、愁ひて告りたまひしく、「吾独して何にか能く此の国を得作らむ。孰れの神と吾と、能く此の国を相作らむや。」とのりたまひき。是の時に海を光らして依り来る神ありき。其の神の言りたまひしく、「能く我が前を治めば、吾能く共与に相作り成さむ。若し然らずば国成り難けむ。」とのりたまひき。爾に大国主神曰しく、「然らば治め奉る状は奈何にぞ。」とまをしたまへば、「吾をば倭の青垣の東の山の上に伊都岐奉れ。」と答へ言りたまひき。此は御諸山の上に坐す神なり。

日本書紀では、国作り神話は本文にはなく、別伝である一書のなかにみえる。

○日本書紀　神代上　第八段第六の一書(2)

一書に曰はく、大国主神、亦の名は大物主神、亦は国作大己貴命と号す。亦は葦原醜男と曰す。亦は八千戈神と曰す。亦は大国玉神と曰す。亦は顕国玉神と曰す。其の子凡て一百八十一神有す。夫の大己貴命と、少彦名命と、力を戮せ心を一つにして、天下を経営《つく》る。復顕見蒼生及び畜産の為は、其の病を療む方を定む。又、鳥獣・昆蟲の災異を攘はむが為は、其の禁厭むる法を定む。是を以て、百姓、今に至るまでに、咸に恩頼を蒙れり。嘗、大己貴命、少彦名命に謂りて曰はく、「吾等が所造る国、豈善く成せりと謂はむや」とのたまふ。少彦名命対へて曰はく、「或は成せる所も有り。或いは成らざるところも有り」とのたまふ。是の談、蓋し幽深き致

有らし。其の後に、少彦名命、行きて熊野の御崎に至りて、遂に常世郷に適しぬ。亦曰はく、淡島に至りて、粟茎に縁りしかば、弾かれ渡りまして常世郷に至りましきといふ。自後、国の中に未だ成らざる所をば、大己貴神、独能く巡り造る。遂に出雲国に到りて、乃ち興言して曰はく、「夫れ葦原中国は、本より荒芒びたり。磐石草木に至及るまでに、咸に能く強暴る。然れども吾已に摧き伏せて、和順はずといふこと莫し」とのたまふ。遂に因りて言はく、「今此の国を理むるは、唯し吾一身のみなり。其れ吾と共に天下を理むべき者、蓋し有りや」とのたまふ。

時に、神しき光海に照して、忽然に浮び来る者有り。曰はく、「如し吾在らずは、汝何ぞ能く此の国を平けましや。吾が在るに由りての故に、汝其の大きに造る績を建つこと得たり」といふ。是の時に、大己貴神問ひて曰はく、「然らば汝は是誰ぞ」とのたまふ。対へて曰はく、「吾は是汝が幸魂奇魂なり」といふ。大己貴神の曰はく、「唯然なり。迺ち知りぬ、汝は是吾が幸魂奇魂なり。今何処にか住まむと欲ふ」とのたまふ。対へて曰はく、「吾は日本国の三諸山に住まむと欲ふ」といふ。故、即ち宮を彼処に営りて、就きて居しまさしむ。此、大三輪の神なり。

（中略）

初め大己貴神の、国平けしときに、出雲国の五十狭狭の小汀に行到して、飲食せむとす。是の時に、海上に忽に人の声有り。乃ち驚きて求むるに、都に見ゆる所無し。頃時ありて、一箇の小男有りて、白蘞の皮を以て舟に為り、鷦鷯の羽を以て衣にして、潮水の随に浮き到る。大己貴神、即ち取りて掌中に置きて、翫びたまひしかば、跳りて其の頬を噛ふ。乃ち其の物色を怪びて、使を遣して天神に白す。時に、高皇産霊尊、聞しめして曰はく、「吾が産みし児、凡て一千五百座有り。其の中に一の児最悪くして、教養に順はず。指間より漏き堕ちにしは、必ず彼ならむ。愛みて養せ」とのたまふ。此即ち少彦名命是なり。

以上の記紀の国作り神話を比較すると、細部に異なる点がみられる。また書紀では、スクナヒコナ出現のエピソードを後に付加するという記載のあり方に古事記との違いがある。しかし全体的にみると物語の構成に大きな違いはなく、その骨子は次のように要約することができる。

a. オオナムチのもとに海の彼方からスクナヒコナが来訪する。

b. オオナムチはスクナヒコナとともに国作りを行なう。

c. 国作りの後、スクナヒコナは常世国へと渡る。

d. オオナムチが独りでは何もできないと嘆いていると、海の彼方から三輪山の神が来訪し、国土経営の協力を申し出る。

この物語のモチーフの構成と展開が、稲霊信仰とその宗教的世界観に基づくものであることを、以下で明らかにしたい。

## 二　稲霊信仰とその宗教的世界観

稲作農耕社会には稲霊信仰が普遍的に存在する。稲霊信仰とは稲には稲霊が内在し、その霊力の発現によって稲の稔りがもたらされるという信仰である。その内容と構成要素（モチーフ）を稲作のプロセスに即して整理すると、次のようにまとめることができる。

①　稲霊は稲作の行なわれるこの世（現世）とは別の他界で生成され、稲種（種籾）に内在して春に他界より現世

に来臨する。

②　稲霊はそれのみで霊力を発現することはできず、地霊・水霊などの外在的な霊力に育まれることにより霊力を発現する。この地霊・水霊などの外在的霊力は現世に属する。

③　稲霊は地霊・水霊に育まれることにより霊力を発現して、発芽・生長・開花して稔りをもたらす。

④　稲霊は稔りをもたらすと、霊力を使い果たして「死」の状態に陥る。「死」の状態となった稲霊は他界に帰る。

⑤　他界は「死」の状態となった稲霊を「再生」させる世界であり、稲霊は冬の間に再生し、春にまた種籾に宿って現世に来臨する。

オオナムチ・スクナヒコナの国作り神話をこの稲霊信仰の視点から分析すると、次のような稲霊信仰の要素との対応が認められる。

A．スクナヒコナ→稲霊

B．スクナヒコナの来訪→稲霊の他界からの来臨

C．オオナムチ→地霊

D．オオナムチとスクナヒコナの国作り→地霊の霊力に育まれた稲霊の霊力の発現による豊かな稔り（豊穣）

E．スクナヒコナの常世への退去→霊力を使い果たした稲霊の他界への帰還

F．三輪山の神の来訪→霊力を再生した稲霊の再来臨

これを、次節で具体的に検証する。

## 三　国作り神話に内在する稲霊信仰のモチーフ

### A．スクナヒコナの神格

スクナヒコナが穀霊神であることは阪下圭八が詳細に論じている[3]。阪下は、風土記にみえるオオナムチ・スクナヒコナが農事に関わる神とされていることを踏まえて、出雲・播磨・伯耆の三風土記中の両神の農耕関係説話を通覧した。そのなかで、スクナヒコナの登場する説話には必ず稲や粟の種が語られていることに着目し、スクナヒコナの穀霊的要素を指摘している。とりわけ、スクナヒコナと稲種との密接な関係は、出雲国風土記（出雲郡多禰郷）、播磨国風土記（揖保郡稲種山）の記事によって明らかであり、そこではスクナヒコナの神格が稲霊であったことは明白である。

スクナヒコナをタカミムスヒ（紀）またはカムムスヒ（記）の子とすることも、スクナヒコナを稲霊とみることの証左となる。記紀神話におけるタカミムスヒの活躍の中心は天孫降臨の場面であるが、天孫降臨神話の世界観は、葦原中国を現世、高天原を他界とする稲霊信仰の宗教的世界観に基づいて形成されており、高天原から葦原中国に派遣されるホノニニギは稲霊の神格化、他界である高天原の主神タカミムスヒは稲霊の霊力を生成・再生する神という性格が、それぞれの本質である[4]。タカミムスヒという神名のタカ・ミはそれぞれ美称、語幹は「ムスヒ（ムス＋ヒ）」であり、ヒは霊威を意味し、ムスは「苔むす」などのムスで生成の意である。要するに、ムスヒとは霊威の生成のことであり、タカミムスヒは他界である高天原において稲霊の神格を有するホノニニギの霊力を生成する神である。記紀では、ホノニニギはアマテラスとタカミムスヒの孫という位置づけにあるが、溝口睦子が論じているように、天孫降臨神話はタカミムスヒ系の神話で、そこには本来アマテラスは登場せず、ホノニニギもタカミムスヒの子とされるのが本来の形であった。[5] 書紀の一書がスクナヒコナをタカミムスヒの子とするのは、スクナヒコナがホノニニギと同質の、タカミムスヒのムスヒの霊力によって生成される稲霊の神格であることを示すものであろう。

一方、古事記ではスクナヒコナをタカミムスヒではなくカムムスヒの子としているが、これは、古事記が出雲を中心とする地上世界に関わるムスヒの神をカムムスヒに代表させていることによるものである。[6] 古事記におけるカムムスヒは、スサノオがオオゲツヒメを殺害して獲得した稲種や穀物の種子を掌握し、兄神に謀殺されたオオクニヌシを蘇生させるなど生命力を司り、ムスヒの神としての本質的な神威を発揮するが、スクナヒコナがカムムスヒの子とされるのも、スクナヒコナがそのようなムスヒの神威により生成された稲霊（穀霊）であることを示しているのである。

### B．スクナヒコナと常世

記紀では、スクナヒコナは出雲のミホの御崎（記）あるいはイササの浜（紀）に出現したとされるが、どこから来訪したのかは明らかにされていない。しかし、国作りの後に退去する先が常世国（常世郷）であることからすると、スクナヒコナが常世国から来訪する神と観念されていたとみてよかろう。記紀の仲哀天皇（神功皇后）段の酒楽歌に「常世にいます　石たたす　少名御神」とある「少名御神」はスクナヒコナのことであり、この神が「常世にいます」神とされているように、スクナヒコナは常世に本属を有する神と信仰されている。記紀の国作り神話においても、その原形となる神話ではスクナヒコナは常世から来臨して、国作りを終えると常世に帰るとされていたとみられる。

常世は海上彼方に観想された水平的他界である。常世の語はトコ＋ヨから成る。トコは漢字の字義どおり「常」の意味であり、ヨはヨワイ（齢）やヨゴト（寿詞）、ヨオリ（節折）などのヨと同義で、「生命力」の意味である。すなわち、常世国とは生命力が常に満ちあふれている世界ということであろう。沖縄で信仰されているニライカナイと同様の性格の海上他界であり、記紀神話の根の国とも共通性がある。

なお、記紀の垂仁天皇の段にタジマモリが常世国に行き不老長寿の木の実（橘）を取ってくる説話があり、これが明らかに中国の神仙思想に基づくものであることから、常世の信仰は固有のものではなく外来の信仰とみる津田左右吉の説もあるが[(7)]、それは逆であろう。タジマモリの伝承は、在来の常世の信仰に外来の神仙思想が習合したものとみるべきである。

C．オオナムチの神格

オオナムチが地霊神の神格を有することは、これまでも指摘されている。

オオナムチは古事記に「大穴牟遅」、出雲国風土記に「大穴持」とあり、オオアナムチ（オオアナモチ）とも称されるが、語法上、「アナ→ナ」の転訛はありえても「ナ→アナ」はありえないという見地から、「オオアナムチ」が本来の正しい訓みかたであったとされている[(8)]。オオアナムチの名義は、オオ＋アナ＋ムチという構成から、オオは美称、ムチは尊貴の称、語幹はアナであり、アナの解釈が問題となる。石母田正はアナを文字通り「穴」の意ととらえ、オオアナムチの名義を洞窟に住む神と解し、その神格は地霊神であったとする[(9)]。

オオナムチのナを語幹とみて名義を解釈する場合にも、ナに「地」の意味があり、オオナムチを地霊神ととらえることができる[(10)]。

この神が記紀においては国つ神を代表する神であり、現世である葦原中国に属することは明らかだ。

D．オオナムチとスクナヒコナの国作り

国作りに関わる神話において、スクナヒコナがけっして単独で現れることはなく、必ずオオナムチとセットで登場することは吉井巌が詳しく論じている(11)。国作りの神とも称されるオオナムチには単独で活躍する物語が多数存在するのに対し、スクナヒコナ単独の国作りの物語は、記紀や風土記の神話には皆無である。これは稲霊であるスクナヒコナの霊威が、それのみでは発現できず、地霊であるオオナムチの外在的霊力に育まれることによって発現するという稲霊信仰に基づくものである。

両神の国作りは、記紀にはそれぞれ、「大穴牟遅と少名毘古那と、二柱の神相並ばして此の国を作り堅めたまひき」（記）、「夫の大己貴命と、少彦名命と、力を戮せ心を一つにして、天下を経営る」（書紀）と語られている。この「国を作り堅めたまひき」や「天下を経営る」と表現される国作りの意味するところは、スクナヒコナの稲霊の霊力の発現による稲の豊穣に象徴され、それは稲作農耕を基盤とする社会の形成に他ならない。

E．スクナヒコナの常世国への退去

国作りのあと（書紀では国作りの半ばで）、スクナヒコナが常世に去ることは、豊穣をもたらした稲霊が霊力を使い果たして「死」の状態となり、他界へ帰還するモチーフと対応する。記紀にはスクナヒコナの「死」は語られていない。しかし、伊予国風土記逸文には、断片的ではあるがスクナヒコナの「死」のモチーフがみえる。この説話はオオナムチとスクナヒコナがペアで物語られていることから、両神による国作り神話の一部（後段部分）であるとみられ、ここではスクナヒコナは国作りの後「死」の状態に陥るのである。ただ、ここでは死んだスクナヒコナが常世に帰り去ることはなく、温泉の霊力で「再生」することになる。この点については後述するが、ここではスクナヒコナの「死」のモチーフが存在することを確認しておきたい。

また、書紀にはスクナヒコナが「熊野の御崎」から常世に渡ったとあるが、この熊野が出雲国意宇郡の熊野か、それとも紀伊半島南端紀伊国牟婁郡の熊野かは定かではない。スクナヒコナが出現した場所が記紀ともに出雲であることからすると、記紀では出雲の熊野をイメージしている可能性は高い。しかし、出雲の熊野は海に面した地ではなく、内陸の熊野山（現天狗山）がそれにあたり、海上彼方の他界である常世に渡る地としてはふさわしくないという見方もある。

一方の紀伊の熊野は、常世国との関係が認められる。記紀の神武天皇の大和入りの伝承をみると、イワレヒコ（神武）は大阪湾から上陸して大和入りを目指すが、ナガスネヒコの抵抗に敗れて南下して熊野を迂回する。書紀では、ここで神武の兄イナヒやミケイリヌが海に身を投じるが、ミケイリヌは常世郷に渡ったとされている。このイナヒ、ミケイリヌの名は稲霊（穀霊）を表しており、この物語は稲霊の「死」と常世への帰還のモチーフにあてはまる。その渡海の地が熊野であることと、スクナヒコナの常世へ渡る地を熊野とすることが相互に関係することは間違いない。熊野の地は現世と常世との結節点として位置づけられているのである(12)。

F．三輪山の神の来訪

国作り神話では、スクナヒコナが常世へ渡った後、一人取り残されたオオナムチのもとに、海上彼方から三輪山（御諸山）の神が来訪するが、これは稲霊信仰において、他界に帰還した稲霊が冬の間に再生して、翌春、霊力に満ち満ちた状態で現世に来臨するモチーフに対応する。国作り神話の原神話においては、スクナヒコナが霊威を回復して再びオオナムチとともに国作りに勤しむような展開があったのであろう。先にみた伊予国風土記逸文に、死んだスクナヒコナが温泉の湯につかり再生する説話があり、そのようなスクナヒコナの「死」と「再生」の展開が本来の形であったと考えられる。それが王権神話に組み込まれて体系化されるなかで、再生したスクナヒコナの来訪のモチーフが三輪山の神の来訪に置き換えられるという改変が行なわれたのである。

記紀の国譲り神話の前段にみえるアメワカヒコ神話も稲霊信仰に基づくモチーフで構成されているが、同神話において稲霊的な神格をもつアメワカヒコが死去し、その葬儀にアメワカヒコにそっくりなアジスキタカヒコネが現れるのは、本来のアメワカヒコ自身の「再生」のモチーフをアジスキタカヒコネに改変したものである。[13] 国作り神話でも、記紀の神話体系に組み込まれるなかで同様の改変が行なわれているのである。

以上のA～Fにより、オオナムチ・スクナヒコナの国作り神話を構成する要素が、稲霊信仰とその宗教的世界観に基づくものであることは明らかであろう。国作り神話の原神話においては、稲霊であるスクナヒコナは、その霊威を生成する他界（＝常世）から現世（＝葦原中国）に来訪し、オオナムチの地霊の霊力に育まれて霊力を発揮する。すなわちこれが国作りであり、その内実は稲の豊穣であるとともに稲作農耕社会の形成であったということができる。神話の原形では、霊力を使い果たして「死」の状態となったスクナヒコナは常世に退去し、常世で「再生」して翌春また現世に来訪するという、稲作農耕の四季のサイクルに即した円環的な時間観に基づく展開があったとみられるが、王権神話に組み込まれ、神代史の一部に位置づけられるなかで、スクナヒコナ「再生」のモチーフが三輪山の神の出現の物語に置き換えられて、直線的な時間観に基づく展開に改変されたのである。

## 四　稲霊信仰のモチーフの展開

書紀の国作り神話では、オオナムチとスクナヒコナが「天下を経営」するとともに、「顕見蒼生及び畜産の為は、その病を療むる方を定む」とあり、両神が人々や動物の病気を治療する方法を定めたという。「天下を経営」するとは、稲霊信仰に基づく解釈では上述のように稲作農耕社会の形成を意味するが、それとともにオオナムチとスクナヒコナが医薬の知識や技術をこの国にもたらした神とされるのには、いかなる意味があるのだろうか。この問題は稲霊信仰のモチーフの展開あるいは変奏（バリエーション）の問題として理解することができる。

先に取りあげた伊予国風土記逸文の記事に注目したい。死んだスクナヒコナが温泉の湯を浴びて蘇生するという説話である。

○伊予国風土記逸文(14)〈釈日本紀巻十四〉

伊予の国の風土記に曰はく、湯の郡。大穴持命、見て悔い恥ぢて、宿奈毗古那命を活かさまく欲して、大分の速見の湯を、下樋より持ち度り来て、宿奈毗古奈命を漬し浴ししかば、暫が間に活起りまして、居然しく詠して、「真暫、寝ねつるかも」と曰りたまひて、践み健びまし跡処、今も湯の中の石の上にあり。凡て、湯の貴く奇しきことは、神世の時のみにはあらず、今の世に疹痾に染める万生、病を除やし、身を存つ要薬と為せり。

この説話は、スクナヒコナの「死」と「再生」のモチーフによって展開するが、テーマは「疹痾に染める万生（病気に苦しむ人々）」の「病を除やし、身を存つ要薬」という伊予の温泉の湯の効能を説くことにある。この温泉は今日の道後温泉にあたる。

稲霊信仰の宗教的世界観においては、死んだ稲霊は他界に退去して、他界の生成の霊力を得て再生するのが基本型であるが、この説話のスクナヒコナは死後、常世に去るのではなく、温泉の湯の呪力によって再生している。これはスクナヒコナの原郷である常世に存在する生命力を生成・再生する呪力が、温泉の湯にも含まれているという観念によるものと思われる。すなわち、古代の人々の間では、温泉に常世と同質の生命力を回復させる霊力があると考えられていたのであろう。

この観念において、温泉の湯は現世のものではなく、他界からもたらされたものと認識されていたとみられる。伊予国風土記では、スクナヒコナを蘇生させた湯が、現地の湯ではなく「大分の速見の湯」（大分県別府温泉）から引いてきた湯であると述べられているように、現地に豊かな温泉が湧出しているにもかかわらず、海の彼方の九州の湯と称しているのは、温泉が他界に通じており、他界から生命力を生成・再生する呪術的な霊力がもたらされるという信仰に基づいているのである。

このような、スクナヒコナが温泉の湯で再生するという説話は、スクナヒコナが常世国で再生するという観念と、温泉が他界（常世）に通じており、その湯に他界の生命力を生成する呪力が備わっているという観念との融合によるものであろう。そして、こうした説話によって、オオナムチとスクナヒコナにはさらに温泉の効能を象徴する神という性格が付与されていき、次の伊豆国風土記逸文にみられるように、両神は温泉療養の神として語られることになる。

○伊豆国風土記逸文〈鎌倉実記第三〉

准后親房の記に伊豆の国の風土記を引きて曰はく、温泉を稽ふるに、玄古、天孫未だ降りまさず、大己貴と少彦名と、我が秋津洲に民の夭折ぬることを憫み、始めて禁薬と湯泉の術を制めたまひき。（中略）沸湯を鈍くし、樋を以ちて湯船に盛る。身を浸せば諸の病、悉く治ゆ。

ここでは、オオナムチとスクナヒコナが若くして亡くなる人々を憐れみ、温泉療養による「禁薬と湯泉の術」を制定したという。伊予国風土記では温泉によるスクナヒコナの「再生」が語られていたが、こちらでは人民の温泉での病気平癒、生命力の回復の効用が語られており、オオナムチ・スクナヒコナはその霊験をこの世にもたらした神と位置づけられている。

書紀の国作り神話において、オオナムチとスクナヒコナが医薬の知識や技術をこの国にもたらした神とされていることの背景には、以上のような稲霊信仰の変奏によって、両神が常世の生命力生成の呪力をこの世にもたらす温泉の神として信仰される実態があり、それが医薬全般に普遍化されて、両神を医薬の神とする信仰につながっていったのであろう。

記紀の描く神代史全体の構想のなかでは、オオナムチ・スクナヒコナの国作り神話は、天つ神に譲渡（国譲り）される葦原中国が、その国譲りの主体となるオオナムチによって作られた国であることを説くことに第一の意義があるが、それとは別に、そこにはもう一つの重大なテーマが存在する。それは三輪山の神の出現を物語ることである。

本章で明らかにしたように、国作り神話は稲霊信仰のモチーフに基づいてストーリーが構成されている。つまり稲霊の他界からの来訪→霊威の発現→他界への退去→他界での再生→他界からの再来訪という稲霊の現世・他界間の去来、稲霊の死と再生の信仰と他界観を基調に成り立っているのであるが、その稲霊の再来訪のモチーフを改変して三輪山の神の出現を物語るのが記紀の国作り神話なのである。

三輪山の神オオモノヌシはヤマト王権の奉斎する地霊神であり、また古事記の王統譜では初代神武天皇の正妃が三輪山の神の子と位置づけられており、令制前代（大化前代）の王権祭祀においては最も重要な奉斎神であった[15]。律令制祭祀においても、三輪山の神を祭る大神神社は王権の篤い尊崇を受けている。しかし、令制下の三輪山の神の神格は、杵築（出雲）大社に祭られたオオナムチを奉斎する出雲国造が奏上する出雲国造神賀詞に「己れ命（オオナムチ）の和魂を八咫の鏡に取り託けて、倭の大物主櫛𤭖玉命と名を称えて、大御和の神奈備に坐せ……」（延喜祝詞式[16] 29出雲国造神賀詞条）とあるように、オオナムチの和魂とされている。すなわち、オオナムチと同一の神格とされているのである。これは、書紀の国作り神話が三輪山の神をオオナムチの「幸魂奇魂」とするのと対応する。一方、古事記の国作り神話では、三輪山の神の来訪は語られているが、オオナムチとは別の神格とされている。

令制前代のヤマト王権の奉斎する地霊神であった三輪山の神が、なぜ杵築大社のオオナムチと神格が結びつけられていくのか、それはどのような歴史的な動向のなかで行なわれたのか、王権の宗教的世界観と記紀の神話的世界観においで出雲とは何か、このことが三輪山の神とどう関わるのか。記紀の国作り神話にこのような問題が内包されており、その解明が本書の課題である。

註

(1) 日本古典文学大系『古事記・祝詞』(岩波書店、一九五八年)。以下古事記の引用は、同書による。
(2) 日本古典文学大系『日本書紀』(岩波書店、一九六七年)。以下日本書紀の引用は、同書による。
(3) 阪下圭八「少彦名神についての覚書」(『歴史学研究』三三五、一九六八年)。
(4) 天孫降臨神話と稲霊信仰については本書第八章参照。
(5) 溝口睦子『王権神話の二元構造—タカミムスヒとアマテラス』(吉川弘文館、二〇〇〇年)。
(6) カムムスヒは書紀本文には全く登場しない。なお、オオクニヌシ(オオナムチ)を主人公とする出雲神話も書紀本文にはない。
(7) 津田左右吉『日本古典の研究』上、津田左右吉全集第一巻(岩波書店、一九六三年)。
(8) 石母田正「日本神話と歴史—出雲系神話の背景—」(『日本古代国家論 第二部』岩波書店、一九七三年)。
(9) 石母田前掲註(8)論文。
(10) 次田潤『古事記新講』改修版(明治書院、一九五六年)。
(11) 吉井巌「スクナヒコナノ神」(『天皇の系譜と神話』二、塙書房、一九七六年)。
(12) 本書第五章。
(13) 本書第二章。

(14) 日本古典文学大系『風土記』(岩波書店、一九五八年)。以下風土記および風土記逸文の引用は、同書による。
(15) 本書第十章。
(16) 訳注日本史料『延喜式』上(集英社、二〇〇〇年)。以下延喜式の引用は、巻一〇までは同書による。

# 第二章　アメワカヒコ神話と稲霊信仰

本章では、前章と同様の視点で古事記・日本書紀にみえるアメワカヒコ神話を分析する。アメワカヒコ神話は記紀の国譲り神話のなかに挿話的に組み入れられている神話だが、この神話も稲霊信仰とその宗教的世界観のモチーフに基づいてストーリーが構成されているのである。

## 一　アメワカヒコ神話の概要

天上世界（高天原）の主神であるアマテラスとタカミムスヒは、地上世界（葦原中国）の邪悪な神々を平定し、その支配権を獲得するため、三次にわたって使者を派遣する。最初に派遣されたアメノホヒが、葦原中国の支配者オオナムチ（オオクニヌシ）に佞《おもね》り媚《こ》びて使命を果たさず失敗におわり、次に派遣されることとなったのがアメワカヒコであった。

書紀本文によってアメワカヒコ神話の内容を概観してみよう。

アメワカヒコはタカミムスヒより弓矢を賜りそれを携えて葦原中国に降り到る。しかし、ウツシクニタマの娘（記ではオオクニヌシの娘）シタテルヒメと結婚して葦原中国に留まり、天上にもどらなかった。怪しく思ったタカミムスヒは雉を遣わして様子を見に行かせるが、アメワカヒコは賜った弓矢でその雉を射殺してしまう。その矢は天上のタカミムスヒのもとまで達し、タカミムスヒがそれを投げ返すと、矢は新嘗で床に伏していたアメワカヒコの胸に命中し即死した。夫の死を嘆き悲しむ妻シタテルヒメの声が天上にとどき、それを聞いて我が子の死を知ったアメワカヒコの父神によって、死体は天上に運び上げられる。そして喪屋が造られ殯《もがり》が行なわれるが、そこでは川雁、雀など様々な鳥が奉仕した。アメワカヒコと葦原中国で親しい友であったアジスキタカヒコネが天に昇って弔問に訪れたところ、この神の容貌が生前のアメワカヒコにそっくりであったため、親族妻子はアメワカヒコが甦ったものと思い込みアジスキタカヒコネにすがりついてしまった。アジスキタカヒコネは死者と間違われたことを怒り、剣を抜いて喪屋を切り倒してしまった。

記紀では、この後タケミカヅチ、フツヌシが派遣されて、葦原中国の支配権がオオナムチから高天原の側に譲渡されることとなる。

## 二　アメワカヒコの原像

記紀に描かれている神代史の展開のなかで、アメワカヒコは、〝葦原中国平定の使者〟としての役割を担って登場し、その使命を果たさずに死を被る〝反逆者〟として位置づけられている。しかし、このような記紀のアメワカヒコの姿は、アメワカヒコ本来の姿ではない。

そもそも記紀神話は、個別の神話を王権の政治的意図のもとに配列・接続して体系的な神代史を形づくり、天皇の統治の由来と正統性を主張しようとするものであるが、その体系化のなかで、それを構成する各個別神話は相当の改変を受けている。

アメワカヒコの物語にも、その原形となる神話（原アメワカヒコ神話）が存在し、それが王権神話のなかに取り入れられて、改変された形で記紀神話に定着しているのである。

ここでは、原アメワカヒコ神話がいかなる性格の神話であったか、また、それが記紀神話体系のなかに組み込まれるなかでどのような改変を受けて記紀神話にみられる形になっていったのかを検証してみたい。

原アメワカヒコ神話が農耕祭儀神話であり、アメワカヒコが稲霊を体現する穀霊神であったことは、すでに多くの先学によって指摘されている[1]。このことはアメワカヒコという神名からもうかがうことができる。

この神名は語義の上からアメ＋ワカ＋ヒコと分解することができる。アメは天ツ神であることを示す語、ヒコは男神の称であり、この神名の語幹はワカである。これを〝未熟さ〟あるいは、〝新鮮な初々しさ〟を示す「若」の意味ととらえる解釈もあるが[2]、このワカは穀霊神、とりわけ稲霊を表す「ウカ」「ウケ」や「ワク」に通じる語と理解すべきであろう。「ウカ」を帯する穀霊神として最も代表的な神に、ウカノミタマがある。この神は、記のスサノオ後裔神の系譜や延喜祝詞式の大殿祭祝詞にみえるが、とくに後者では大殿祭に祭られる神「屋《や》船《ふね》豊《とよ》宇《う》気《け》姫命《ひめのみこと》」の俗名としてウカノミタマの名がみえ、そこに「是は稲霊なり」と注記されている。稲荷神の主神もこの神である。

天皇家の守護神であり国家最高神である、伊勢神宮の外宮の祭神トヨウケ（豊受）大神は、内宮のアマテラスの食膳を奉仕する神であったが、神名に「ウケ」を帯するこの神も穀霊を体現した神である。また、紀のイザナキ・イザナミによる神生みの段の第一一の一書にみえるウケモチ（保食）神は、その死体から五穀を化成するという穀霊神であった。同段の別の一書（第二）にみえるワクムスヒ（稚産霊）もウケモチ神と同じく体から五穀を化成する神であり、両神は共通した性格の穀霊神であったとみられる。記では、このワクムスヒの子に伊勢外宮の祭神と同名のトヨウケヒメがみられることもあわせて考えると、「ワク」は穀霊を表す語として「ウケ」に通じているとみてよい。アメワカヒコの神名の語幹「ワカ」も、以上のような穀霊を意味する語の一つであったとみられる。書紀でワクムスヒのワクにアメワカヒコのワカと同じ「稚」の字が用いられていることも、「ワカ」と「ワク」の共通性を示唆するものといえるかもしれない。

要するに、アメワカヒコという神名は〝天上界に本属をもつ穀霊（稲霊）の男神〟を意味することになり、アメワカヒコの本来の性格はその名が示すとおりの穀霊神、とくに稲霊の神格化であったということになるのである。

このような稲霊を体現したアメワカヒコの神話の原形は、稲霊信仰とそれに基づく宗教的世界観（他界観）を背景とした稲作農耕祭祀を反映する祭儀神話であったとみられる。原アメワカヒコ神話の背景にある信仰と世界観はいかなるものか、それがどのように神話に反映されているかを次にみていくこととしたい。

## 三　稲霊信仰とその宗教的世界観

記紀や風土記等古代の文献史料にみられる神話・伝承や古代の農耕に関わる祭神と、その祭祀のあり方などをもとに、稲作農耕祭祀の背景となる穀霊信仰とそれに基づく世界観（他界観）は、次の①～⑦のようにまとめることができる。

① 稲種には稲霊が内在する。稲の発芽・生長・稔りはこの稲霊のエネルギー（霊力）の発現によるものとみる。
② 稲霊の留まる世界（生み出される世界）は、稲作の行なわれる現世とは別の世界（他界）に存在すると観念される。

③　稲霊は初春に他界より現世に来臨して稲種に宿る。

④　稲種がそのままでは発芽も生長もしないように、稲の稔りは稲霊のエネルギーだけでは得られない。田に播かれて地中の養分や水分が与えられなければ稲の生長はない。そのような大地が稲種に与える地霊や水霊の霊力が稲霊を育む外在的なエネルギーとして認識される。この霊力は現世に属するものとみなされる。

⑤　すなわち、稲の発芽・生長・稔りは、稲種に内在する稲霊のエネルギーが、それを育む外在的なエネルギーである地霊・水霊と結合することによって発現されてもたらされる。

⑥　稲霊は、そのエネルギーの発現によって発芽し、生長し、稔りがもたらされると、エネルギーを使い果たして「死」の状態になり（それは収穫を終えた稲が枯れることに象徴される）、他界の稲霊の世界へ帰っていく。

⑦　稲霊の世界は「再生」の世界である。冬の間、稲霊はここで霊力を回復して再生し、エネルギーの満ち満ちた状態となって翌春、また現世に来臨する。

古代の稲作農耕祭祀は、以上のような観念――稲霊の他界と現世との往復、稲霊の地霊や水霊との結合による稔り、他界における稲霊の死と再生――に基づいて行なわれていた。そしてその祭儀神話は必然的にこのような観念を反映したものとなる。稲霊を体現する神アメワカヒコの物語もこの観念に基づく神話であった。

それでは、このような信仰、世界観がアメワカヒコの神話にどのように反映されているかを検証してみよう。

## 四　アメワカヒコ神話と稲霊信仰

上記①～⑦のモチーフは、アメワカヒコ神話を構成する要素のなかに次のように見出すことができる。

❶アメワカヒコは稲霊を体現する穀霊神である。

❷アメワカヒコは天上世界に本属をもつ天ツ神である。この神話では天上が稲霊の世界としての他界と位置づけられている。

❸アメワカヒコが地上（葦原中国）に降りるのは、稲霊の来臨を意味する。

❹紀本文にみえるウツシクニタマ（顕国玉）神は、その名のとおり顕世（＝現世）の国魂《くにたま》の神であり地主神、地霊神としての性格をもつ。

❺そのウツシクニタマ神の娘シタテルヒメとアメワカヒコとの結婚は、稲霊と地霊との結合に他ならない。アメワカヒコ（＝稲霊）に内在するエネルギーが、シタテルヒメをとおしてウツシクニタマの稲を生育させる外在的エネルギーを得ることによって、発現されるのである。

❻アメワカヒコの新嘗とその最中の死（紀本文）は、稲の稔りをもたらして霊力を使い果たした稲霊の死を意味する。

❼アメワカヒコの死体が天上に運ばれるのは、死んだ稲霊の他界への帰還である。天上での葬儀は稲霊の霊力を再生させるタマフリの儀を象徴するものであろう。記紀では、ここでアメワカヒコにそっくりなアジスキタカヒコネが登場するが、本来はアメワカヒコそのものの復活再生が語られていたものと思われる。

このように、アメワカヒコの物語は稲霊信仰の観念に基づいて展開している。アメワカヒコ神話の原形は、稲霊を体現した男神の登場、霊威の発現、死と再生を描いた神話であった。

アメワカヒコの所持する弓矢についても稲霊の信仰との関わりが指摘できる。

アメワカヒコは地上への降臨に際して弓矢を賜るが、この弓は「天《あめの》鹿《か》児《こ》弓《ゆみ》」、矢は紀本文では「天《あめの》羽《は》羽《は》矢《や》」、第一の一書では「天《あめの》鹿《か》児《こ》矢《や》」と呼ばれている。天孫降臨神話の主人公であるニニギも、天上から地上に降臨する稲霊の体現者としてアメワカヒコと共通する神格であったが、[3]万葉集（四四六五）にはそのニニギが「天之《あめの》波士《はじ》弓《ゆみ》」と「天之《あめの》真《ま》鹿《か》児《こ》矢《や》」をもって降臨したことが詠まれている。これら弓矢の名に含まれる「鹿児」は文字通り鹿のことであり、この弓矢は鹿と関係の深い弓矢であったと考えられる。

鹿は稲作と密接な関わりをもつ動物であった。弥生時代の稲作に関わる信仰の実態をうかがうことのできる銅鐸の絵画にも、鹿を射る人物の姿が描かれている。記紀や風土記にも鹿と稲作との関連を示唆する伝承は多く、播磨国風土記讃容郡の記事には鹿の生血が稲を育てる呪力を発揮するという伝承もみられる。

鹿（ニホンジカ）は、その季節による生態のサイクルが稲の生育のサイクルと対応することから、稲霊の霊力を増殖させる存在として古代の人々から神聖視されていた。[4]アメワカヒコの弓矢は、まさにそのような鹿の霊力を獲得するための呪具であり、原神話の段階からアメワカヒコに付随していたのであろう。

## 五　アメワカヒコ神話の改変

稲霊信仰とその世界観に基づく原アメワカヒコ神話は、王権神話に取り込まれて体系化されるなかで改変を受けることとなる。

まず、稲霊としての天上から地上への降臨は、タカミムスヒの命令による葦原中国平定の使者としての降臨とされる。そして、ウツシクニタマの娘との結婚は、その使命を放棄した天上世界への裏切りとされるのである。

記紀では復奏しないアメワカヒコの様子を確認するために雉が遣わされるが、稲霊信仰において鳥を稲霊の運搬者とする観念は顕著であり、ここにみえる雉も本来はそのような存在であったと思われる。原神話においては秋に収穫を終えてエネルギーを使い果たした稲霊を他界に運ぶという役割を担っていたのかもしれない。記紀はその雉をタカミムスヒの命令を受けた使者とし、アメワカヒコがそれを射殺することで、彼を高天原に対する反逆者と性格づけた。稲霊としてのアメワカヒコの死も、タカミムスヒの返矢によって死ぬことで反逆者の死に置き換えられた。稲霊神の呪具であった弓矢も反逆のシンボルとされてしまった。

旧約聖書に、猟師ニムロッドが神を狙って天に矢を射たところ、逆にその矢を神に投げ返され射殺されるという説話があり、これと同型の伝承はインドや中国等アジアにも分布していたことが知られているが、この返矢の部分はそのような「ニムロッドの矢」型のモチーフの伝承に基づいて改変されたものとみられる(5)。

このように、アメワカヒコの物語は、記紀神話体系に組み入れられるなかで、稲霊信仰に基づいて語られていた要素や展開が政治的な意味をもった内容に改められていったのである。

## 六　アジスキタカヒコネの出現

記紀では、アメワカヒコの葬儀にアメワカヒコとそっくりなアジスキタカヒコネが弔問に訪れるが、通説では、原神話においてこの両者は同一神で、アメワカヒコが再生してアジスキタカヒコネとなって出現したとされる。すなわち原神話は未成熟な「ワカヒコ（若日子）」から成熟した「タカヒコ（高日子）」への変身を物語るものという(6)。

しかし、この理解には問題がある。原神話におけるアメワカヒコの葬儀は、消耗した稲霊の霊力を再生させるためのものであり、これによってアメワカヒコ自身が霊威に満ちあふれた状態に再生されるのである。アジスキタカヒコネは稲霊神ではなく、アメワカヒコとは全く別の神格であり、アメワカヒコからアジスキタカヒコネへの再生という展開を本来的なものとみることはできない。

アジスキタカヒコネは「スキ」、すなわち農耕具の耜（すき）（鋤）に象徴される農耕守護神であり、紀に「光儀華麗（よそひうるは）しくして、二丘二谷の間に映（てりわた）る」神と描かれているように、雷神としての属性をもった神であった。雷神はその電光を稲妻というように稲作との関係が密接である。稲田への落雷は神の来臨とも認識され、実際に落雷のあった田の稲は他所のものより秀でて生長したという。古代には金属製の耜を田に立てて雷神の神招きが行なわれたのであろう。日本霊異記の道場法師譚の冒頭に、農夫が田を作り水を引く時、小雨が降ったので「金の杖」を突き立てると雷が鳴って彼の前に落ちた、とあるが、この「金の杖」こそ耜に他ならない。雷神がこのような形でそれ自体農耕具の中心である耜と結びついて、アジスキタカヒコネの名に表される神格が形成されたのであろう。

つまり、雷神アジスキタカヒコネは稲の生育を守護する神であり、稲作の行なわれる現世において稲霊に生長のための外在的なエネルギーを与える存在であった。書紀に「天稚彦、葦原中国に在りしときに、味耜高彦根神と友善《うるは》しかりき」とあるのは、地上の稲田におけるこのような稲霊（アメワカヒコ）と雷神（アジスキタカヒコネ）の関係を示唆するものであろう。

記紀でアメワカヒコの葬儀の場に彼の容姿そのままのアジスキタカヒコネが登場するのは、アメワカヒコ再生のモチーフに基づく改変とみるべきである。原神話は稲霊が死と再生を繰り返すという円環的な時間観に基づく神話であったが、この改変でアメワカヒコの再生は否定され、直線的な時間観による記紀の神代史の一部に組み込まれたのである。

アメワカヒコ神話は国譲りの段にエピソード的に挿入されており、記紀の神代史の根幹には直接的な意味はないようにも感じられるが、そのような神話がなぜそこに組み込まれているのであろうか。

記紀神話におけるアメワカヒコ神話の中心的なテーマは、アジスキタカヒコネの神威を語ることにあったと考えられる。アジスキタカヒコネについて、古事記には「今、迦毛大御神と謂ふぞ」とあり、大御神と称されているが、記で大御神と称される神はイザナキとアマテラスとこのアジスキタカヒコネの三神のみである。つまり、アジスキタカヒコネは記においては皇祖神であるイザナキ・アマテラスと同等の称号をもつ格式の高い神として位置づけられているのだが、そのアジスキタカヒコネが記紀のなかで唯一登場するのがアメワカヒコ神話なのである。

アジスキタカヒコネは大和盆地西南部の葛城の神であり、律令制の時代には、延喜神名式上6大和国条の葛上郡にみえる高鴨阿治須岐託彦根命神社に祭られている。出雲国造神賀詞では、三輪山の神であるオオモノヌシや高市郡のコトシロヌシなどとならんで「皇孫命の近き守り神」とされているが、本来は葛城地域の地霊神であったとみられる。本書第Ⅲ部で詳しく論じるが、ヤマト王権の大王の霊威は、王権の直轄領である屯田に設けられた斎田で栽培された稲による新嘗によって付与され、屯田としては三輪山西麓の倭屯田と葛城屯田がとくに重視されていた(7)。斎田ではその地霊を祭る祈年祭が行なわれたが、アジスキタカヒコネは葛城の地霊神であり、葛城屯田における王権祈年祭の祭祀対象であった。記でアジスキタカヒコネが大御神と称されるのは、このような歴史的背景を踏まえてのことであろう。

稲霊であるアメワカヒコは、王権新嘗の神であるタカミムスヒの命令によって地上に遣わされたが、地上で結婚するシタテルヒメがアジスキタカヒコネの妹であったということからすると（記、書紀第一の一書）、アメワカヒコの降臨した場所が葛城の地であったということになる。原アメワカヒコ神話は、葛城屯田における王権新嘗用斎田の祭儀にかかわる神話であったとみることができる。

註

（1）松前健「天若日子神話考」（『神話と古代生活』有精堂、一九七〇年）、三谷栄一「阿遅鉏高日子根の性格」（『日本神話の基盤』塙書房、一九八四年）。

（2）吉井巌「天若日子の伝承について」（『天皇の系譜と神話』二、塙書房、一九七六年）。

（3）三谷前掲註（1）論文、守屋俊彦「天若日子の神話について」（『記紀神話論考』雄山閣、一九七三年）。

（4）岡田精司「古代伝承の鹿」（『古代祭祀の史的研究』塙書房、一九九二年）。

（5）松村武雄『日本神話の研究』第三巻（培風館、一九五四年）、吉井前掲註（2）論文。

（6）松前前掲註（1）論文、吉井前掲註（2）論文、山上伊豆母「火雷と霊剣」（『古代祭祀伝承の研究』雄山閣、一九八五年）。

（7）本書第八章、第十章。

# 第二章　海神宮訪問神話と井戸の祭祀
## ―島根県青木遺跡の井泉遺構をめぐって―

島根県出雲市の青木遺跡からは、奈良～平安時代の祭祀に関連する多くの遺物や遺構（神像、絵馬、斎串、果実埋納土器、神社とみられる掘立柱建物跡、石敷き井戸跡など）が発見されている[1]（図1）。調査を担当した平石充は、同遺跡を郡司若倭部臣の居宅の一部と理解した上で、その祭祀の性格について、神社を介した水田農耕に伴う共同体的な飲食儀礼が行なわれ、儀制令春時祭田条にみえる春秋の祭田、あるいは田植えなどの集団労働における魚酒の提供との性格の類似性を指摘する。そして、祭祀の参加者については同一の水源を利用するなどの一定のまとまりの水田耕作の人々、郡司を出す一氏族の農業共同体の範囲の人々であったという[2]。

本章では、このような平石の指摘を踏まえて、青木遺跡で行なわれた祭祀やその信仰の性格について考察する。そのなかで、とくにI区で発見された石敷き井泉遺構（SE01）に注目したい（図2）。この井戸は、二重の井戸枠の手前に扁平の大きな石（踏み石）を置き、周囲に石を敷き詰めた特殊な井泉である。踏み石からみて井泉の背後に柳の木が植えられ、その根元まわりに須恵器の坏・皿がまとめて廃棄されていた。一般の集落にみられる生活用の井戸とは性格が異なり、祭祀に用いる清らかな水を汲み上げるための神聖な井戸であったと考えられる。時期は八世紀後半～九世紀初頭という[3]。

この井戸の水は内側の井戸枠からあふれ出て外枠に溜まり、祭祀に用いる水を踏み石に立って汲んだとみられる。

そして、外枠からあふれ出た水は踏み石の両側を通って溝へ流れ出ていき、遺跡の南側に広がる水田の用水となったと考えられる。つまり、この井戸は地域の稲作農耕のための農業用水の水源の一つとみられるのである。したがって、この井戸の水を用いて行なわれる祭祀、この井戸を舞台として行なわれる祭祀は地域社会の稲作農耕に関わる祭祀とみることができる。

この井戸に関わってどのような祭祀が行なわれていたのであろうか。本章では記紀神話や風土記にみえる井戸（井泉）の伝承の分析をとおして古代社会で行なわれていた稲作農耕祭祀のなかでの井戸をめぐる祭祀のあり方を考察し、それをとおして青木遺跡の井泉遺構で行なわれた祭祀の性格を考えてみたい。

## 一　タカミムスヒ系神話群、海神宮訪問神話と稲霊信仰

青木遺跡の石敷き井戸における祭祀の性格究明のアプローチとして、ここでは記紀の海神宮訪問神話を検討したい。海神宮訪問神話とは、所謂「山幸彦・海幸彦」の神話であり、記紀神話後段の日向を舞台とする神話（日向神話）のなかにみえる。

### 1　タカミムスヒ系神話群と稲霊信仰

海神宮訪問神話の考察の前に、同神話を含む記紀神話後段の性格を明らかにしておきたい。

溝口睦子は、記紀神話がアマテラス系神話群、タカミムスヒ系神話群というもともと別系統の神話群であった二系の神話群を、アマテラスを最高神とする形で一系化して成り立っていることを明らかにした(4)。日本書紀でいえば巻一

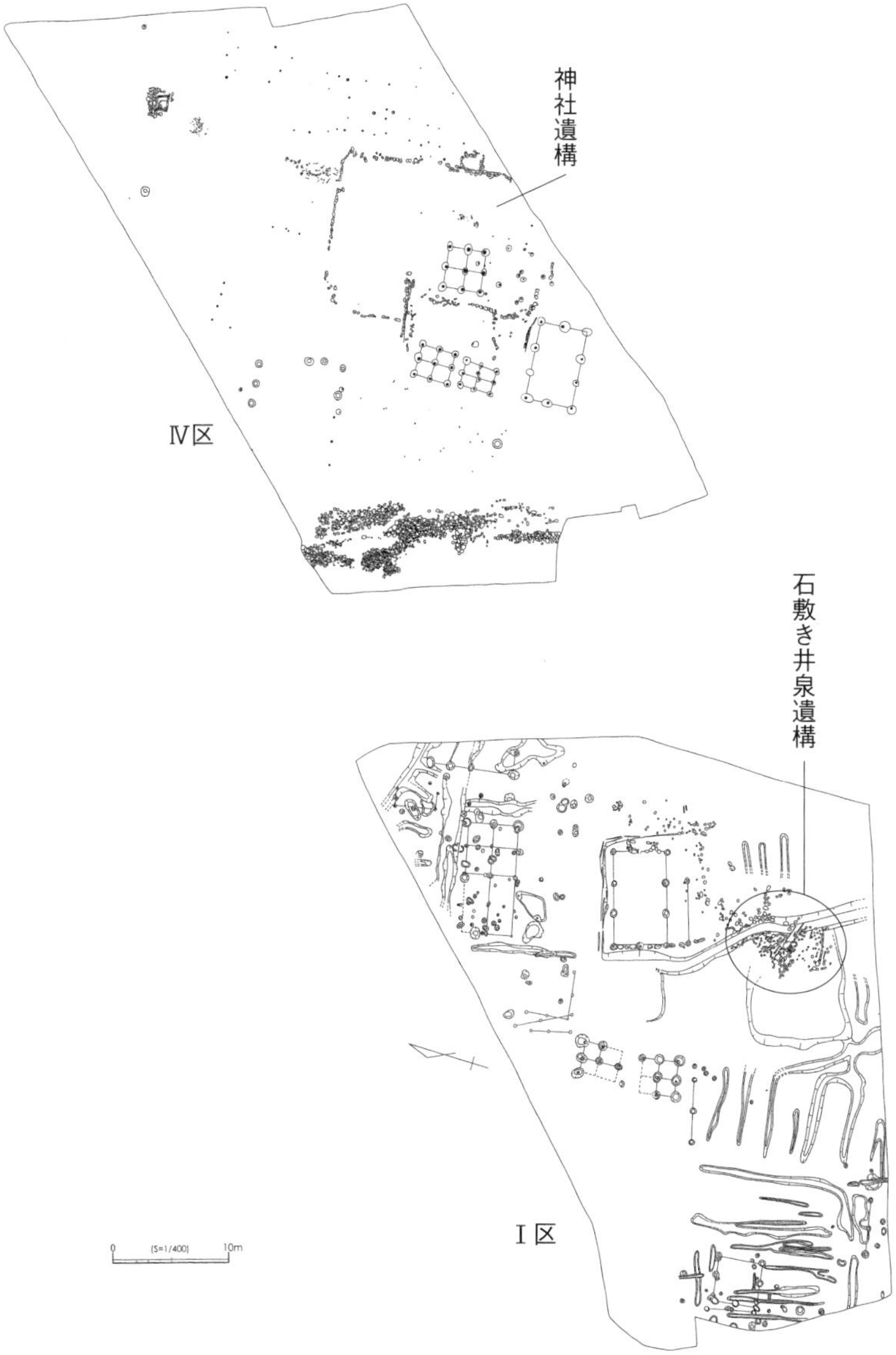


図1　青木遺跡調査区全体図（文献註①より）

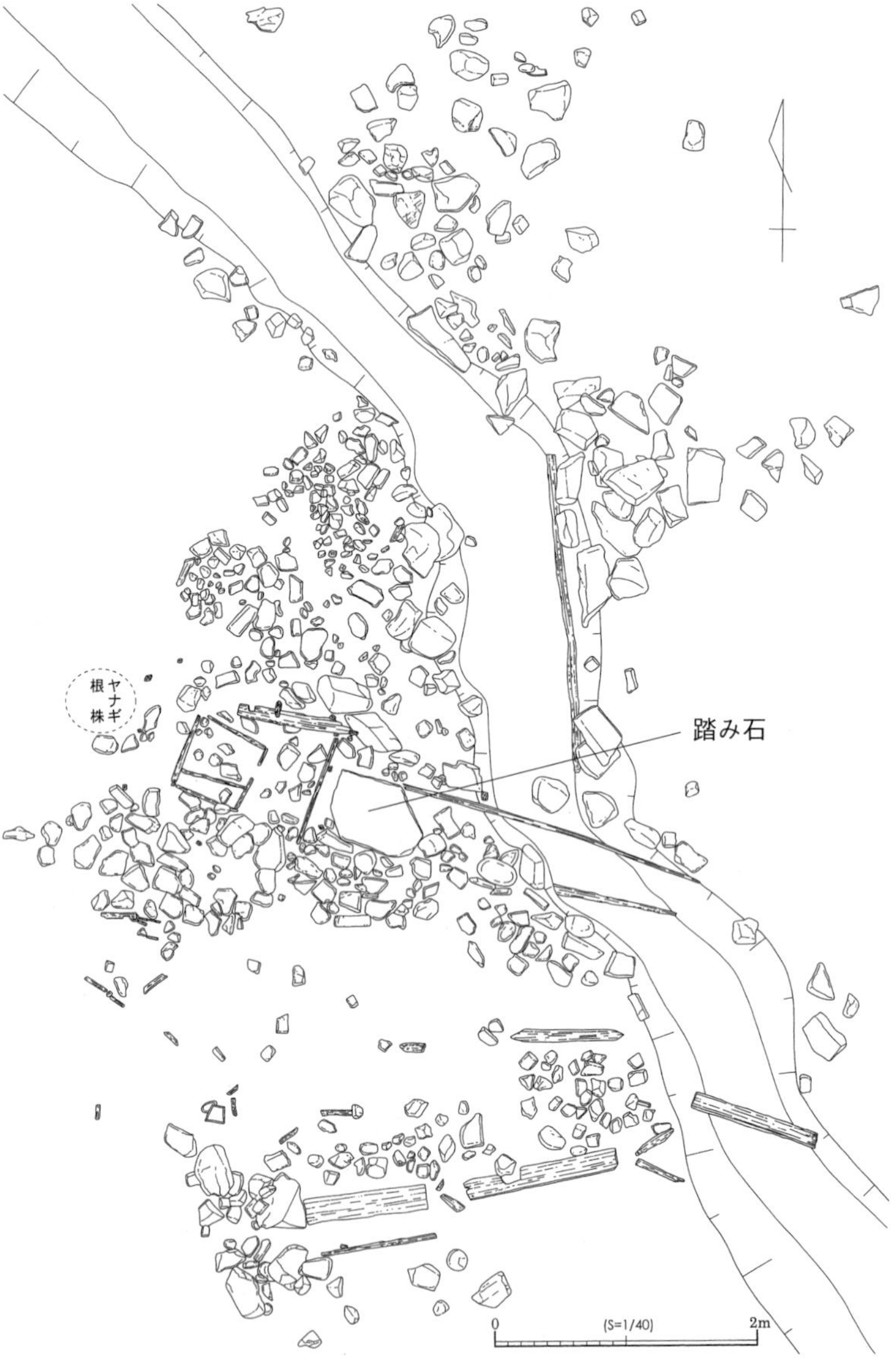


図２　青木遺跡Ⅰ区石敷き井泉遺構（SE01）平面図（文献註①より）

の神代上がアマテラス系、巻二の神代下がタカミムスヒ系に相当する。つまり、記紀に体系化される以前の段階では、記紀神話後段の国譲り・天孫降臨とそれに続く日向神話は、タカミムスヒ系神話群として一つのまとまった神話体系で存在していたのである。

その内容は、Ⓐ天上界の主神タカミムスヒが地上界の主神オオナムチを服属させる国譲り、Ⓑホノニニギを地上界に降臨させる天孫降臨、Ⓒ降臨したホノニニギとオオヤマツミ（大山祇）の娘との結婚とヒコホホデミ（古事記ではホオリ）の誕生、Ⓓヒコホホデミの兄との対立を背景とする海神宮訪問とワタツミ（海神）の娘との結婚、Ⓔウガヤフキアエズの誕生、さらにⒻウガヤフキアエズと海神の娘との結婚によるイワレヒコ（神武天皇）の誕生と展開する。そのなかで、皇祖となる神格の結婚と出産を基軸的なテーマとして、地上に降臨したホノニニギから初代天皇となるイワレヒコ誕生までの神統譜にまつわる説話が物語られている。

このタカミムスヒ系神話群は、皇祖の霊威を稲霊とする観念に基づいて、王権の権威の根源となる天上界（高天原）から、王権の支配対象となる地上界（葦原中国）に天皇の霊威を体現した稲霊が降臨し、その稲霊の霊力が発現していくことにより、初代天皇となる神武（イワレヒコ）が誕生することを中心的な主題として構成されている。

この神話群は、稲作農耕社会にみられる稲霊信仰とその宗教的世界観に基づいて構想されている。稲霊信仰およびその宗教的世界観とは次のようなものである。

① 稲には稲霊が宿る。
② 稲の発芽・生長・稔りは稲霊の霊力の発現による。
③ 稲霊は種籾に内在して春に他界より現世に来臨する。
④ 稲霊の霊力を発現させるにはそれを育む地霊（クニタマ：土地の霊力・水の霊力など）の霊力が必要となる。

⑤　地霊は現世に属する。
⑥　現世に来臨した稲霊は地霊に育まれて発芽・生長し、稔りをもたらすと霊力を使い果たして「死」の状態に陥る。
⑦　「死」の状態に陥った稲霊は他界に帰る。他界は「死」の世界であるとともに「再生」の世界であり、稲霊は冬の間に再生し、春にまた現世に来臨する。

これをタカミムスヒ系神話群の内容と対比させてみると、次の❶～❼がそれぞれ上記の①～⑦のモチーフに対応する。

❶　ホノニニギ、ヒコホホデミは名にホ＝穂（稲穂）を含み稲霊の神格を有する。またイワレヒコ（神武）は、またの名としてサヌ、トヨミケヌなどの名をもつが、サヌの語幹サは神稲、トヨミケヌの語幹ミケは穀霊を意味し、やはり稲霊的な神格である。
❷　皇祖の稲霊の神格が発現して初代天皇が登場する。
❸　天上界（高天原）が稲霊生成・再生の世界であり、地上界（葦原中国）が稲作の行なわれる現世にあたる。天上界の主神タカミムスヒは稲霊の霊力を生成・再生させる霊力（ムスヒ）の神格化である。タカミムスヒの指令によりホノニニギが降臨することは、タカミムスヒの霊力によって生成された稲霊の地上（現世）への来臨を表している。
❹　オオヤマツミ（大山津見）は土地霊、ワタツミ（綿津見・海神）はそれぞれ水霊の神格化であり、稲霊を体現する皇祖の神格はこれらの霊力を得て霊威を発現していく。
❺　オオヤマツミ・ワタツミは地上に属する神である。

❻ ホノニニギと、オオヤマツミの娘コノハナサクヤヒメの結婚は、稲霊と土地霊の結合であり、ヒコホホデミ（ホオリ）とワタツミの娘トヨタマヒメの結婚は稲霊と水霊の結合である。

❼ コノハナサクヤヒメのヒコホホデミの出産、トヨタマヒメのウガヤフキアエズの出産により新しい命が誕生する。

このように記紀神話後段部分の原形であるタカミムスヒ系神話群は、全体を通して稲霊信仰に基づいて構成されている。他界から現世に来臨した稲霊的神格を有する皇祖の神が、土地霊を象徴する山神の娘との結婚、水霊を象徴する海神の娘との結婚により稲霊の霊威を発現させて、その結果として初代天皇が誕生するという形で神統譜が構成されて初代天皇のルーツが物語られているのである。

## 2　海神宮訪問神話と稲霊信仰

記紀の海神宮訪問神話も、このような性格を有するタカミムスヒ系神話群の一部であることから、必然的に稲霊信仰に基づいて構成されている。海神宮訪問神話を構成する要素も、次の❶〜❼が上記の稲霊信仰①〜⑦のモチーフとそれぞれ対応する。

❶ ヒコホホデミ（ホオリ）は稲霊的神格。

❷ ヒコホホデミは霊力を発現して水田を支配。

❸ ヒコホホデミの来臨は稲霊の来臨。

❹ 海神は水霊の支配者。

❺ ヒコホホデミは天上界に本属をもち海神は地上界に属す。

❻ ヒコホホデミと海神の娘トヨタマヒメとの結婚は稲霊と水霊の結合。
❼ ウガヤフキアエズの誕生による再生。

このように、稲霊信仰に基づいて構成されている海神宮訪問神話の中心となる主題は、天皇となるべき稲霊的神格と水霊との結合である。海神宮訪問神話の解釈や同神話に反映されている祭祀や信仰の理解はこの点を踏まえて行なわれなければならない。

## 3　古事記の海神宮訪問神話

古事記の海神宮訪問神話の概要は次のとおりである。

a　ホオリ（山幸）が、ホデリ（海幸）の釣針を紛失し返還を迫られる。
b　ホオリは、シオツチ神の指示で無間勝間（マナシカツマ）の小船に乗り海神（ワタツミノカミ）の宮へ行く。
c　海神宮の門前に井戸、その傍らに桂木（湯津香木）があり、ホオリは、桂木の上で待つ。
d　海神の女トヨタマヒメの従者が、玉器を持って水汲みに出てきて、ホオリに気づく。
e　ホオリが水を要求すると、従者は井戸の水を汲んで玉器に入れて貢進するが、ホオリは水を飲まず、首にまいた玉（璵）を解き、口に含んで玉器に唾き入れると、その玉は玉器に着いて離れない。
f　従者→トヨタマヒメ→海神と報告され、海神はホオリを内に入れて饗応し、トヨタマヒメと結婚させる。
g　紛失した釣針が見つかり、海神より水の支配を自在に操れる呪力を授けられて帰還し、その呪力でホデリを従わせる。

このうち、b～fに相当する部分を次に引用する。

○古事記　海神宮訪問

是に其の弟、泣き患ひて、海辺に居ましし時に、塩椎神来て、問ひて曰ひしく、「何にぞ虚空津日高の泣き患ひたまふ所由は。」といひき。答へて言ひしく、「我、兄と鉤を易へて、其の鉤を失ひき。是に其の鉤を乞ふ故に、多たの鉤を償へども、受けずして、『猶其の本の鉤を得むと欲ふ』と云ひつ。故、泣き患ふるぞ」といひき。爾くして、塩椎神の云はく、「我、汝命の為に善き議を作さむ」と云ひて、即ち無間勝間の小船を造り、其の船に載せて、教へて曰ひしく、「我其の船を押し流さば、差暫らく往け。味し御路有らむ。乃ち其の道に乗りて往かば、魚鱗の如く造れる宮室、其綿津見神の宮ぞ。其の神の御門に到らば、傍の井上に湯津香木有らむ。故、其の木の上に坐さば、其の海神の女、見て相議らむぞ。」といひき。

故、教の随に少し行くに、備さに其の言の如し。即ち、其の香木に登りて坐しき。爾くして、海神の女豊玉毘売の従婢、玉器を持ちて水を酌まむとする時に、井に光有り。仰ぎ見れば、麗しき壮夫有り。甚異奇しと以為ひき。爾くして、火遠理命、其の婢を見て、「水を得むと欲ふ」と乞ひき。婢、乃ち水を酌み、玉器に入れて貢進りき。爾くして、水を飲まずして、御頸の璵を解き、口に含みて其の玉器に唾き入れき。その璵、器に著きて、婢、璵を離つこと得ず。故、璵を著け任ら、豊玉毘売命に進りき。

爾くして、其の璵を見て、婢を問ひて曰ひしく、「若し、人、門の外に有りや」といひき。答へて曰ひしく、「人有りて、我が井上の香木の上に坐す。甚麗しき壮夫ぞ。我が王に益して甚貴し。故、其の人水を乞ひつるが故に、水を奉れば、水を飲まずして、此の璵を唾き入れつ。是、離つこと得ず。故、入れ任ら、将ち来て献りつ」といひき。爾くして、豊玉毘売命、奇しと思ひ、出で見て、乃ち見感でて、目合して、其の父に白して曰ひしく、「吾が門に麗しき人有り」といひき。爾くして、海神、自ら出で見て、云はく、「此の人は、天津日高の御子、虚空日高ぞ」といひて、即ち内に率て入りて、みちの皮の畳を八重に敷き、亦、絁畳を八重に其の上に敷き、其の上に坐せて、百取の机代の物を具へ、御饗を為て、即ち其の女豊玉毘売に婚はしめき。故、三年に至るまで其の国に住みき。

以下、ここにみえる海神宮門前の井戸におけるホオリの呪術的行為（傍線部）と、ホオリが海神宮に向かう際に乗せられた「無間勝間の小船」（波線部）に着目して、考察を行なっていきたい。

## 二　ホオリの呪術的行為をめぐって

古事記の海神宮訪問神話のなかで、ホオリは玉器をもって水汲みに出てきた海神の女トヨタマヒメの従者に水を要求し、従者が井戸の水を汲んで玉器に入れて貢進すると、ホオリは首にまいた玉（璵）を解き、口に含んで玉器に唾き入れる。その玉は玉器に着いて離れなかったというが、ホオリのこのような呪術的行為にはいかなる意味があるのか、またどのような祭儀が反映されているのか。

丹後国風土記逸文にみえる「比治の真奈井」の伝承は、この呪術的行為の意味を理解する手がかりとなる。

○丹後国風土記逸文〈古事記裏書〉

丹後の国の風土記に曰はく、丹後の国の丹波の郡。郡家の西北の隅の方に比治の里あり。此の里の比治山の頂に井あり。其の名を真奈井と云ふ。今は既に沼と成れり。此の井に天女八人降り来て水浴みき。時に老夫婦あり。其の名を和奈佐の老夫・和奈佐の老婦と曰ふ。此の老等、此の井に至りて、竊かに天女一人の衣裳を取り蔵しき。既て衣裳ある者は皆天に飛び上りき。但、衣裳なき女娘一人留まりて、即ち身は水に隠して、独懐愧ぢ居りき。爰に、老夫、天女に謂ひけらく、「吾は児なし。請ふらくは、天女娘、汝、児と為りませ」といひき。即ち相副へて宅に往き、即ち相住むこと十余歳なりき。爰に、天女、善く醸酒を為りき。一杯飲めば、吉く万の病除ゆ。其の一杯の直の財は車に積みて送りき。時に、其の家豊かに、土形富めりき。故、土形の里と云ひき。此を中間より今時に至りて、便ち比治の里と云ふ。

後、老夫婦等、天女に謂ひけらく、「汝は吾が児にあらず。蹔く借に住めるのみ。早く出で去きね」といひき。ここに、天女、天を仰ぎて哭慟き、地に俯して哀吟しみ、即て老夫等に謂ひけらく、「妾は私意から来つるにあらず。是は老夫等が願へるなり。何ぞ猒悪ふ心を発して、忽に出し去つる痛きことを存ふや」といひき。老夫、増発瞋りて去かむことを願む。天女、涙を流して、微しく門の外に退き、郷人に謂ひけらく、「久しく人間に沈みて天に還ることを得ず。復、親故もなく、居らむ由を知らず。吾、何にせむ、何にせむ」といひて、涙を拭ひて嗟歎き、天を仰ぎて哥ひしく、
天の原　ふり放け見れば　霞立ち　家路まどひて　行方知らずも。

遂に退き去きて荒塩の村に至り、即ち村人等に謂ひけらく、「老父老婦の意を思へば、我が心、荒塩に異なることなし」といへり。仍りて比治の里の荒塩の村と云ふ。亦、丹波の里の哭木の村に至り、槻の木に拠りて哭きき。故、哭木の村と云ふ。復、竹野の郡船木の里の奈具の村に至り、即ち村人等に謂ひけらく、「此処にして、我が心なぐしく成りぬ。〈古事に平善きをば奈具志と云ふ。〉」といひて、乃ち此の村に留まり居りき。斯は、謂はゆる竹野の郡の奈具の社に坐す豊宇賀能売命なり。

概要は次のように整理することができる。
・比治山山頂の真奈井に天女八人が降り来て水浴していた。

・老夫婦が天女一人の衣を隠し、自分たちの子とする。
・天女は醸酒《かみさけ》を造る。その酒は万病に効き、老夫婦は多くの財を得る。
・老夫婦は天女を追い出す。天女は泣きながらさまよい、竹野郡の奈具社にトヨウカノメとして鎮まる。

この説話についても、その内容の構成を分析すると稲霊信仰に基づいて成り立っていることがわかる。上述の稲霊信仰①〜⑦のモチーフと比治の真奈井伝承の構成との対応関係は次の❶〜❼のように認められる。

❶ 天女は最終的にトヨウカノメの神として奈具社に祭られるが、トヨウカノメの語幹ウカは穀霊であり、同神は稲霊である。
❷ 天女の酒造りは稲霊の霊力発現を表わす。これによる富の獲得は豊穣を表わす。
❸ 天女は天（他界）から来臨。
❹ 老夫婦が地霊的な存在であり、本来のモチーフでは天女を養育する立場にあったのが、ここでは変形されて虐待している。また真奈井の水に水霊が宿る。
❺ 老夫婦は地上の住人である。また「比治」は土であり、アメに対するツチを意味する。すなわち、比治の真奈井とは、「天の真奈井」に対する「地の真奈井」のことであり、地上の存在であることが強調されている。
❻ 老夫婦と天女の親子化は稲霊と地霊の結合を表わし、天女の井水での水浴は稲霊と水霊の結合を表わす。天女は老夫婦のために酒造りをして富をもたらしたが、豊かになった老夫婦に天女が追い出されるのは、豊穣をもたらして霊力を使い果たした稲霊が「死」の状態となるモチーフに通じる。
❼ 本来天女は天に帰る形であったと考えられるが（例えば一般的な羽衣伝説や竹取物語のカグヤヒメのように）、ここではトヨウカノメという神となって再生する。

以上のように、比治の真奈井伝承が稲霊信仰に基づいて構成されていることは明らかである。このことを踏まえてここにみえる天女の酒の醸造に着目してみたい。

老夫婦の児とされた天女は「善く醸酒をつくりき」とあるが、醸酒とは口噛み酒とみられる。口噛み酒とは、米などデンプンをもつ食物を口に入れて噛み、それを吐き出して溜めたものを放置して造る酒である。日本でも古代から口噛み酒の醸造が行なわれていたことは、大隅国風土記逸文からうかがい知ることができる。

○大隅国風土記逸文〈塵袋〉

大隅国ニハ一家ニ水ト米トヲ設ケテ、村ニツゲメグラセバ、男女一所ニ集リテ、米ヲカミテサカブネニハキ入レテ、チリヂリニ帰リヌ。酒ノ香ノイデクル時、又集リテ、カミテハキ入レシ者ドモ、是ヲ飲ム。名ヅケテクチガミノ酒ト云フト云々

口噛み酒は神事の際に造られることが多く、その場合、原料を噛む人間として巫女や処女が選ばれるという。[5]比治の真奈井伝承の天女の醸酒にも、こうした神事に奉仕する女性による口噛み酒の醸造が反映されているとみられる。物語の上では、天女の醸造する酒は薬酒として売られ、老夫婦に多くの富をもたらすとされているが、稲霊信仰の観点からすると、稲霊を体現する天女による醸酒は稲霊と水霊の結合を象徴する行為とみられる。物語に具体的に書き込まれてはいないが、天女は比治の真奈井で水浴をしてその水霊との結合を果たしていることから、天女の醸酒には比治の真奈井の水が用いられたと観念されているとみられる。天女の醸酒は天女に体現されている稲霊と比治の真奈井の水霊との結合の象徴といえるのである。

比治の真奈井伝承の天女の醸酒を以上のように理解した上で、海神宮訪問神話におけるホオリの呪術的行為の意味を考えてみたい。海神宮訪問神話と比治の真奈井伝承はどちらも稲霊信仰に基づいて構成された伝承であり、信仰的

基盤を同じくしている。とくに両者には稲霊の体現者（ホオリ・天女）が井戸に来臨するという共通点がある。その井戸において稲霊と水霊の結合が行われるのだが、両伝承の主人公と井戸との関係における行為にも共通性を認めることができる。

ホオリは稲霊的神格を有し、その首にまかれた玉は自身の霊力の象徴といえる。玉器に汲んだ井戸の水は水霊そのものである。ホオリが玉を口に含んで玉器に唾き入れ、その玉が玉器に付着して離れなくなったというのは、稲霊と水霊の結合の象徴に他ならない。ここにみえるホオリが玉を口に含んで玉器に唾き入れる行為は、比治の真奈井伝承の天女の醸酒のような口噛みによる酒造りを反映するものであろう(6)。同神話では、水霊を司る海神の娘トヨタマヒメと稲霊を体現するホオリとの結婚という形でも稲霊と水霊の結合が表現されるが、ホオリの呪術的行為はそれとは別に儀礼的な形でその結合が象徴的に表現されているのである(7)。

以上のように、比治の真奈井伝承、海神宮訪問神話という、ともに稲霊信仰に基づく稲霊と水霊の結合を主題とする説話において、両者の結合を象徴する行為として口噛み酒造りのモチーフを確認することができる。このことは古代の稲作農耕社会における農耕祭祀のなかで、稲霊と水霊との結合を象徴する神事として井戸を舞台とした口噛み酒造りが行われていたことを示唆するものである。

## 三　無間勝間をめぐって

### 1　海神宮訪問神話の無間勝間の小船

古事記では、ホオリが海神宮に移動する際「無間勝間の小船」に乗せられたという。この無間勝間（マナシカツマ）とはどのようなものか。

ホオリの乗り物について、古事記に「無間勝間」とあるほか、「無目籠」（紀本文）、「大目麁籠」（紀第一の一書）、「無目堅間」（紀第一の一書別伝）、「無目堅間の小船」（紀第三の一書）などとみえる。「無間勝間」は日本書紀では「無目堅間」とみえ、「勝間」（カツマ）と「堅間」（カタマ）は同じ物とみてよい。紀第一の一書の「一云」には「堅間は是今の竹の籠なり」とあり、「堅間」は竹製の籠であるという。そのため「無目籠」（紀本文）、「大目麁籠」（紀第一の一書）という所伝もみられるのである。紀第一の一書には「老翁、即ち嚢の中の玄櫛を取りて地に投げしかば、五百箇竹林に化成りぬ。因りて其の竹を取りて、大目麁籠を作りて、火火出見尊を籠の中に内れまつりて、海に投る」とあり、ここからもホオリの乗り物が竹製の籠であったことがわかる。

無間勝間、無目堅間とは竹を堅く編んで網目の無いように造った籠である。逆に目を粗く編んだものが紀第一の一書の「大目麁籠」であろう。

カツマが竹製の籠であるとすると、ホオリがそれに乗って海神宮に行くことには、どのような意味があるのか。

古代人には、竹に特殊な霊力が内在するという信仰がある。筍（タケノコ）が地中から芽生えたかと思うとたちまちのうちに若竹となる、その生長の早さに神秘的な霊力が内在すると実感されたのであろう。竹には節と節との間に空洞があるが、この部分に竹の特殊な霊力を生成する呪力が存在すると信じられた。この空洞はヨといわれる。漢字をあてると節・寿などで表記されるが、ヨワイ（齢）、ヨゴト（寿詞）などのヨであり、ヨとは人間の生命力に通じる霊力である。竹取物語でカグヤヒメが竹から誕生するのはこのような信仰によるものである。宮中では六月、十二月の晦日の大祓に際して中臣女が竹を用いて天皇の身体を計測する儀が行なわれ、これを節折（ヨオリ）と称するが、竹の霊力により天皇に内在する霊力を活性化するタマフリ的な呪儀とみられる。

こうした霊力を有する竹を細かく編んで網目の無いように作り上げた籠が無間勝間であったとみられるが、おそらくこの籠は開口したものではなく密封されるように造られ、内部の空間に竹の節の間の空洞（ヨ）の霊力が存在すると観念される容器であったと思われる。

そのような無間勝間に籠もるのが、稲霊的な性格を有するホオリである。これを稲霊信仰にあてはめてみると、上述の稲霊信仰⑦のように、霊力を失った稲霊は他界で再生するが、稲霊ホオリは無間勝間に籠もって稲霊の霊力を生成・再生したとみることができる。ストーリー的にも兄（ホスセリ・海幸彦）に攻められて活力を失っている状態であり、無間勝間は霊力再生の装置として位置づけられているのである。

無間勝間とは、実態としては翌年の稲作に用いる稲種（種籾）を保管する容器であり、冬の間この容器に稲種をいれておくことにより、竹の有する霊威生成の呪力によって稲霊の霊力が生成・再生されると観念されたのであろう。「無間勝間の小船」「無目堅間の小船」とあることにより、これを今日もベトナムなどにみられる細かい竹で編んだお椀型の小舟に見立てる見解もあるが[8]、ここでの船は水上交通手段としての乗り物の船とみるべきではない。フネには広義に、異なる世界の間を往来する乗り物の意味があり（例えばアメノトリフネ、アメノイワフネ、棺をフネという等）、ここでは、ホオリが異界である海神宮に移動する手段として船と称しているのである[9]。

## 2　風土記逸文にみえる勝間

風土記および同逸文にみえるヤマトタケルの伝承のなかに、海神宮訪問神話のこの無間勝間と関わる記述がある。

○阿波国風土記逸文〈万葉集註釈巻七〉

阿波の国の風土記に云はく、勝間井の冷水。此より出づ。勝間井と名づくる所以は、昔、倭健の天皇命、乃ち、大御櫛笥を忘れたまひしに依りて、勝間といふ。粟人は櫛笥をば勝間と云ふなり。井を穿りき。故、名と為す。

○美作国風土記逸文〈詞林采葉抄第七〉

美作国風土記曰、日本武尊、櫛を池に落し入給ふ。因て勝間田池と号す。云々。玉かつまとは櫛の古語也。

阿波国風土記では、倭武天皇が「大御櫛笥」を忘れた場所に井戸を掘ったといい、櫛笥を「勝間」と呼ぶことから「勝間井」の地名の由来となったという。美作国風土記では、日本武尊が「櫛」を池に落としたことからその池を「勝間田の池」と称するのは、櫛の古語が「玉かつま」であるからという。どちらもヤマトタケルを主人公とする「勝間」を冠する池・井の地名起源説話であり、櫛または櫛笥を落す・忘れるという共通のモチーフをもつ伝承である。さらにこの二つの伝承は、ヤマトタケルが天皇の分身的な人格の来訪者であること、井戸・池がテーマであること、そして「勝間」が重要な意味を有することを踏まえると、海神宮訪問神話と信仰的基盤を同じくする伝承とみることができる。ここにみえる「勝間」が海神宮訪問神話でホオリが海神宮に移動する際の乗り物となった「無間勝間の小船」と関係することは間違いない。

先述のように、海神宮訪問神話によれば勝間とは竹製の籠であった。ところが、阿波国風土記逸文には「櫛笥を勝間と云ふなり」、美作国風土記逸文には「玉かつまとは櫛の古語也」とあり、櫛笥、すなわち櫛を納める容器のこと、あるいは櫛の古語であるという。

ここには多少の伝承の省略や混乱があるように思われる。紀第一の一書に、老翁の投げた櫛が竹林となり、その竹を編んで造った籠にヒコホホデミを乗せたとあるように、海神宮訪問神話のなかにも櫛の要素が存在する。ここでの櫛は勝間（籠）の材料の竹を繁殖させるもととなる呪物である。勝間は竹製であることにより呪力を有するのだが、ここではその呪力の根源にさらに櫛が位置づけられている。勝間（籠）の呪力の根源が櫛に内在するという信仰を背景に、櫛を勝間と称する伝承がおこってきたのであろう。阿波国の事例では櫛の容器である櫛笥を勝間といい、勝間は櫛そのものではなく容器のこととしている。櫛そのものを勝間とする美作国の事例と比べれば、形態的には勝間の本来のあり方に近いが、本来の用途とは異なっている。

海神宮訪問神話にみえる勝間と、風土記逸文にみえる勝間との間にはどのような関係があるのだろうか。櫛を落としたとする美作国風土記逸文には「玉かつまとは櫛の古語也」とあるが、このような補足的な説明が付されていることからすれば、ヤマトタケルが池に落したものは「玉かつま」であったということになる。この玉かつまが櫛と解釈されるようになって、ヤマトタケルが櫛を落したという伝承に変わったとみられる。

玉かつまとは玉を納めた勝間であろう。勝間は竹の呪力によって種籾に内在する稲霊の霊威を生成する容器であったが、そこに玉が納められたとすると、その玉は稲霊を象徴するものであったとみられる。美作国風土記が本来「玉かつま」を池に落とす内容であったとするならば、容器としての勝間を落とすことではなく、そこに納められた玉を落とすことに行為の意義があったはずである。

ヤマトタケルが井戸に玉を落とす伝承は、常陸国風土記にもみえる。

○常陸国風土記　行方郡

是に、此の国を経過ぎ、即ち、槻野の清泉に頓幸し、水に臨みてみ手を洗ひ、玉もちて井に落としたまひき。今も行方の里の中に存りて、玉の清井と謂ふ。

ここでは、ヤマトタケルが井戸に玉を落としたことが玉の清井の名称の由来と説かれている。(10) 美作国風土記の櫛が本来は勝間に納められた玉であったとすると、両説話はヤマトタケルが池（井）に玉を落とすという同じモチーフの伝承であったということになる。

美作国風土記の「玉かつま」という表現は、玉を勝間にいれた状態で水中に落としたことが意識されているのだろう。ヤマトタケルが勝間に納められた玉を池（井）に落とすという行為は、海神宮訪問神話でホオリが無間勝間の小船に乗って海神宮を訪れることと通じるものがある。海神宮訪問神話ではホオリが首飾りの玉を口に含んで井戸の水をいれた玉器に吹き付ける呪術的行為を行なったが、ヤマトタケルの池（井）に玉を落とす行為も稲霊信仰の視点からすると信仰の基盤を共通にするものであり、それは稲霊と水霊の結合を象徴する行為に他ならない。

以上のように、風土記にみえるヤマトタケルの井戸（池）に勝間を落とした、忘れたという伝承の背景には、記紀の海神宮訪問神話と同じ稲霊信仰が存在するのである。おそらくは在地社会においてもこの伝承に反映されている稲作農耕祭祀が行なわれていたのだろう。その祭祀は、春、種籾を苗代に播く種おろしに先立って、種籾を稲田の水源となる池や井戸の水に浸して、稲霊と水霊の結合を表象することにより豊穣を祈請するという予祝的な祭祀であったと考えられる。風土記の記載内容に即した祭祀が実態としてあったとすれば、地域社会の稲霊の象徴として祭られる玉があり、その玉は前年の収穫後は霊力を使い果たして死の状態となるが、冬の間竹製の容器（勝間）に納められて霊力を回復し、春にその霊力に満ちあふれた稲霊の象徴の玉を神田の水源に沈めて、稲霊と水霊の結合による豊穣の祈願が行なわれるというような祭儀の存在を想定することもできる。

## 四　青木遺跡の石敷き井戸における祭祀

それでは、青木遺跡の石敷き井戸ではいかなる祭儀が行なわれていたのだろうか。青木遺跡の井戸は遺跡の南側に広がる水田の水源であったとみられ、そこで行なわれる祭祀は水田農耕の水・水霊に関わる祭祀であることは間違いない。

本章では、記紀の海神宮訪問神話や風土記のヤマトタケルの伝承の背景に、井戸において稲霊と水霊を結合させて稲の豊穣を祈る予祝的神事が存在することを指摘したが、青木遺跡の井戸でもそのような神事が行なわれていたのではなかろうか。そのなかで稲霊と水霊の結合を象徴する口噛み酒の醸酒が行なわれ、またその醸成の出来具合による年占が行なわれた可能性も考えられる。

青木遺跡が郡司の居宅の一部であったという見解に従えば、春の出挙、稲種分与に伴って行なわれた神事であったと考えることができる。郡司は律令国家の地方行政の末端を担う官僚であると同時に、地域社会における稲作共同体の首長でもあった。その立場において稲霊の霊力の再生・生成を掌り、地域の稲作農耕の再生産に責任を負ったのである。冬の間、郡司の責任で勝間のような容器に保管されて稲霊の霊威を再生させた種籾を、春に共同体の成員に分与する際に、稲霊の霊力を発現させるために稲霊と水霊との結合を象徴する行為があったとみられる。苗代への種おろしに先立って種籾は一時水に浸け置かれるが、これこそまぎれもない稲霊と水霊との実態的な結合である。青木遺跡の井戸の水を用いて行われた可能性も考えられるであろう。

青木遺跡の井戸の傍らに柳が植えられていたことも興味深い。井戸の傍らに樹木が植えられている例は多く[11]、とくに柳が植えられている事例は多い。各地に柳の井戸、柳井等の名称の井戸が存在している。海神宮訪問神話でも井戸の傍らに「香木」（カツラの木）があり、海神宮に着いたホオリがその木に上って坐すというのは、本来は香木に降臨したとあったのが変形したもので、この香木は降臨する神の依り代だったのであろう。

柳田国男によれば、柳は稲作の予祝・年占に用いられ、枝を折り、挿し木して根付くかどうかで豊凶が占われるという[12]。万葉集の東歌にも柳の挿し木を読んだ歌がみえる。

小山田の池の堤にさす柳成りも成らずも汝と二人はも（万葉集巻一四、三四九二）[13]

青楊の枝伐り下ろし湯種蒔きゆゆしき君に恋ひ渡るかも（万葉集巻一五、三六〇三）

三四九二では「小山田の池の堤」に柳が挿し木されたとあるように、農耕用水の水源の周辺で挿し木が行なわれていることがわかる。また三六〇三では柳を挿し木して「湯種蒔き」とあるように、春の種おろしの時期に挿し木が行なわれている。柳の木は稲霊の依り代であり、柳を地に挿してそれが根付くことにより、稲霊と地霊との結合が表現されて豊穣が予祝されたのであろう。

ここにあげた二首の万葉集の歌はともに相聞歌であるが、許曼麗によれば万葉集東歌にみえる挿し木の歌はすべて相聞歌であるという[14]。このことは挿し木が単なる恋愛成就の占いに用いられたということではなく、春の挿し木を行なう予祝祭に歌垣的行事が伴っていたことを示唆するものである。

青木遺跡においても井戸端の柳の枝を折ってこのような予祝の挿し木が行なわれ、それに伴う歌垣的な行事が行なわれていたと想定することができる。

最後に、青木遺跡の井泉遺構と神社遺構の関係にも触れておきたい。

青木遺跡の祭祀関連遺構としては、本章で検討したⅠ区の井泉遺構よりもむしろⅡ区の神社遺構が注目されている。この遺構は、土器墨書の記載から出雲国風土記や延喜神名式にみえる伊努社・美談社との関係が考えられる[15]。伊努社・美談社は官社であり、二月の祈年祭には両社の祝部が中央の神祇官に参向して幣帛を受け取り、それをもち帰って各社に奉献したはずである。とするとⅡ区では祝部がもち帰った幣帛の奉献儀が行なわれたとみられる。Ⅰ区の石敷き井戸において行なわれた祭祀は、前節で述べたように地域社会の春の予祝祭であり祈年祭的な性格の祭祀とみられるが、Ⅱ区の神社における国家の祈年祭の幣帛奉献の儀式は、このⅠ区の井戸における地域社会の祈年祭に伴って行なわれたのではなかろうか。筆者は以前、令制祭祀の一つである相嘗祭の神事と幣帛奉献との関係を考察し、相嘗祭の対象となる各神社の新嘗の神事にあわせて国家の幣帛が奉献される儀が相嘗祭であると指摘したことがある。[16]在地の官社に国家の祈年祭幣帛を奉献する儀式が地域社会の祈年祭とともに行なわれたとすると、祈年祭における個別の官社での幣帛奉献のあり方も基本的に相嘗祭と同じ形態で行なわれていたとみることができる。

この推察が正しければ、地域社会の祈年祭は中央の祈年祭班幣を経て祝部が幣帛を持ち帰らなければ行なえないことになるが、それは国家が地域における祈年祭の祭日を規制したことを意味する。つまり、中央の国家の祈年祭がまず行なわれて、その後に地域の祈年祭が行なわれることになる。また、この理解によれば、Ⅰ区の井戸は地域社会の祭祀の場であり、Ⅱ区の神社は国家的な祭祀の場と位置づけられることになるが、これらの点はまだ推測の域を出ておらず、今後検討を深めていきたい。

**註**

（1）島根県教育委員会『青木遺跡Ⅱ（弥生～平安時代編）』二〇〇六年。
（2）平石充・松尾充晶「青木遺跡と地域社会」（『国史学』一九四、二〇〇八年）。
（3）前掲註（1）書。
（4）溝口睦子『王権神話の二元構造―タカミムスヒとアマテラス』（吉川弘文館、二〇〇〇年）。
（5）加藤百一『日本の酒五〇〇〇年』（技報堂出版、一九八七年）。
（6）これを祈雨の儀礼とする見解もある（岡田精司「大王と井水の祭儀」『古代祭祀の史的研究』塙書房、一九九二年）。
（7）記紀神話のスサノオとアマテラスによる「天の真名井のウケイ」にも、井戸を舞台に玉などを口に含みそれを吹き出して神が出現する呪術的な行為がみえる。海神宮訪問神話のホオリの呪術的行為とも共通し、また丹後国風土記逸文の「比治（土・地）の真名井」に対する「天の真名井」が舞台であることも興味深い。

（8）倉野憲司『古事記全註釈』四（三省堂、一九七七年）。

（9）海神宮訪問神話の原神話は、次章で詳しく述べるように、水平的他界観に基づく五世紀の王権始祖神話であり、原神話においてマナシカツマの小船の向かう他界は稲霊的な王の霊威を再生する世界であり、原神話は新嘗をモチーフとした神話であった。それが垂直的他界観に基づくタカミムスヒ系神話群の一部に体系化された神話では、他界から来臨した稲霊の神格が現世において水霊と交接する祈年祭をモチーフとした神話に改変されている。

（10）常陸国風土記の引用部分の「落」字は校訂上問題があり、「落」（群書類従本・訂正常陸国風土記）のほか「尊」（松下見林自筆本、彰考館本）「栄」（岩波日本古典文学大系本）「為」（小学館新編日本古典文学全集本）などの説があるが、類似する他の伝承のモチーフとの比較から、「落」が穏当と思われる。

（11）出雲大社の東側に「真名井の清水」という井泉があり、その傍らには榎の大木が繁っている。この井泉の水は出雲大社の神事に用いられるが、加えて出雲国造が十一月二十三日に行なう古伝新嘗祭の歯固めに用いる小石がこの井泉から採取されている点に注目したい。この歯固めの儀では真名井の清水から採取した小石を国造が噛むのであるが、この神事の意義と本章で検討した海神宮訪問神話のホオリの呪術的行為との関係、また同儀が稲霊信仰の観点からどのように説明できるか等、今後検討していきたい。

（12）柳田国男「楊枝を以て泉をトする事」（『神樹篇』定本柳田国男集一一、筑摩書房、一九五三年）。

（13）日本古典文学全集『万葉集』（小学館、一九七一年）。以下万葉集の引用は、同書による。

（14）許曼麗「楊柳小考」（『芸文研究』五〇、一九八六年）。

（15）前掲註（1）書。

（16）菊地照夫「相嘗祭の祭祀形態について」（『延喜式研究』一五、一九九八年）。

# 第四章　古代王権と船あそび—五世紀の王権の宗教的世界観と王位就任儀礼—

古事記・日本書紀に、皇子や天皇が倭（ヤマト）の池で船あそびをしたという伝承的な記事がある。垂仁記には、「倭の市師（イチシ）池、軽池」に「二俣小舟」を浮かべて成人しても言葉を話せないホムチワケ皇子を「遊」ばせたとあり、履中紀三年十一月条には、天皇が「磐余の市磯（イチシ）池」に「両枝船」を浮かべて皇妃と分乗して「遊宴」したという。

両者で用いられている船は、それぞれ「二俣小舟」「両枝船」とあるように、二俣船という同じ形状の船である。また船を浮かべた池の名称をみると、垂仁記の「市師池」と、履中紀の「磐余の市磯池」は同じ池とみられる。さらに船に乗ることが「遊」「遊宴」と遊の字で表記されていることも両者に共通する。遊＝アソビとは、古代においては今日の意味とは異なり、鎮魂（タマフリまたはタマシヅメ）のことであり、したがってこの乗船行為は、今日的な意味での娯楽的な遊びではなく、呪術的な性格をもった鎮魂の儀礼であったとみるべきである(1)。記紀のホムチワケと履中天皇の記事から、天皇・皇后や皇子という王権中枢の人物が倭のイチシ池に二俣船を浮かべて行なう鎮魂的儀礼の存在が浮かび上がってくるのである。

ここではそのような儀礼を〝船あそび〟と称することとし、その儀礼にいかなる意義があったかを検討したい。そもそもこのような船あそびの記事が垂仁天皇の皇子と履中天皇にみられるのはなぜなのだろうか。そこには記紀の天皇系譜（王統譜）の形成、五世紀段階の王権始祖伝承と王位就任儀礼などに関わる重大な問題が内包されているのである。

## 一　船あそびと他界観

西村亨「船のあそび考」は、本章で検討する記紀の船あそびから平安貴族の船の楽まで、霊魂信仰の観点から幅広く考察し、それらの意義を鎮魂の儀としてとらえる興味深い先行研究である。(2) 西村は、そのなかでホムチワケや履中が船あそびを行なったとする市師池・磐余市磯池は、履中二年紀に造作記事のある磐余池のことで、イチシの意味について、霊魂を「みいつ」、霊魂の威力を「いちはやぶる」「いちはやし」というように、霊魂に関わる語であり、磐余池が霊魂信仰に関する呪的な目的を有する場合には「いちしの池」と呼ばれたと推察する。この指摘は妥当である。

そしてものいわぬ皇子ホムチワケの船あそびについて、鎮魂の観点からその意義について言及するのであるが、西村は船あそびの意義は、例えば泣いていた赤ん坊が揺り動かされることによって落ち着くように、船の動揺によって肉体に霊魂を鎮定させることと指摘する。つまり、西村はここで用いられる船を鎮魂のための道具としてとらえており、船あそびそのものを実態的にとらえて解釈を行なっているのであるが、この点には問題がある。

記紀等の神話のなかで、船は神霊を移動させる乗り物とされている。しかもそれは現世と他界の間の移動である。例えば古事記の国譲り神話では、国譲りの使者としてタケミカヅチと天の鳥船の神が遣わされるが、天の鳥船はタケミカヅチが天上の高天原から地上の葦原中国に移動する際の乗り物を神格化したものに他ならない。また書紀では、神武東征に先立って物部氏の祖神ニギハヤヒが天磐船に乗って地上に降りている。古事記の海神宮訪問神話ではホオリ（山幸彦）が無間勝間（マナシカツマ）の小船に乗って海神宮に向かう。あるいは、スクナヒコナは天のカガミの船に乗って海上彼方から出雲の御崎により来る。このように、例をあげればきりがないほど、神霊の移動手段としての船の事例をあげることができる。これらの神話は、それぞれの宗教的世界観に基づいて語られており、その世界観のなかでの現世・他界間の移動手段に船の使用が語られているのであるが、そうした宗教的世界観に基づいて行なわれる祭儀においても船が用いられるのである。

すなわち、ホムチワケの物語、履中紀の記事についても、それを宗教的世界観に基づく祭儀の反映ととらえ、その世界観がいかなるものであるかを検討した上で、船あそびの意義が明らかにされなければならないのである。

## 二　履中天皇の船あそび

まず、履中紀にみえる船あそびについて検討したい。履中紀の船あそびの記事は次のとおりである。

三年冬十一月丙寅朔辛未、天皇、両枝船を磐余市磯池に泛べたまふ。皇妃と各分ち乗りて遊宴びたまふ。膳臣余磯、酒を献ず。時に桜の花、御盞に落つ。天皇、異しみて、則ち物部長真胆連を召して、詔して曰く、「是の花、非時《ときじく》にして来れり。それ何処の花か。汝自ら求むべし」とのたまふ。是に長真胆連、独花を尋ねて、掖上室山に獲て、献る。天皇、その希有なるを歓び、即ち宮の名となす。故に磐余稚桜宮と謂ふ。其れこの縁なり。

これによれば、天皇は磐余市磯池に両枝船を浮かべて皇妃と分乗して遊宴しているが、その船あそびが行なわれたのは十一月とされている。この遊宴のなかで膳臣余磯が献上した酒の盃に桜の花が入っていたことが問題となる。仲冬の時季に桜花があることを奇異に思った天皇が、物部長真胆連に命じて花の出所を確かめさせたところ、掖上の室の山であることが明らかになり、その稀有なることを歓び、宮号を磐余稚桜宮としたという。この伝承は同宮の宮号の由来起源説話であるが、その宮号が桜を冠しているように、ここでは、十一月という真冬に春の花である桜の花が天皇にもたらされたことが中心的なテーマとなっている。

天皇はこの桜の花について「是の花、非時《ときじく》にして来れり」と述べている。「非時《ときじく》」は、季節を問わずいつでもあることの意味であるが、この語は垂仁紀九十年二月条にみえている。そこでは「天皇、タジマモリに命せて、常世国に遣して、非時の香菓を求めしむ。今橘というは是なり。」とあり、常世国に「非時の香菓」が存在するというのであるが、このことは常世国が香菓に象徴される果実の実りがいつでも（非時に）存在する世界であることを意味している。履中紀の船あそびの記事に「非時」の語が用いられているのは、この常世国の世界観が意識されてのことであろう。

桜の花は春の花見として親しまれているが、花見は稲の稔りの予祝の行事であり、桜の花は稲穂の稔りを象徴するものであった。(3) 船あそびをしている天皇に奉られた桜の花にも稲穂の稔り（豊穣）が含意されており、「是の花、非時《ときじく》にして来れり」という天皇の言葉には、それが常世のものという意味があったとみられる。このような理解によれば、履中天皇は船あそびのなかで常世の世界からもたらされた豊穣のパワーを有する桜花の入った酒を飲んで、その霊力を取り入れたということになる。

この船あそびが行なわれたのは十一月のこととされているが、十一月は新嘗の行なわれる季節である。新嘗は稲霊信仰に基づく稲霊の再生儀礼である。稲霊信仰とは、稲作民や稲作を基盤とする社会・王権に普遍的にみられる信仰であり、稲には稲霊が内在し、稔りは稲霊の霊力の発現によってもたらされるという観念である。この世界観では、稲作の行なわれる現世の外部に稲霊に霊力を付与する別の世界（他界）が認識される。稲霊は春に霊力に満ちた状態で種籾にこもって現世に来臨し、現世の地霊・水霊と交わることによって霊力を発現して稔りをもたらし、収穫が得られると霊力を使い果たして「死」の状態に陥り、他界へと帰還する。他界には豊穣の霊力が満ちあふれており、稲霊はそこで霊力を再生して、翌春また現世に来臨する。このように、稲霊信仰では稲霊が「死」と「再生」を繰り返して他界と現世の間を往来すると観念するのである。(4) 新嘗はこのなかの稲霊の再生に相当する。新嘗（ニイナメ）は一般に収穫感謝の祭と理解されているが、そうではなく、霊力を使い果たして死の状態となった稲霊を他界の霊力によって再生させる儀が新嘗の本義である。(5) 稲作を基盤とする社会や王権では、首長や王が稲霊を体現して共同体や自らの霊威・権威の再生を象徴するかたちで祭儀が行なわれる。

履中天皇の船あそびは、水平的他界観の新嘗を基盤とする王の霊威再生儀礼とみることができる。稲霊を体現した履中は船で、観念的には水平的他界である常世国に向かったのであろう。儀礼的には、常世からもたらされた豊穣の霊力のこもった酒を飲むことにより稲霊としての霊力を再生したのである。

履中紀の天皇の船あそびの記事の背景には、以上のような観念とそれに基づく儀礼が存在していたと考えられる。

## 三　ホムチワケの船あそび

次に、ホムチワケ皇子について検討したい。古事記のホムチワケの物語は船あそびからはじまる。

故、其の御子を率て遊びし状は、尾張の相津に在る二俣榅を二俣小舟に作りて、持ち上り来て、倭の市師池、軽池に浮かべて、其の御子を率て遊びき。然るに是の御子、八拳鬚心の前に至るまで真事とはず。

ホムチワケは倭のイチシの池で二俣小船に乗って船あそびをしたが、鬚が胸までのびるほどの成人になっても言葉を発しないというのである。そのホムチワケがあるとき鵠の声を聞いてわずかに声を発したので、天皇は鵠を追い求め捕獲して皇子にみせたが、ものいうことはなかった。その後天皇の夢に出雲大神の宮を修築すれば皇子は言葉を発するようになるというお告げがあり、ホムチワケを出雲に遣わして大神を参拝させる。参拝後、出雲国造の祖キイサツミの食膳奉仕を受けて、ホムチワケははじめて言葉を発する。

このように、古事記のホムチワケの物語は、船あそびに加えて鵠の捕獲、出雲大神の参拝という要素が加わっており複雑である。日本書紀にも成人してもものいわぬ垂仁天皇の皇子ホムツワケの記事があるが[6]、書紀では皇子は白鳥の捕獲によって言葉を発している。こちらには船あそびの要素はなく、鵠を玩ぶことでものいうことができるようになったとしており、古事記が鵠を得ても言葉を発しないのとは異なる。また書紀には出雲大神参拝の要素はないが、白鳥が捕獲された地を出雲としており、出雲の要素はみられる。

こうした書紀のホムツワケの記事と照らしあわせてみると、古事記のホムチワケの物語には船あそび・鵠・出雲の要素が複合的に組み合わせられていることがわかる。船あそびの要素は、本来鵠の捕獲や出雲大神の参拝とは別の伝承であったと考えられる。

ここで、ホムチワケが言葉を発した後の古事記の展開に注目したい。出雲国造の祖キイサツミから食膳奉仕を受けて言葉を発したホムチワケはアジマサノナガホノ宮に移される。この宮でホムチワケはヒナガヒメと一夜婚を行なうが、ヒメが蛇であったことに驚いて逃げ出してしまう。この時ヒナガヒメは「海原」を照らして船でホムチワケを追い、ホムチワケも船で逃げていくという。

言葉を発したホムチワケはアジマサノナガホノ宮に安置されたが、その宮は船で往来する場所に存在したことがわかる。古事記におけるホムチワケの物語の複合的な要素から鵠・出雲大神参拝の要素を除くと、アジマサノナガホノ宮でのヒナガヒメとの聖婚の要素は二俣小船の船あそびと接続し、船あそびの信仰的世界が描かれているとみることができる。古事記では他の要素が挿入・付加され、原形は損なわれており、それを完全に復原することは困難だが、その概要を推察すると、言葉を発することのできないホムチワケが船で水上彼方の他界に存在するアジマサノナガホノ宮に行き、そこで言葉を得て聖婚を行ない、霊力を身につけて現世に戻り、そして王位につくという内容であったと考えられる。

この世界観は水上彼方に他界が認識される水平的他界観であり、その他界がどのような世界であったかは、その中心であるアジマサノナガホノ宮の性格をみることによって明らかとなる。

「アジマサノ」は「ナガホ」を形容する枕詞的な語で、この宮名は「長穂の宮」を意味するとみて間違いない。長穂は稲穂の豊かな稔りを強調する表現とみることができるので、この宮の存在する世界が稲の豊穣を保証する世界であったと理解することができる。その上で問題となるのが「アジマサ」である。アジマサの語にはホムチワケが訪れる他界の性格を規定する表象性が含まれている。

アジマサとは南方の海辺に繁殖する樹木で、漢字では「檳榔」があてられているが、今日中国で檳榔とされる木のことではなく、今日の蒲葵（クバ）の木に相当する。つまり、古代に日本に漢字がもちこまれた時に、うっかりアジマサと称する蒲葵の木に檳榔の漢字をあててしまったのである。したがって、日本古代の史料にみえる檳榔はアジマサと読んで蒲葵をさす(7)。

蒲葵は南九州では神社の神木とされ、沖縄では御嶽にこの木があることが多く、また八重山では他界であるニライカナイから来訪するニイル人は蒲葵の葉の蓑と笠の姿でこの世に現れるという。このように蒲葵は（ヤマトからみ

て）南方世界で神聖視された樹木であり、ニライカナイという水平的な他界の霊力とも関わる呪力を有するものである。(8)

これを踏まえてホムチワケの訪れたアジマサノナガホノ宮の性格を考えると、アジマサの語に象徴される南方的な海上彼方の他界であり、ニライカナイが記紀神話の根の国や常世の国に通じる豊穣の世界、死と再生の世界であるように、アジマサノナガホノ宮の所在する他界もそのような世界であったとみることができる。

アジマサノナガホノ宮の性格をこのように理解することにより、ホムチワケの船あそびは、未成熟な皇子が船で水平彼方の常世国を訪れて霊力を獲得する、という意義をもった儀礼とみられるのである。

ホムチワケの名はホ（穂）＋ムチ（高貴の称）＋ワケ（皇子の称）であり、語幹はホ（穂）である。母がサホヒメであることからも、稲穂を表現した名であるホムチワケは稲霊を体現した存在であったと考えられる。要するに、ホムチワケの船あそびは霊威を失った稲霊の再生の観念を基盤とした王子の王への転生の物語が原形にあり、その本質は新嘗に他ならないのである。

## 四　ホムチワケの船あそびと海神宮訪問神話

ホムチワケの船あそびの物語の原形を以上のように想定すると、それが記紀のホオリ（山幸彦）の海神宮訪問神話のモチーフと共通する要素から成り立っていることがわかる。これを検証すると、両者は次の①～⑥の点で共通するのである。

①天皇になるべき立場

ホムチワケは結果的には天皇にならないが、当初は皇位継承予定者である。
ホオリの血統はイワレヒコ＝初代天皇につながる。
②火中出生
ホムチワケはサホヒメが燃える稲城の火のなかで出産する。
ホオリはコノハナサクヤヒメが産屋に火をつけて火中で出産する。
③未成熟
ホムチワケは成人しても言葉を発せず（記）、小児のように泣いてばかりいる（紀）。
ホオリは兄にゆるされず泣く。
④船で他界を訪問
ホムチワケは二俣小船でアジマサノナガホノ宮へ行く。
ホオリは無間勝間（マナシカツマ）の船で海神宮へ行く。
⑤異類婚姻
ホムチワケはヒナガヒメと結婚、ヒナガヒメは蛇である。
ホオリはトヨタマヒメと結婚、トヨタマヒメはワニである。
⑥南方的
ホムチワケの出向くアジマサノナガホノ宮は南方的他界に所在する。
ホオリの神話は舞台そのものが南方の日向である。

このようにみると、両者が共通するモチーフで構成されていることは明らかだが、その上で注目したいのが両者の結末、とくに婚姻の結果についてである。

まず海神宮訪問神話をみると、ホオリと結婚したトヨタマヒメは妊娠した状態で海神宮のある他界（海原）から現世を訪れて、海辺の渚に鵜の羽を葺草にして産屋をつくりウガヤフキアエズを出産する。そしてそのウガヤフキアエズの子が神武天皇となる。

一方ホムチワケの物語では、ヒカワヒメとの結婚による子の誕生についての記述はない。異類婚姻、一夜婚等異常出生伝承では、その結果生まれた子のことが問題となることが多いのだが、ホムチワケについてはその部分はみられない。それどころかホムチワケはその後、全く記紀には登場せず、後裔系譜も存在しないのである。

ところで、ホムチワケ（ホムツワケ）の名が応神天皇のホムタワケと似ていることは、記紀を読めば誰もが気がつくことであるが、その応神出生の伝承のなかにホムチワケの物語とつながる可能性のあるモチーフが認められるのである。

古事記ではホムタワケ（応神）は神功皇后の朝鮮出征の帰路、九州で生まれ、母である神功皇后とともに大和に入って即位するため、海路から大阪湾、難波津を目指す。その時神功皇后は敵対する勢力の攻撃を警戒して御子を喪船に乗せて「御子はすでに死んだ」と称して大阪湾に入っていったという。このような、海上彼方から母子が海辺に来臨し、その子が天皇となるというモチーフは海神宮訪問神話のウガヤフキアエズの誕生と共通する。

すなわち、垂仁記のホムチワケの物語の結末に相当する部分のモチーフは、応神天皇の誕生から大和入りの部分で展開されているとみることができる。これはホムチワケ（垂仁天皇の皇子）とホムタワケ（応神天皇）に何らかの関係があったからであろう。

## 五　王統譜の形成と履中・ホムチワケ・ホムタワケ（応神）

二俣船の船あそびが垂仁記と履中紀にみえるのは偶然のことなのだろうか。また垂仁の皇子ホムチワケと応神（ホムタワケ）にはどのような関係があるのだろうか。この問題を王統譜（記紀の天皇系譜）の形成と構造を理解することによって明らかにしたい。

記紀の王統譜、とくに継体の登場する以前の血縁系譜は史実に基づくものではなく、歴史的に形成されたものである。神武天皇にはじまる一系の血縁による王統譜の形成の仕組みを解き明かしたのは川口勝康であり(9)、それを継承したのは大平聡である(10)。以下その概要を紹介する。

五世紀の倭王権の大王位は、宋書にみえる倭の五王（讃・珍・済・興・武）のうち、珍と済との間に血縁関係がなく、またその後の継体が外部から大和に入り、大王位に就任することからみても、特定の血縁による王位の継承の原則はなく、すなわち世襲王権は確立していなかった。世襲王権は、継体の死後の王位継承をめぐって「辛亥の変」とも称される混乱があり、その結果として王位に就いた欽明の段階で成立し、それに伴い断片的に伝わる前代の大王の系譜と欽明の父方である継体の系譜を一系的につなげることによって、まず応神から継体までの王統譜がつくられたという。その一系化は、宋書にみえる讃・珍の系図（A）と済・興・武の系図（B）、継体の前大王（武烈、欽明の母方）に関わる系図（C）、釈日本紀所引の上宮記逸文のホムツワケ～継体の系図（D）の四つを一つの血縁につなげる作業であった。

A　讃
　　珍

B　済―興
　　　　武

C　オケ―ワカササギ
　　ヲケ　タシラカ

D　凡牟都和希王―若野毛二俣王―大郎子―乎非王―汗斯王―乎富等大公主（継体）

まずAとBの接合が行なわれ、血縁のない珍と済が兄弟とされ、Aの讃の後にCが接合される。これによって記紀の履中～武列の系譜が一系化され、さらにこの系譜の祖として仁徳が創出される。ここで注目すべきは、履中が讃にあたるということである。倭の五王にあてられた漢字は、雄略（＝ワカタケル）にあたる武についてみると、ワカタケルの名の語幹、タケルの意訳であることが明らかで、それに従えば一番目の讃はホム（誉める）の意訳の可能性が高く、履中の名は本来ホムタワケ（ホムツワケ）であった可能性が高い。しかし、記紀の王統譜における履中の名はオオエノイザホワケである。なぜ履中の名前が変えられているのであろうか。これは上述のABCを一系化した仁徳を祖とする系譜と継体の出自系譜（D）を接合する際の改変とみられる。

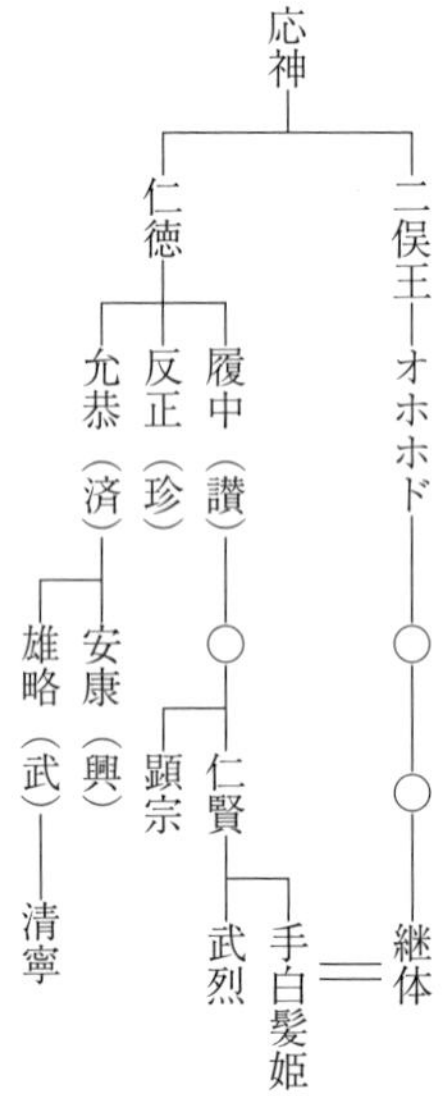


宋書にみえる讃は、倭王としてはじめて宋に入貢し冊封を受けたが、その業績から讃の名ホムタワケ（ホムツワケ）は王権の基盤をつくった偉大な王の名として伝えられていたとみられ、継体が自らをホムツワケの子孫と称した

のも、そうしたホムツワケの権威によるものであったと考えられる。そこで仁徳～武烈の系譜と継体の出自系譜を接合する際に両系譜をつなぐ共通の祖として仁徳の上に応神が創出されて、応神～継体の一系化した王統譜が完成するのであるが、その際、系譜全体の祖となる応神に本来履中の名であったホムタワケがあてられることになった。そして履中にはオオエノイザホワケの名があてられるが、このオオエは長子を示す大兄のことで、A・Bの接合で讃・珍・済が兄弟とされ、その長子であることを示した称であり、済の名オアサヅマワクゴノスクネのスクネが少兄で末子に位置づけられたことと対応する(11)。

応神の本来の名がホムタワケでなかったことは、記紀にも明記されている。記紀によれば、応神は太子の時に越前の敦賀に行き、その地の神と名前の交換を行ない、ホムタワケの名はこの時神と交換した名前であるという。一方応神の元の名はイザサワケであったとされるが、この名は履中のイザホワケと似ている。イザホワケのホを稲穂の穂、イザサワケのサをサオトメ（五月女）、サツキ（五月）など神稲の意とすると、両者の共通性が認められる。この名前の交換伝承も、王統譜の形成のなかで王権始祖に位置づけられた応神にホムタワケタの名が与えられ、本来ホムツワケであった履中がイザホワケに変えられたことを物語っている。

以上のように、履中の本来の名がホムタワケ（ホムツワケ）であったとすると、船あそびの記事が履中紀にみえることは興味深い。この船あそびの記事が履中の元の名に伴う伝承であったとすれば、それはホムタワケ（ホムツワケ）の船あそびであったということになるからである。とすると、垂仁記のホムチワケの船あそびと履中紀の船あそびは無関係ではないということになるが、それを断定するには本来履中の名であったホムチワケ（ホムツワケ）の名がなぜ垂仁天皇の皇子の名にもみえるのかという問題が明らかにされなければならない。そこで応神以前の崇神～仲哀の系譜がどのように形成されたかをみたい。

川口によれば応神以前の崇神～仲哀の系譜は、先のB系図に応神・仁徳を加上した部分、

応神―仁徳―允恭―安康
　　　　　　　└雄略―清寧

の部分の形を応神以前に加上して形成されたという。すなわちこれに対応させて、

崇神―垂仁―景行―成務
　　　　　　　└ヤマトタケル―仲哀

という系譜が作られたというのである。

　これに従えば、崇神～仲哀系譜において垂仁の皇子であるホムチワケの元の系譜的位置は允恭の兄である履中に相当する。垂仁の皇子の位置にホムチワケが存在するのは履中の系譜的位置の加上によるものであり、その際ホムチワケに付随していた船あそびの物語もあわせて垂仁天皇の皇子の物語に移動したのであろう。要するに、船あそびの物語は、本来履中＝讃＝ホムツワケに関わる物語であったのである。

　ホムタワケの名は、欽明朝段階で形成された王統譜（原帝紀）において王権始祖として創出された応神の名とされるが、それでは応神にも船あそびの物語があるかというと、前章でみたようにその断片が確認できるのである。応神＝ホムタワケは九州で誕生して、神功皇后とともに大和に向かう際、「喪船」に乗せられて大阪湾に入っていく。ホ

ムタワケという名の皇子が船で大阪湾を航行するのは船あそびのモチーフに他ならない。この部分が垂仁記のホムチワケの物語のモチーフの結末部分にあたることは前節で述べたとおりである。

なお、こうして「喪船」を仕立てて大和入りを目指した神功皇后母子は、抵抗する勢力に打ち勝って大和に入るが、書紀神功皇后摂政三年三月条に、「誉田別皇子を立てて皇太子となす。因りて磐余に都つくる。〈是をば稚桜宮と謂ふ〉」とあるように、神功皇后は磐余に宮を営み、その宮の名は磐余稚桜宮であった。この宮号は履中の宮号と同じである。履中紀ではこの宮号の由来が市磯池の船あそびに求められていたが、この宮号の一致ももはや偶然ではない。

ホムチワケの名は本来倭王讃の名であり、船あそびの物語もそれに付随するものであったが、王統譜の形成のなかでホムチワケの名はまず応神の名に移され、さらに崇神～仲哀系譜の加上のなかで垂仁の皇子にも系譜的位置を得て、それに伴い船あそびの物語は垂仁、応神の段にモチーフを分割して配置されることになったのである(12)。

## 六　難波の海の船あそびと王位就任儀礼

応神天皇（ホムタワケ）即位の物語にみえる船あそびのモチーフは、倭のイチシ池ではなく、大阪湾を舞台としている。船あそびは大阪湾でも行なわれたのだろうか。

仁徳紀六十二年五月条に次の記事がみえる。

六十二年夏五月、遠江国司、表上言さく、「大きなる樹有りて、大井河より流れて、河曲に停れり。其の大きさ十囲。本は壱にして末は両なり」とまうす。時に倭直吾子籠を遣して船に造らしむ。而して南海より運して、難波津に将て来りて、御船に充つ。

大井川から流れてきた大木を倭直吾子籠が船に造って難波津に曳航し、「御船」すなわち天皇の船に充てたという。その大木は「本は壱、末は両」であり、これを用材として造られた船は二俣船（両枝船）であろう。それが天皇の船とされたというのである。この記事は、履中紀にみえる磐余市磯池での天皇の船あそびと同様の船あそびが大阪湾、難波の海においても行なわれたことを示唆している。

ここでは倭直吾子籠が関与しているが、倭氏の祖に崇神紀、垂仁紀に活躍がみられる市磯長尾市（イチシノナガオチ）という人物がおり、この人名に含まれる市磯は、ホムチワケと履中が船あそびを行なったイチシ池の名とも共通し、この池との関係が考えられる。なによりも池の所在する磐余の周辺（狭義のヤマト）は倭氏の祭祀的基盤であった。(13) したがって倭氏がイチシ池の船あそびに関わった可能性が考えられ、そのような倭氏の吾子籠が二俣船のことに関与していることからも、難波の海でホムチワケや履中が行なった船あそびと同様の二俣船の船あそびが行なわれたことを、この記事は物語っている。

内陸のヤマトの地を本拠とする倭氏が難波の海で活躍する伝承は、神武東征伝承のなかにもみることができる。日向の高千穂宮から船で東方を目指した神武（イワレヒコ）は、「速吸之戸」で倭氏の始祖であるシイネツヒコと出会い、船に乗せて水先案内をさせて難波に到達する。倭氏が王権始祖となるイワレヒコとともに船に乗って難波の海を航行するという始祖伝承を有するのは、仁徳六十二年紀から想定される難波の海での船あそびに倭氏が関与したことの反映とみることができ、それとともに、このように理解することによって、イワレヒコが九州から船で難波に到達するという神武東征伝承が難波の海の船あそびの説話的表現であるということができる。

仁徳記にみえる次の歌は、難波の海の船あそびに関わる歌謡であろう。

おしてるや　難波の崎よ　出で立ちて　わが国見れば　粟島　游能碁呂島

檳榔の島も見ゆ　佐氣都島見ゆ

この歌は、古事記の物語のなかでは、仁徳が吉備のクロヒメに会うために正妃イワノヒメを偽り、淡路島をみに行くと称して船出したところで歌われたものとされるが、本来は何らかの儀礼のなかで歌われた独立した歌謡であったとみられる。(14) その儀礼こそ難波の海での船あそび儀礼であろう。詞章からは天皇が難波の港から船出して島々を観想するという儀礼の内容が考えられるが、信仰的には天皇が海上彼方の他界である「アワ島」「オノゴロ島」「アジマサの島」「サケツ島」を訪れて、それぞれの他界に存在する霊力を付与（タマフリ）されて現世に戻ってくるという意義があったのだろう。ここではそれぞれの島（他界）の性格について検討する余裕はないが、そのなかにアジマサの島が含まれていることに注目したい。垂仁天皇の皇子ホムチワケが船あそびで訪れた先がアジマサノナガホノ宮であった。アジマサが南方の常世的他界を象徴していることは先に述べたが、仁徳記の歌謡が歌われた難波の海の船あそびでも、アジマサに象徴される南方の常世的な他界の霊力による天皇の霊威の再生が行なわれたものと考えられる。要するに難波の海の船あそびは、倭の市磯池の船あそびと同じ宗教的世界観に基づいて行なわれており、信仰的、観念的には同一の儀礼であったのである。その本質は、先に履中とホムチワケの船あそびについて考察したように稲霊信仰に基づく「死」と「再生」の儀礼であり、新嘗を基盤とした王の霊威更新儀礼であったとみられる。

神武天皇、応神天皇は王権始祖的な人物であり、両者の即位に至るプロセスに難波の海に船で到達するモチーフが含まれているのは、それが王権始祖伝承の重要なモチーフであるからに他ならない。そのモチーフが難波の海で実際に行なわれた船あそびの儀礼を反映するものであるとすると、その船あそびは王位就任儀礼であったと考えられる。すなわち、新たに大王が就任する際には、難波の海で王位継承者が二俣船に乗って、大王の霊威の源泉となる霊力を保持している世界（他界）に出向き、そこで霊威を付与されて難波津にもどり、大王として迎えられるという観念に基づく王位就任儀礼が行なわれたと推測される。

記紀の王権始祖神話である天孫降臨神話は高天原（天上世界）―葦原中国（地上世界）という垂直的世界観であり、天上世界が王権の権威の源泉とされた。その成立は世襲王権が成立する六世紀中頃の欽明朝のことと考えられる。(15) 船あそびの儀礼は、そのような垂直的他界観が成立する以前の段階の水平的他界観に基づく五世紀段階の王位就任儀礼であろう。そしてその祭儀神話が山幸彦（ホオリ・ヒコホホデミ）の海神宮訪問神話であろう。同神話を構成するモチーフは、本章で明らかにしたようにホムチワケの船あそびの物語の原形と共通する要素から成り立っているのである。神武に「イワレヒコホホデミ」という別名のあることが、神代紀第十一段第二、第三、第四の一書にみえるが、このことは海神宮訪問神話の原神話においてはヒコホホデミがマナシカツマの船で海神宮に行き、霊力を付与されて現世に戻って王位に就くとされていたことを示唆するものであり、原神話の結末部分のモチーフがウガヤフキアエズの物語と神武東征伝承に分化したと考えられる。イワレヒコの名も市磯池の所在する磐余を踏まえた名前とみることができる。

以上の検討によれば、王権の船あそびが倭の市磯池と難波の海という二つの場所で行なわれたということになるが、信仰的基盤を同じくする船あそびがなぜ二つの場所で行なわれたのであろうか。この問題の理解を深めるためには、五世紀段階の王位就任儀礼の本格的な考察が必要であり、その点については改めて検討したい。そのなかで最も重要な論点となるのが八十島祭の原形となる祭儀（＝原八十島祭）の問題である。

八十島祭は延喜式や江家次第など平安時代の史料にみられる祭儀で、天皇が即位して大嘗祭を行なった翌年に、内侍（女官長）が船で難波津に向かい、難波の海に向かって神祇官の弾く琴の音にあわせて天皇の衣服の入った箱を振るという所作を行なう呪術的な祭儀である。この祭儀の史料上の初見は文徳天皇実録の嘉祥三年（八五〇）九月であり、平安期の同祭には祓の要素も含まれることから、この時に創始された大嘗祭後の祓えとみる説もあるが[16]、岡田精司が説くように、この祭儀の本質は難波の海の彼方から来臨する神霊の霊力を天皇の衣服に付着させることによって天皇に付与するタマフリ儀礼であり、奈良時代には天皇自らが難波に赴いて執り行っていたとみられる[17]。そしてその起源は五世紀にさかのぼるのである[18]。

私見では、この原八十島祭こそ船あそびによる五世紀段階の王位就任儀礼ではないかと考えている。

原八十島祭については岡田の詳細な考証がある。岡田は神功皇后が御子（応神）を喪船に乗せて難波に到る伝承に着目して五世紀の王位就任儀礼としての八十島祭の原形となる祭儀（原八十島祭）の信仰と儀礼の実態を考察する。その伝承の背景には、母神に養われてウツボ船に乗って来臨する幼童神の信仰があり、その母神は太陽神の妻で幼童神、日の御子であったといい、その信仰に基づいて、新たに王位に就く者が難波津の海辺で、来臨する日の御子を迎えて一体化することで王となる祭儀が原八十島祭の実態であったという[19]。このような原八十島祭についての岡田説と私見をどう整合させるかが次の課題となる[20]。

岡田が、五世紀の王権の宗教的世界観は水平的他界観に基づくものと指摘している点は注目すべきである。王権始祖伝承としての性格を有する神武や応神の伝承には、五世紀段階における王権の宗教的世界観が反映されているのである。

## 註

(1) 西村亨「船のあそび考」(『慶應義塾大学言語文化研究所紀要』二、一九七一年)。
(2) 西村前掲註(1)論文。
(3) 三谷栄一「国見と文学成立の基盤」(『日本文学の民俗学的研究』有精堂、一九六〇年)。
(4) 本書第一章。
(5) 柳田国男「稲の産屋」(『定本柳田国男集』一、筑摩書房、一九六三年)。
(6) 古事記で本牟智和気(ホムチワケ)と表記する垂仁天皇の皇子を、日本書紀は誉津別(ホムツワケ)と表記する。以下本章では同人物についてはそれぞれの箇所で出典の表記に基づいた読みをカタカナで表記する。後出の応神天皇も古事記では品陀和気(ホムダワケ)、日本書紀も誉田別(ホムタワケ)と表記するが、釈日本紀所引の上宮記逸文は凡牟都和希(ホムツワケ)と表記しており、こちらの表記も同様とする。
(7) 柳田国男「阿遅摩佐の島」(前掲註(5)書)。
(8) 同前論文。
(9) 川口勝康「五世紀の大王と王統譜を探る」(『巨大古墳と倭の五王』青木書店、一九八一年)。
(10) 大平聡「世襲王権の成立」(鈴木靖民編『倭国と東アジア』吉川弘文館、二〇〇二年)。
(11) 大平聡「オホエノイザホワケ論」(笹山晴生編『日本律令制の構造』吉川弘文館、二〇〇三年)。
(12) 本章では川口の王統譜形成論に依拠して船あそびの記事が履中紀・垂仁記にみえること、また垂仁の皇子と応神の名が共通(類似)することの意味を明らかにした。川口の学説は、今日の学界では必ずしも定説化していないが、本章の考察の結果は川口説の妥当性を裏づけるものということができる。
(13) 本書第十章、第十一章。
(14) 本田義憲「原八十島祭歌謡をめぐる覚書」(『萬葉』六十九、一九六八年)。
(15) 岡田精司「天皇家始祖神話の研究」(『古代王権の祭祀と神話』塙書房、一九七〇年)。

(16) 田中卓「八十嶋祭の研究」(『神社と祭祀』田中卓著作集第十一巻―一、国書刊行会、一九九四年)。
(17) 岡田精司「奈良時代の難波行幸と八十島祭」(『古代祭祀の史的研究』塙書房、一九九二年)。
(18) 岡田精司「即位儀礼としての八十島祭」(『古代王権の祭祀と神話』塙書房、一九七〇年)。
(19) 岡田前掲註(15)論文。
(20) 船あそびの伝承は、出雲国風土記のオオナムチの子アジスキタカヒコの物語にもみえる。王権始祖伝承であった船あそび伝承が、なぜ王権に服属する側の出雲のオオナムチの子の伝承にみられるのかという問題も今後の検討課題である。

# 第Ⅱ部　ヤマト王権の宗教的世界観と出雲の玉をめぐって

# 第五章　ヤマト王権の宗教的世界観と出雲

日本古代史のなかで出雲は特殊な地域として位置づけられている。記紀神話では、天上の高天原と対峙する地上の葦原中国の中心として描かれて「国譲り」の舞台とされる。「国譲り」の主人公オオナムチは杵築大社に祭られ、その祭祀を司る出雲国造は就任にあたって神賀詞奏上儀礼を行なっていた。こうした出雲の特殊性は、出雲が実態として特殊な地域であったことによるものではない。例えば、ヤマト王権に抵抗した古代イズモ王国が存在していたわけでもなく、また出雲の地にヤマト王権も畏怖するような宗教勢力があったということでもない。

古代における出雲の特殊な位置づけはヤマト王権の宗教的（神話的）世界観に基づくものである。出雲は王権の構想する宗教的世界観のなかで特別な意味・役割をもった地域として位置づけられ、その世界観に基づく祭儀とそれを反映する神話に出雲の特殊性が表れているのである。

このような認識に基づいた古代出雲の特殊性の解明にあたっては、さしあたり次の三点が明らかにされなければならない。

① ヤマト王権はその宗教的世界観のなかで出雲をどのような世界と位置づけたか。
② その世界観は歴史的にどのようにして形成されたか。
③ 出雲がその世界観のなかで特殊な位置づけを与えられることになったのはなぜか。

本章では、紀伊と出雲との関係を手がかりに、この三つの問題点をおさえつつ、古代出雲の特殊性の歴史的な背景について検討を行ないたい。

## 一　紀伊と出雲の共通性

古代において紀伊と出雲に共通する面の多いことは、本居宣長以来指摘されている(1)。

例えば記紀神話では、イザナミの葬地が古事記では出雲・伯耆の堺の比婆山とされるのに対し、日本書紀では紀伊国熊野の有馬村とされており、スサノオの御子イタケル以下三神は、出雲に渡来したとも紀伊に渡来したとも物語られている。また、兄神たちの追跡から逃れるオオナムチが出雲から紀伊のオオヤビコのもとへと移動する物語では、両地の空間的な距離は意識されていない。延喜神名式所載の神社名にも、表1のように両国に共通する社名がみられる。さらに、令制国造のなかで出雲国造と紀伊国造のみが就任に際して上京し、太政官において就任儀礼を行なうという特殊な扱いを受けていることも注目される(2)。

**表1　紀伊国と出雲国に共通する神社**

| 紀伊国 | | 出雲国 | |
|---|---|---|---|
| 名草郡 | 加太神社 | 大原郡 | 加多神社 |
| 在田郡 | 須佐神社 | 飯石郡 | 須佐神社 |
| 牟婁郡 | 熊野坐神社 | 意宇郡 | 熊野坐神社 |
| 〃 | 熊野早玉神社 | 〃 | 速玉神社 |
| 名草郡 | 伊達神社 | 〃 | 玉作湯神社坐韓国伊氐神社 |
| | | 〃 | 揖夜神社坐韓国伊太氐神社 |
| | | 〃 | 佐久多神社坐韓国伊太氐神社 |
| | | 出雲郡 | 阿須伎神社坐韓国伊太氐神社 |
| | | 〃 | 出雲神社坐韓国伊太氐神社 |
| | | 〃 | 曽枳能夜神社坐韓国伊太氐神社 |

このような紀伊と出雲の共通性をめぐる先学の解釈は様々であるが、次のように類別することができる。

（a）出雲人の紀伊への移住によるとみる説[3]
（b）紀伊人の出雲への移住によるとみる説[4]
（c）古代人の黄泉国、常世国の観念が出雲・紀伊両方に結びつけられたとみる説[5]

（a）（b）がこの共通性の歴史的背景として一方から他方への人間の移住を想定するのに対し、（c）はそれを他界観の問題として理解している。

はじめに述べたように、古代における出雲の特殊性は、ヤマト王権の宗教的世界観という他界観の問題として理解されるべきである。とするならば、紀伊と出雲の共通性についても同じくヤマト王権の他界観の問題としてとらえるべきであり、（c）の視点が継承されるべきであろう。ただし（c）が「古代人」一般の他界観とする点については、これをヤマト王権の他界観と修正して理解したい。（c）では、黄泉国や常世国の観念の結びつけられた地がなぜ紀伊と出雲であったのかという問題について指摘されていない。他界観の問題として考える場合、この点が最も本質的な論点とされるべきである。さらに、この両地が他界として認識されたのが同時期であったのか、それとも時期を異にするのかが重要な問題となる。後者の場合、ヤマト王権の宗教的世界観のなかで他界として認識される地が、一方（紀伊または出雲）から他方へ変化したということになろう。とすると、（a）（b）とはまた別の意味で紀伊と出雲のどちらからどちらへ移るのかが問われることになる。

本章ではこうした問題点の検討を含めて、紀伊・出雲の両地がヤマト王権にどのように認識され、それが王権の宗教的世界観の展開のなかでどのように位置づけられていくか、そして両地の共通性がいかなる意味を有するのかについて考察していきたい。

## 二　ヤマト王権の他界観と紀伊

万葉集に次のような歌がみえる。

（1）妹がため玉を拾ふと紀伊の国の湯羅の岬にこの日暮らしつ
（巻七・一二二〇）

（2）妹がため我玉求む沖辺なる白玉寄せ来沖つ白波
（巻九・一六六七）

（3）紀伊の国の　浜に寄るとふ　鰒玉　拾はむと言ひて　妹の山　背の山越えて　行きし君　いつ来まさむと　玉桙の　道に出で立ち　夕占を　我が問ひしかば　夕占の　我れに告らく　我妹子や　汝が待つ君は　沖つ波　来寄る白玉　辺つ波の　寄する白玉　求むとそ　君が来まさぬ　拾ふとそ　君は来まさぬ　久ならば　いま七日だみ　早からば　いま二日だみ　あらむとそ　君は聞こしし　な恋ひそ我妹
（巻一三・三三一八）

（2）は題詞に「大宝元年辛丑冬十月太上天皇大行天皇幸紀伊国時歌十三首」とあり、紀伊で詠まれた歌である。これらの歌には紀伊の海辺に玉を求める都人の姿がみられる。その玉は（3）の「鰒玉」という真珠のようなものであったかもしれないが、むしろ「沖つ波　来寄る白玉　辺つ波の　寄する白玉」とあるように、海の向こうから波に乗って打ち寄せられてくる霊的な存在であり、都人が求めたのはその玉の霊威であった。紀伊の海辺はそうした玉（霊）が来臨する地として都人に意識されているのである。(6)

このような観念は、紀伊の海辺が黒潮の洗う地であったことによって生じてきたものと思われる。黒潮は紀伊の海辺に多くの者を漂着させ、それによって古代人は黒潮の彼方に他界を観想し、そこからもたらされる幸を信仰したのであろう。周囲を山で囲まれた盆地で暮らす当時の都人にとっては、黒潮の躍る紀伊の景観そのものが異界の地を思わせたと考えられる。海上彼方の他界を観想した時、紀伊は他界と通ずる地として認識されたのである。このような都人の意識は、万葉の時代に発生したとみるより、それ以前の時代から継承されてきた伝統的な意識であったとみるべきである。

紀伊を他界と通ずる地とする観念は、王権の伝承からもうかがうことができる。

イワレヒコ（神武）とホムタワケ（応神）はともに王権始祖的な性格をもつ天皇であるが、両者が大和入りする伝承には共通する点が少なくない。どちらも九州を発し、瀬戸内海を経由して大阪湾に入り、そこから上陸して大和に向かおうとするが、敵対する勢力に阻まれたため紀伊にまわる。この共通性は、五世紀の王権始祖伝承の基本的なモチーフによるものとみられるが、その背景には王の霊威が海上彼方の他界から来臨するという水平的他界観に基づく宗教的世界観があったと考えられる(7)。イワレヒコ・ホムタワケの両者がわざわざ紀伊に迂回するのは、紀伊が他界に通じる地と認識されており、他界から大和に向かって来臨する王の霊威も紀伊から大和に入ってくると観念されたからではなかろうか。

また、垂仁天皇の皇子ホムチワケの物語からもこうした観念を読みとることができる。

この物語については、別に詳細な検討を行なっている(8)。これによれば、この原伝承は、成人してもなお言葉を話すことのできないホムチワケ皇子が空を飛ぶ白鳥（鵠）をみて言葉を発したので、父である天皇がその捕獲を命じ、その献上を受けて皇子が言葉を得るという内容であった。ホムチワケの名義はホ（穂）＋ムチ（貴・霊）＋ワケ（御子）で、「稲霊の御子」を意味しており、この皇子は穀霊的な存在であった。そしてこのホムチワケ（ホムツワケ）の名は、五世紀の王権始祖的人物である応神天皇のホムタワケとも名前が通じるように、本来は王権始祖的な人物であり、大王となるべき人格であったとみられる。(9) このような、王位に就くべき人物が言葉を話せないということの意味は、古代の言霊信仰の観念から推察して、王に具わるべき霊威が欠如していることの物語的表現と理解できる。またその皇子が白鳥の献上によって言葉を発するのは、白鳥が王に具わるべき霊威を運んできたからである。白鳥が稲霊を運ぶという信仰は古代には顕著にみられるが、ここで白鳥によってもたらされた稲霊は王の霊威を象徴するものであった。この背景には、実際に白鳥の献上とそれによってもたらされた王の霊威を王（となるべき皇子）に付与する呪的祭儀が行なわれていたと推察される。ホムチワケの物語はその祭儀伝承であった。こうした祭儀は王権の宗教的世界観に基づいて行なわれる。この世界観では現世としての王権の支配領域と他界としての稲霊の世界が観念され、他界からの霊威が白鳥によって現世に運ばれると認識される。

さて、ホムチワケの物語の性格を以上のように理解した上で、記の伝承のなかのヤマベノオオタカの白鳥追跡経路に注目したい。天皇から白鳥の捕獲を命ぜられたオオタカは、紀伊→播磨→因幡→丹波→但馬→近江→美濃→尾張→信濃と白鳥を追い巡り、遂に越国の和那美の水門で捕獲して献上したという。オオタカは大和から紀伊を経て播磨へと追跡したというが、このルートは地理的には不自然である。播磨以下の国々の巡り方からみて最初に紀伊を通る必然性は全くない。白鳥を追うルートがなぜ紀伊からはじまっているのか。これは、紀伊が他界へ通じる地と観念されていることによるのではなかろうか。すなわち、観念的には白鳥は他界へと飛び去っていくのであり、オオタカはそれを追いかけて行ったのである。大和から他界へ行く通路として紀伊を経て行くという観念が認識されていたことにより、このようなルートが構成されたのだろう。

以上のように、王権の伝承、とりわけ王権始祖伝承としての性格を有する伝承のなかに紀伊を他界に通じる地とする観念がみられるのだが、それでは紀伊はなぜこのように他界との接点として信仰されるようになったのであろうか。先述のような、黒潮の彼方に異郷を歓想するという自然的な要因もあったのであろうが、それとは別に王権固有の信仰に基づく特別な要因を求めることができる。

その一つに、王権の淡路島に対する他界観があったと思われる。

淡路島については、紀の国生み神話の本文と第六、第九の一書にはイザナキ・イザナミが淡路島を胞（胎盤）として国生みが行なわれたという伝承があり、淡路島に国土生成の根源的な霊威を認識する信仰が認められる。仁徳記には、淡路島の「寒泉」が朝夕、船で運ばれて「大御水」として天皇に献上されたとある。紀では、反正天皇が淡路宮で誕生し、生後にそこの「瑞井」で体を洗ったと伝えられており、淡路島の聖水と天皇の霊威との関わりを示唆している。このように、淡路島には王権の支配の対象となる国土を生み出す霊力や天皇の霊威に関わる聖水の存在が認識されており、他界的性格の地として信仰されていたのである。こうした淡路島に対する他界観は、大阪平野に巨大古墳を造営し、大阪湾岸にも積極的に進出していた五世紀の王権によって、難波のあたりから淡路島を遠望しつつ観想されたものであったと考えられるが、この視点からすると、淡路島は難波の海の向こうの地と観念されることになる。しかし実際に淡路島へ渡る場合、どのようなルートがとられたのであろうか。難波から淡路へ向かう場合、大阪湾の中央を横断することも不可能ではなかったかもしれないが、一般には沿岸を南下して紀伊の加太のあたりを経て、そこから紀淡海峡を渡って淡路島に到達したと考えられる。王権の基盤である大和から淡路に向かうのであれば、紀ノ川沿いを下って紀伊の海に出て、そこから船で淡路島へ渡ったのであろう。つまり紀伊は、他界的な島とされた淡路島への経由地として認識されていたことになる。この点も紀伊が他界への通路とみられるようになる要因の一つであろう。

さらに、熊野に対する他界観も紀伊を他界へ通じる地と認識させる要因にあげられる。

熊野は、平安期以降熊野三山の信仰が隆盛し聖地として広く認識されていくが、記紀にも熊野が他界の地として認識されていたことを示す伝承がみられる。

再び神武天皇の大和入りに着目したい。神武は熊野を迂回して大和入りする。神武伝承のこの部分では、神武とその兄弟にまつわる事件が述べられているが、ここでは神武ならびにその兄弟が穀霊的性格を有する存在として描かれている。神武はまたの名をワカミケヌあるいはトヨミケヌと称したというが、その語幹はミケであり、この名は穀霊を体現した名称である。また神武の兄弟のイツセ・イナヒ・ミケイリヌという名前も穀霊、とくに稲霊と関わる名称である。神武は熊野において神の毒気を浴びて気を失い、霊剣フツノミタマの霊威で意識を取り戻して大和入りを果たすが、この展開は神武が穀霊を体現する存在であることを踏まえるならば、穀霊の死と再生の観念を反映したものである。神武はいうまでもなく初代天皇であり、その伝承は王権始祖伝承である。そのなかで神武が穀霊、とくに稲霊的性格を有するのは、先にホムチワケについても述べたように、王の霊威が稲霊によって表現されているからである。一般的に稲作民には稲霊の現世と他界との去来が信仰されている。稲霊は種籾に内在し、その霊力により稲を稔らせる。現世においてその霊力を発揮して稔りをもたらすと稲霊は「死」の状態になり、他界と認識される〈稲霊の聖地〉へ去ってそこで霊力を「再生」して種籾に宿り、翌年の稔りをもたらすべく現世に来訪する。(10)このような稲作民の稲霊信仰は、王の霊威が稲霊によって表現される王権の信仰にもあてはめて理解することができる。熊野におけるる神武の死と再生は、まさに王者としての霊威の回復が表現されており、ここで注目されるのは、熊野がそうした天皇の霊威を生成する地とされていることである。すなわち、天皇が宮を構えて、王者としての霊威を発揮するのが現世としての大和であるならば、熊野はその霊威を生成（再生）する他界であったということになる。熊野坐神社（後の本宮）の本来の祭神が、穀霊神であるケツミコと稲霊を生成・再生させる霊力であるムスヒの神であることは、熊野のそのような性格を端的に示している。

また仁徳三十年紀には、皇后イワノヒメがミツナガシハを取るために熊野岬へ出向いているとあるが、記によればそのミツナガシハは豊楽（トヨノアカリ）に用いるためのものであったという。豊楽は新嘗の宴会である。王権の新嘗は王が稲霊と一体化して死と再生の儀を行ないその霊威を再生する祭儀であるが、この酒宴の酒器として熊野からミツナガシハがもたらされていたのである。この伝承は、実際の王権の新嘗儀に熊野のミツナガシハが用いられていたことをうかがわせる。ではなぜ熊野のミツナガシハが新嘗用の器として使われたのであろうか。それは神武の熊野迂回伝承にみられるような王権の他界観、すなわち熊野を王の霊威としての稲霊が生成・再生する他界として認識する観念に基づくものであろう。またミツナガシハは葉先が三つに分かれている常緑葉であるが[11]、常緑であることは不死・再生のイメージにつながり、熊野のミツナガシハに盛られた酒を飲むことで〈稲霊の聖地〉熊野に具わる霊威が得られるという信仰もあったのであろう。

ところで、神武もイワノヒメも熊野へは船で到達している。紀伊半島の南部沿岸は険峻な山々の脚が一気に黒潮の海へとなだれこむ地形が続き、熊野の地への往還に陸路をとることは困難であり、後の熊野詣の道路が整う以前には熊野へ向かうには専ら海路がとられていたとみられる。こうした地理的な状況からすると、熊野は後には令制の紀伊国の一部となるが、狭義の紀伊（木の国）が紀伊国造の基盤である和歌山平野一帯であったとすると、熊野はそこから船で海路の先として意識されることになる。こうした点も紀伊が他界への通路と観念される要因の一つであろう。

なお、神武紀には神武の兄ミケイリヌが熊野から海上彼方の常世郷に渡っていったとあり、熊野もまた海上他界との結接点であった。それが他界とつながる地であることにより、稲霊の霊威を再生させるパワーが宿る地と信仰されるようになり、二次的に他界的な地とされるようになったのであろう。

## 三　記紀神話の世界観における出雲

古い王権の宗教的世界観において、紀伊が他界に通じる地として認識されていたことをみてきたが、それでは記紀神話の世界観において現世と他界との接点はどのように位置づけられているのか。記紀神話の世界観では、現世は葦原中国（以下中ツ国と略す）によって象徴され、他界として高天原・根国・常世郷等が描かれているが、まず中ツ国とそれぞれの他界とのつながりをみてみよう。それによって出雲が現世である中ツ国のなかで他界に通じる地として位置づけられていることが明らかになる。

記によれば、死者の世界としての他界とされる黄泉国と現世である中ツ国との間の「黄泉津比良坂」は出雲国の「伊賦夜坂」であるといい、中ツ国と黄泉国は出雲を通路としてつながっている。

また、スクナヒコナは海上彼方の他界から舟に乗って来臨する神であるが、記では出雲のミホの御崎に、紀では出雲のイササの浜に到達している。スクナヒコナは後に常世郷に渡ってしまう神であるが、この神の本来の属性は現世と穀霊の聖地としての他界である常世とを往来する穀霊神とみられることから[12]、記紀神話において出雲は常世という他界と通じる地とされていることになる。

国譲りの段では、高天原の使者がオオクニヌシ（オオナムチ）のもとを訪れるに際して高天原より降りて中ツ国に到達した地は、出雲のイザサの浜（紀はイタサの浜）であり、これは紀のスクナヒコナ出現の地と同じ場所である。

また、国譲り承諾の回答をするコトシロヌシのもとに高天原の使者が現れる場所は、記のスクナヒコナの出現地と同じ出雲のミホの崎である。高天原は王権の支配の根源となる天上世界である。中ツ国からみて、スクナヒコナの原郷である海上彼方の常世は水平的な他界であったが、高天原は垂直的な他界である。ところが、この性格の異なる二つの他界から中ツ国に訪れる神ないし使者は出雲に至り、しかも同じ場所に現れているのである。

スサノオも高天原からの出雲の肥の河上に降臨するが、神話のストーリーの展開からみると、スサノオは出雲ないしは中ツ国に行くことを目的としていたわけではない。スサノオの最終目的地は根国であった。記紀神話の世界観では現世である中ツ国とそれぞれの他界は通じているが、各他界は相互には通じあっていない。本来、高天原から根国に向かうはずのスサノオがまず中ツ国に降臨するのは、こうした神話的世界の構造によるものである。つまり、スサノオは高天原から根国に直接行くことはできず、中ツ国を経由して行ったのである。ここでも高天原から中ツ国に降りる際の通路が出雲とされている。なお、記ではスサノオの坐す世界となる根国は黄泉津比良坂で中ツ国とつながっていて、黄泉国と同一視されており、出雲は根国にも通じているということになる。

以上、記紀神話における中ツ国と他界とのつながりのあり方を概観したが、中ツ国においては出雲がそれぞれの他界との結接点とされているのである[13]。記紀神話の世界観は王権の宗教的世界観を反映するものであり、そのなかでの出雲の上述のような性格は王権の観念に基づくものである。

紀伊と出雲に共通する点の多いことは従来から指摘されていたが、これまでの考察で、王権の宗教的世界観において紀伊と出雲の両地が他界と通じる地として位置づけられていることが明らかとなり、新たな両者の共通性を見出すことができた。ところでこの共通性には、これまで指摘されている紀伊と出雲の共通点にはない、重要な属性か含まれている。それは、紀伊を他界との結接点とみる観念が比較的古い王権の他界観に伴うものとみられるのに対し、出雲を他界と通じる地とする観念は記紀神話の世界観にみられるもので、より新しい王権の他界観に伴うということである。すなわち、紀伊に対する観念は古く、出雲に対する観念は新しいといえるのである。これを歴史的にどのように理解することができるであろうか。

## 四　王権の宗教的世界観の転換と出雲

六世紀中葉、王権の宗教的世界観に大きな転換があったことが推察される。この時期には、継体・欽明朝の混乱期を経て世襲王権が確立し、ヤマト王権は国造制・部民制・屯倉制による全国支配を展開していくことになる。こうした王権の拡大・強化・発展に伴い、新しい宗教的世界観が形成されたとみられる。

この宗教的世界観の転換により、それまでの水平的な他界観に変わって、天上世界を王権の権威の根源とする垂直的な他界観による世界観が形成されたのである。その根拠として次の二点が指摘できる。第一は、欽明天皇の諡の「アメクニオシハラキヒロニハ」である。この諡号の形容的部分である「アメ（天）クニ（国）オシハラキ（排開）」は記紀神話の冒頭の展開と対応しており、記紀神話と同様の世界観を前提としている。しかも、その意味するところは、天地未分化の初発の状況を押し開き、王権の世界観の基軸となる天・国（地）二つの世界を創造したということである。欽明天皇にこのような諡号がおくられているのは、欽明朝に天―国（地）の垂直的世界観が形成されたからであろう。第二に、書紀欽明十六年二月条に蘇我卿の発言として「天地割け判れし代、草木言語せし時に、自天降来りまして、国家を造り立てし神」という表現があり、やはり記紀神話と同様の垂直的他界観がうかがわれる。この条文は漢籍による文飾が多く[14]、記事の史実性が問題となるが、この発言部分の内容には人格神形成以前のかなり漠然とした国家創世神の観念がみられ、少なくとも書紀編纂時に創作されたものとは考えられず、当初から欽明期のこととして伝えられていた可能性がある。

六世紀中葉は祭官制と称される中央祭祀体制の整備された時期であり、祭祀担当氏族として中臣氏・忌部氏の登用、日置部や日祀部という宗教的部民の設置等、宗教的な施策が積極的に行なわれている。(15) こうした状況のなかで中国の天の思想の影響を受けつつ、王権の権威の根源を天上世界に求める垂直的他界観型の宗教的世界観が形成されたのであろう。

この新しい世界観のなかで、出雲が現世にあって他界と通じる地として位置づけられることになったのである。それでは出雲はなぜそのように位置づけられるようになったのであろうか。

それは出雲が王権の玉の生産地として掌握されたことによるものと考えられる。

玉は霊（タマ）に通じる呪物であり、古代にあっては単なる装身具ではなく霊威のシンボルと認識され、王権の祭祀においてもとくに重要視されていた。

王権の玉作遺跡として、奈良県橿原市曽我町の曽我遺跡が注目されている。この遺跡からは数十万点に及ぶ玉類が出土し、石材チップやフレイクは六〇〇万点をこえ、遺跡全体ではその一〇倍以上の量が包含されていると想定されている。また、出土した石材の産地は滑石は和歌山・兵庫、碧玉は山陰、緑色凝灰岩は北陸、ヒスイは新潟と推定され、遠隔地から大量の石材が運搬されている。(16) その内容や規模、地理的位置から、この遺跡はヤマト王権が必要とする多種多様の玉類を一括一貫生産する王権直属の玉作り工房であったとみられる。(17) この遺跡における玉の生産は四世紀後半にはじまるが、それが六世紀前半まで続いた後中葉には完全に消滅するという。(18)

このような六世紀中葉における玉作遺跡の消滅という現象は、実は曽我遺跡に限ったことではなく、全国的な現象であった。寺村光晴によれば、古墳時代の玉作遺跡は大きく三期に区分することができ、五世紀前半頃から出現する石製模造品の生産に一つの指標をおく第二期の玉作遺跡は、関東・北陸・山陰等各地にみられるが、六世紀初頭ないし前半、少なくとも中葉には全国的に消滅するという。(19)

このような六世紀中葉にみられる全国的な玉作遺跡の消滅と王権直属の玉作工房の閉鎖が、この時期の王権の拡大・強化、地方支配の進展とそれに伴う中央祭祀体制の整備に関わるものであることは間違いない。全国的な玉作遺跡の消滅は地方の玉生産を規制して祭祀統制を行なった結果であろう。しかし、中央の王権直属の玉作工房までもが閉鎖されてしまったのはなぜだろうか。

六世紀中葉以降、全国的に玉作遺跡が消滅するなかで、唯一生産を続けている地域があった。それは出雲である。(20)この出雲における玉生産は、在地の首長が独自に行なったものではなく、王権の要求による生産であった。すなわち、王権の玉作工房が曽我遺跡から出雲の玉作遺跡へ移ったのである。両者が連続することはともに忌部の関与がみられることによって明らかである。曽我遺跡は、祭祀担当氏族として活躍の顕著な忌部氏の本貫地に近接しており、同氏の祖神がフトタマ（太玉）という玉を神格化した神であったことなどから、そこでの生産やその玉を用いた祭祀に忌部氏が関与したことは間違いない。(21)一方、出雲の玉生産にも忌部が関与していたことは、石材を産出する意宇郡の花仙山の周辺に忌部神戸が置かれていたことや、(22)忌部氏の家伝である古語拾遺の記載等から明らかである。(23)もっとも出雲の生産には中央の忌部氏が直接携わったのではなく、現地の玉作集団を地方忌部として組織化する形で生産にあたらせた。王権は、前代の各地から石材を大和に搬入して中央の工房（曽我遺跡）で玉生産を行なう体制にかわって、新たに出雲で玉を生産して貢進させる体制を創出したのである。

出雲ではこの六世紀中葉頃に、意宇郡を中心とする東部において山代二子塚古墳の被葬者を盟主とする地域的な統合が達成されていた[24]。この勢力（仮称オウ氏）は後に国造に任命されるが、玉作も、一次的にはオウ氏が管掌していたのであろう。玉の貢進も形式的にはオウ氏を通じて行なわれたとみられる[25]。

さて、出雲はこうして王権に貢進される玉を生産する地として王権に掌握されることになったのであるが、王権に貢進される玉は王の霊威の象徴とされる。出雲から玉が進上されるということは、出雲から大和の大王に王の霊威が届けられ付与されることを意味する。このような観念に基づいて、出雲は王権の宗教的世界観のなかで大きな位置づけが与えられることになる。

この時期、王権の宗教的世界観は大きく改編されて天上他界の高天原と地上現世の中ツ国の両世界を基軸とする垂直的な宗教的世界観が形成されたが、その世界観のなかで、出雲は現世の中ツ国にあって他界の高天原に通じる地として位置づけられるのである。高天原は王権の権威の根源となる世界であり、中ツ国の支配者である大王の権威・霊威はここから供給される。その霊威が玉によって象徴され、高天原から出雲を通じて大王に付与されると観念されるのであろう。現実の世界においては出雲から玉が貢進され、それによって大王に霊威が付与されていたのであるが、その玉にこめられた王の霊威の宗教的根源は高天原に求められていたのである。出雲から国造を通じての中央への玉の進上は、神賀詞奏上儀礼における神宝献上の原形であったと思われる。神賀詞奏上儀礼の際に天皇に献上される神宝は、出雲国造の祖神アメノヒナトリが高天原から将来した中ツ国支配の呪具であり、その献上には天皇に中ツ国の支配者としての霊威を付与するというタマフリの意味があったが[26]、ここには高天原に由来する霊威が出雲を経由して中ツ国の支配者となる天皇に付与されるという構造がはっきりと示されているのである。

以上のように、六世紀中葉頃の王権の宗教的世界観の転換に伴い、出雲は高天原と中ツ国との結接点に位置づけられて、前代の世界観における紀伊にかわって現世と他界とをつなぐ地とされることとなったのであるが、この転換のなかで、前代の世界観で紀伊と通じていた他界も出雲とつながる他界へと改編されていったのではなかろうか。それによって、例えばイザナミの葬地は古くは紀伊の熊野とされていたところが、死者の世界黄泉国が出雲と結ばれて、同葬地は出雲と伯耆の堺の比婆山とされるようになり、また、紀伊の熊野の崎の海の彼方に認識された常世郷が出雲とも結ばれるようになったのであろう。

以上本章では、王権の宗教的世界観のなかで紀伊と出雲がともに他界に通じる地として位置づけられていることを明らかにし、それを手がかりに古代出雲の特殊性の歴史的な背景について検討を行なった。

はじめに提示した三点の課題に即して結論をまとめると、次のとおりである。

①　出雲はヤマト王権の宗教的世界観のなかで、現世（葦原中国）と他界（高天原・黄泉国・常世郷・根国）との結接点として位置づけられている。

②　その世界観は、六世紀中葉の王権支配の拡大・強化とそれに伴う新たな中央祭祀体制（祭官制）のもとで、王権の宗教的世界観が前代の水平的他界観に基づく世界観から高天原―葦原中国を基軸とする垂直的他界観に基づく世界観への転換に伴って形成された。

③　その新しい祭祀体制のなかで、出雲が王権唯一の玉の生産地とされることにより、出雲は王権にとって宗教的に特殊な地として位置づけられることとなり、王権の祭儀や神話にその特殊性が表れることとなった。

このように、本章では古代出雲の特殊性が王権の玉生産との関わりによって成立したことを指摘したのであるが、それでは王権は他の地域ではなく、なぜ出雲の玉を選んだのであろうか。その歴史的背景や要因についてはさらに検討していく必要がある。

また、本章では王権の宗教的世界観のなかに出雲が特殊な地として位置づけられる契機について指摘したが、その六世紀中葉から律令国家成立に至るまでの百数十年間には国家形成史上の画期がいくつかあり、それに伴う王権の宗教的世界観の改編が行なわれ、そのなかで出雲の位置づけにも変化があったと推察される。こうした国家形成のプロセスのなかでの出雲の位置づけについても、検討していかなければならない。

註

（1）本居宣長『古事記伝』巻一〇。
（2）儀式巻一〇。
（3）宮地直一『熊野三山の史的研究』（理想社、一九五四年）等。
（4）松前健「須佐之男命崇拝とその神話の形成」（『日本神話の形成』塙書房、一九七〇年）。
（5）安津素彦・鎌田純一「熊野・出雲の一問題」（『国学院雑誌』六四―二・三、一九六三年）。
（6）嶋津聿史「古代紀伊国の形成とその特殊性」（『紀伊万葉歌の歴史・風土的研究』おうふう、一九九四年）。
（7）岡田精司「天皇家始祖神話の研究」（『古代王権の祭祀と神話』塙書房、一九七〇年）、本書第四章。
（8）本書第四章、第十二章。
（9）吉井巌「ホムツワケ王」（『天皇の系譜と神話』二、塙書房、一九七六年）、本書第四章。
（10）本書第二章。
（11）岩波日本古典文学大系『日本書紀』上、三九九頁頭注。なお、延喜造酒式13大嘗祭供奉料条に践祚大嘗祭の供奉料として「三津野柏」がみえる。
（12）吉井巌「スクナヒコナノ神」（吉井前掲註（9）書）、本書第一章。
（13）記紀神話の神話的世界観で他界とされる世界としては、本章であげた高天原・常世郷・黄泉国・根国の他に海中の海神宮がある。この海神宮のみ出雲とのつながりがない。

（14）岩波日本古典文学大系『日本書紀』下、一一四頁頭注。

（15）上田正昭「祭官の成立―中臣と日祀と日置と―」（『日本古代国家論究』塙書房、一九六八年）、岡田精司「日奉部と神祇官先行官司」（前掲註（7）書）。

（16）奈良県立橿原考古学研究所『橿原市曽我遺跡―調査簡報―』、一九八三年。

（17）平林章仁『蘇我氏の実像と葛城氏』（泉社、一九九六年）。

（18）前掲註（16）書。

（19）寺村光晴「古墳時代の玉作」（『古代玉作形成史の研究』吉川弘文館、一九八〇年）。

（20）寺村前掲（19）論文、内田律雄「原始・古代の出雲」（上田正昭編『古代を考える 出雲』吉川弘文館、一九九三年）。

（21）平林前掲註（17）書。なお平林が指摘するように厳密には忌部氏の前身集団である。

（22）出雲国風土記意宇郡忌部神戸条。

（23）古語拾遺神武天皇条に「櫛明玉命が孫は、御祈玉〈古語に、美保伎玉といふ。言ふこころは祈禱なり。〉を造る。其の裔、今出雲国に在り。年毎に調物と共に其の玉を貢進る。」（西宮一民校注『古語拾遺』岩波書店、一九八五年、以下古語拾遺の引用は、同書による）とある。

（24）渡辺貞幸「山代・大庭古墳群と五・六世紀の出雲」（山本清先生喜寿記念論集刊行会編『山陰考古学の諸問題』一九八六年）、森公章「出雲地域とヤマト王権」（『新版古代の日本』四、角川書店、一九九二年）。

（25）平林前掲註（17）書はこれを出雲国造の服属儀礼の遺制と理解しているが、筆者は王権の宗教的世界観に基づく演出と考える（本書第十二章）。

（26）本書第十二章。

# 第六章　出雲国忌部神戸をめぐる諸問題

出雲国風土記にみえる意宇郡の忌部神戸については、すでに多くの研究蓄積がある[1]。その動向をみると文献史学ばかりでなく、国文学の出雲国風土記研究の立場からの研究、玉作遺跡の発掘調査成果と関連させた考古学からの研究等幅広い分野から展開されている。また視点も様々で、風土記の校訂の問題を中心とするもの、神戸の研究のなかで考察するもの、出雲国造の神賀詞奏上儀礼における潔斎との関連を説くもの等、多角的な視点からのアプローチが試みられている。

こうした多様な忌部神戸に関する研究動向において、これまで忌部を視点の中心にすえて論じられた論考があまりみられないのは意外である。この神戸が忌部の名を冠する神戸であることから、いずれの先行研究においても古語拾遺の記事や延喜式の忌部と出雲に関する条文について、一通り触れられてはいる。しかし、忌部氏の関与する祭儀ならびに玉について、その意義を十分に検討した上での理解や解釈が行なわれているとはいいがたい。

本章では、このような点に留意しつつ、出雲国の忌部神戸をめぐる諸問題のなかから忌部神戸の所属神社、出雲国風土記忌部神戸条の校訂と解釈、出雲玉作と忌部氏との関係の成立時期の三つのテーマを取り上げて検討してみたい。

表2　大同元年牒にみえる紀伊の神社と他の諸史料との対応

| 所在郡 | 社格・幣帛に預かる祭儀 | 貞観神階 | 和名抄にみえる対応神戸 |
|---|---|---|---|
| 名草郡 | 名神大・月次・相嘗・新嘗 | —— | 日前神戸 |
| 名草郡 | 名神大・月次・相嘗・新嘗 | —— | 国懸 |
| 在田郡 | 名神大・月次・新嘗 | 従五位上 | 須佐神戸 |
| 名草郡 | 名神大・月次・相嘗・新嘗 | 従四位下 | 伊太祁曽神戸 |
| 名草郡 | 名神大・月次・新嘗 | 従四位下 | 都麻神戸 |
| 名草郡 | 名神大・月次・新嘗 | 従四位下 | 大屋 |
| 牟婁郡 | 名神大 | 従五位上 | （神戸）※ |
| 牟婁郡 | 大 | 従五位上 | （神戸）※ |
| 名草郡 | 名神大 | 従四位下 | 島神戸 |
| —— | —— | —— | 忌部 |
| 名草郡 | 名神大・月次・相嘗・新嘗 | 従四位下 | —— |

ことから、この神戸は熊野坐神社、熊野早玉神社両社神戸であったとみられる。

## 一　忌部神戸の所属神社をめぐって

いうまでもなく、神戸とは特定神社に国家からあてられた公戸である。ところが、忌部神戸については出雲国風土記に所属神社の名が記載されていないこともあり、これまで一般の神戸とは異なる特殊な性格の神戸—例えば、神祇官に直属する神戸(2)、出雲国造の封戸(3)、忌部氏所属の神戸(4)、名前を欠いた宮廷祭祀に所属する神戸(5)等—ととらえる見解が多く出されてきた。しかし小倉慈司が指摘するように、神戸に宮廷祭祀への負担が課されるのは忌部神戸に限った特殊なことではなく(6)、また神社に所属しない神戸の存在を他に見出すことができないことから、一般の神戸と同様に忌部神戸も「忌部神」の神戸であったと考えるのが妥当である(7)。それではその「忌部神」は具体的にいかなる神なのか、すなわち忌部神戸がいずれの神社に所属する神戸かという点が問題となるのであるが、残念ながら小倉はその点については言及していない。そこでこの問題について考察してみたい。

新抄格勅符抄神封部所引の「大同元年牒」に、「忌部神　廿戸

| 大同元年牒の神名 | 戸数 | 延喜神名式対応社 |
|---|---|---|
| 日前神 | 56 | 日前神社 |
| 国懸須神 | 60 | 国懸神社 |
| 須佐命神 | 10 | 須佐神社 |
| 伊太祁曽神 | 54 | 伊太祁曽神社 |
| 都麻頭比売神 | 13 | 都麻都比売神 |
| 大屋津比売神 | 7 | 大屋都比売神 |
| 熊野牟須美神 | 4 | 熊野坐神社 |
| 速玉神 | 4 | 熊野早玉神社 |
| 嶋神 | 7 | 志磨神社 |
| 忌部神 | 10 | —— |
| —— | | 鳴神社 |

※和名抄の牟婁郡の項には神戸が一カ所しかみえない
——は記載なし

紀伊十戸　出雲十戸」という記載があり、ここにみえる「出雲十戸」が出雲国意宇郡の忌部神戸であることは間違いない。したがって、忌部神戸の所属神社を明らかにするということは、この「忌部神」社（以下大同元年牒の「忌部神」の奉斎社をこのように記す）の実態を明らかにすることに他ならない。

この「忌部神」社を延喜神名式所載の阿波国麻殖郡に坐す忌部神社とする説がある。(8) 確かに神名式をみると忌部の名を冠する神社は阿波国のこの神社のみであるが、しかし神社の所在国にその神戸が全くないというのは不自然であり、同社を「忌部神」社にあてるのは適切ではない。大同元年牒で複数の国に神戸を有する神社をみると、内訳として列挙されている国々の最初の国がその所在国である例がほとんどである。とすると、忌部神社についても紀伊国所在の神社であったとみるべきであろう。

結論を先に述べると、大同元年牒の「忌部神」社は紀伊国名草郡に坐す鳴神社であろう。この説はすでに薗田香融が論考「岩橋千塚と紀国造」において指摘している。(9) ただ、同論考ではこの点については注でふれられているのみであり、必ずしも十分な考察が行なわれていない。そこで薗田の説を検証してみたい。

鳴神社に神戸があったことは延喜四時祭式下47相嘗鳴神社条から知られる。相嘗祭では幣物の酒料稲が神税または正税から支出されるが、同条によれば鳴神社ではそれが神税からの支出とされている。ここから鳴神社の神戸の存在が確認できる。ところが大同元年牒をみると、鳴神社の神戸がみあたらない。そこで大同元年牒の紀伊国に神戸を有する神を列挙して、それに相当する神名式の神社をみると、「忌部神」社だけ対応する神社がないことがわかる（表2参照）。薗田はこのことをもって忌部神が鳴神社にあたるとした。しかし、大同元年牒に記載の漏脱のあった可能性もあり[10]、実際には存在していた鳴神社の神戸の記載が大同元年牒では落ちてしまったことも考えられる。とすると「忌部神」社にあたる神社を他に求めなければならず、さらに慎重な検討が必要となる。

和名抄（刊本）をみると、大同元年牒にみえる神社の神戸は一通り確認することができる。ここでもやはり鳴神社の神戸はみえないが、同社の所在する名草郡に「忌部」とあり、これが忌部神戸に相当するものとみられる[11]。和名抄の名草郡の項は、郡内に複数の神戸があるため所属社の名が明記されているのであるが、もし「忌部神」社と鳴神社が別社であれば、仮に大同元年牒に鳴神社神戸の記載が漏れていたとしても、和名抄でその存在が確認できるはずである。しかし和名抄にも鳴神社神戸の記載はなく、しかも和名抄により「忌部神」社の神戸が鳴神社と同じ名草郡に所在することも明らかとなり、両社が同一社である可能性はさらに高まったということができる。

また三代実録貞観元年正月二十七日条によると、この日全国の有力社に対して一斉に神階の授与が行なわれているが、紀伊国の神社については次のとおりであった。

紀伊国従四位下伊達神、志摩神、静火神並正四位下、従五位下勲八等丹生都比売神、伊太祁曽神、大屋都比売神、都摩都比売神、鳴神並従四位下、従五位下須佐神、熊野早玉神、熊野坐神並従五位上、

ここでは大同元年牒にみえる紀伊の神社に対しては、皇祖神アマテラスと同体ということで神階のない日前・国懸両神を除いてほとんどの神社に神階が授与されているが、「忌部神」社のみ名がみえない。逆に当日神階叙位を受け、大同元年牒にみえない神社は、丹生都比女神社、鳴神社、伊達神社、静火神社の四社である。もし「忌部神」社がこのうちのどれかに相当するものと考えると、丹生都比女神社は伊都郡に所在することから可能性は低く、また伊達・

静火両社は、大同元年牒にみえる志摩神社（嶋神）とあわせて後に「紀三所」と称される神社で、紀伊の海部あるいは紀直の海運活動の守護神であり、[12]このような神の性格は、宮廷祭祀に奉仕する忌部の職掌とは無関係であって、これらを忌部神と称したとは考えられない。とすると、残る鳴神社が「忌部神」社に相当する可能性が高いということになるのである。

以上の考察によって、大同元年牒の「忌部神」社を薗田の指摘するように鳴神社とみることの妥当性が確認できたのである。

なお、今日鳴神社は和歌山市内、日前神宮・国懸神社の東数百メートルの地に鎮座しているが、その現社地の南数百メートルには井辺という地区があり、井辺は忌部の転訛とみられ、その一帯が和名抄の忌部郷（忌部神戸）の地に比定されている。[13]

さて、大同元年牒の「忌部神」社が紀伊国の鳴神社であるということから、出雲国の忌部神戸は鳴神社の神戸であることが明らかとなったが、そうであったとすると、紀伊国の鳴神社の神戸がなぜ出雲にあるのか、また逆に玉生産を行なう出雲の忌部神戸がなぜ紀伊国の神社に属する神戸なのかということが問題になる。

忌部氏は中臣氏とならぶ祭祀担当氏族であるが、その職掌は、令制下では供神調度や幣帛の準備、神殿の造営といった祭儀の準備・補助的事項に関することが中心で、祝詞宣奏を行ない祭儀執行の中心的役割を果たす中臣氏とは異なる役割を担っていた。[14]その氏族としての構成は、中央忌部氏と地方忌部氏からなる。中央で宮廷の祭祀に直接関与するのが中央忌部氏であり、その祭祀に用いられる幣帛や供神調度を各地の特産品を材料として製作し供給するのが地方忌部氏であった。地方忌部氏は記紀神話には紀伊忌部・阿波忌部・讃岐忌部の各氏がみえており、古語拾遺にはこれに加えて筑紫忌部・伊勢忌部・安房忌部の各氏がみえる。なお、ここに出雲忌部氏はみえないが、「出雲国玉作」氏が他の地方忌部氏と同列に記されている。このような忌部氏の氏族の構成とそれに基づく宮廷祭祀への奉仕のあり方は記紀神話や古語拾遺の伝承に反映されており、中央忌部氏の祖神であるフトタマが各地方忌部氏の祖神を率いて高天原の祭祀に参加するという形で伝えられている。

出雲に地方忌部氏としての出雲忌部氏の存在はなかったようである。しかし、出雲の玉作氏が中央忌部氏の管下にあったことは間違いない。中央忌部氏の奉斎神社は大和国高市郡に坐す太玉命神社であったが、もし出雲の忌部神戸がこの神社に属する神戸であるというのであれば忌部氏の宮廷祭祀の奉仕のあり方からみて問題なく理解できる。しかし、出雲の忌部神戸は紀伊国の鳴神社の神戸である。鳴神社は紀伊忌部氏の奉斎社であったとみられる。ということは、出雲の忌部神戸は中央の忌部氏とのつながりよりも、一次的には紀伊忌部氏との結び付きの強い神戸であったということになる。

それでは、紀伊忌部氏と出雲神戸とはどのような関係によって結び付くのであろうか。この問題の手がかりとして大殿祭《おおとのほかい》に着目してみたい。

律令制下で神祇官が管掌して執り行なう祭儀のなかで、唯一忌部氏が主体となって行なわれるのが大殿祭である。大殿祭は六月・十二月の神今食と十一月の新嘗祭の最中、天皇が神嘉殿において神事を行なっている間に、天皇の日常の住まいである仁寿殿で行なわれる。延喜四時祭式上25大殿祭条には次のようにみえる。

大殿祭〈中宮准レ此〉
絲四両、安芸木綿一斤、筥四合〈各径一尺五寸〉、米四升、酒二升、瓶一口、盞二口、案二脚、
右、神今食明日平旦以二筥四合一〈一合盛レ玉、一合盛二切木綿一、一合盛レ米、一合盛二酒瓶一〉、置二八足案二脚一、令二神部四人執一、著二木綿鬘襷一中臣忌部官人、宮主、史生、神部等左右前駆、御巫列二於案後一、至二延政門一、置二

案於門前一、大舎人叫レ門、宮内省官人退出召二中臣一、称唯、即両官人著二木綿鬘一〈忌部更加二木綿襷一〉、立二案前一直進二御殿一、先レ是御巫等自二宣陽門一入候二於内裏一、共入至二殿東簀子敷上一、即御巫等各取レ筥、中臣忌部御巫等、以レ次入二御殿一、①忌部取レ玉懸二殿四角一、②御巫等散二米酒切木綿殿内四角一退出、中臣侍二御殿南一、③忌部向レ巽微聲申二祝詞一、畢次至二湯殿一、懸二玉四角一、次懸二厠殿四角一、次懸二御厨子所四角一、次懸二紫宸殿四角一、御巫等以レ次散二米酒一如レ初、〈御巫一人進二承明門一散二米酒一〉、従二陰明門一退出、……

この次第のなかで①忌部が御殿の四角に玉を懸け、②御巫が殿内四角に米・酒・切木綿を散いて退出し、③忌部が巽（南東）に向かって微声で祝詞を申す、という部分が祭儀の核心部となる。その祝詞は延喜祝詞式にみえるが、この祝詞では、高天原のカムロキ・カムロミの神の命によって天皇の大八洲の支配が行なわれるにあたり、御殿を忌部が造営したという神話と、その御殿の神であるヤフネククチ・ヤフネトヨウケヒメを祝福して両神が御殿を平安に守護することを祈念する称辞が述べられている。このような詞章が唱えられることによって、仁寿殿は観念的に天皇支配の始源の状態に再生されるのである。すなわち、この祭儀は天皇の御殿の霊威を更新するという意義のある祭儀であった。天皇の月次祭・新嘗祭における神嘉殿の儀（神今食）も天皇が神聖な神酒・神饌を飲食し自ら死と再生を演じることにより霊威再生を行なったのであるが、そうした祭儀と並行して御殿の霊威を再生するのが大殿祭であったといえる。[15]

このような祭儀は、天皇の住む宮殿の造営に忌部氏が携わっていたという事実に由来するものであろう。古語拾遺は、祝詞に語られている神話と対応する形で、初代天皇神武の橿原での即位に伴う御殿造営のことを次のように述べている。

仍りて、天富命〈太玉命が孫なり。〉をして、手置帆負・彦狭知の二はしらの神が孫を率て、斎斧・斎鉏を以て、始めて山の材を採りて、正殿を構り立てしむ。所謂、底つ磐根に宮柱ふとしり立て、高天原に搏風高しり、皇孫命のみづの御殿を造り仕へ奉れるなり。故、其の裔、今紀伊国名草郡御木・麁香の二郷に在り。〈古語に、正殿は麁香と謂ふ。〉材を採る斎部の居る所は御木と謂ふ。殿を造る斎部の居る所は麁香と謂ふ。是其の証なり。

これによれば、神武天皇の正殿の造営奉仕を行なったのはタオキホオイ・ヒコサシリの二神の子孫であり、両神は紀伊忌部氏の祖神であった。その後裔が、古語拾遺の成立当時も紀伊国名草郡の御木郷・麁賀郷に在住しているという。この記述から、忌部集団のなかで天皇の御殿のための用材を切り出し、造営にあたるのは紀伊忌部氏であったとみられる。

紀伊国はもともと木の国であり、記紀の神話にみえる紀伊の神々も樹木の神としての性格が現れている。紀伊国所坐大神として登場するイタケルは木の神であり、オオヤビコ・オオツヤヒメ・ツマツヒメもすべて樹木に関わる神である。「木」の国という命名も、おそらく当地の人々によるものではなく、王権にとっての有用性や世界観に基づくものであろう。そうした紀伊の地から天皇の宮殿の用材を切り出し造営を行なう役割を負わされた部民が紀伊の忌部であった。先に述べたように、大殿祭は令制祭祀のなかで忌部氏を中心に執行される唯一の祭儀であったが、同祭を忌部氏が中心的に担う根拠はこのような紀伊忌部の奉仕の内容にあったのである。

ところで、大殿祭においては祭儀を執行する忌部によって御殿の四角に玉が懸けられるが、この玉は祝詞にみえる御殿の守護神ヤフネククチ・ヤフネトヨウケヒメに対する幣物ではない(16)。これらの神は祝詞に注記されているように木霊と稲霊であり、神社に祭られるような神格を有する神ではなく、いわば精霊のような存在であり、祭儀においては御巫が米・酒・切木綿を散く行為がこれらの神に対する幣物供献に相当する。御殿の四角に懸けられる玉は御殿の霊威の象徴（シンボル）である。

建物の霊威が玉によって象徴されることの意義については、古事記の神話でイザナキがアマテラスに高天原の統治を命じる際に授与される「御倉板挙（ミクラタナ）之神」という玉の名義が参考となる。倉は稲を収納する建物であるが、単に物理的に稲を保管するだけの機能を果たしているのではない。宗教的には稲にこもる稲霊を育む機能が期待されている。倉にはそうした霊威が備わっているのであり、その霊威のシンボルとして玉が倉の棚に祭られたことによりその玉が「御倉板挙之神」と称されたのであろう。また、そのような玉が高天原の統治権のシンボルとなっていることもみのがせない。その倉（＝「御倉」）に収められた稲にこもる稲霊の霊威が統治者の霊威となるものであったからこそ、それを育む倉の霊力の象徴である玉が統治権のシンボルになりえたのである。

天皇の住まう御殿も同様で、天皇が単に居住する建物という物理的な存在であるばかりではなく、天皇が有する霊威を育む宗教的な機能をもった建物なのであり、その霊力の象徴が大殿祭で忌部によって御殿の四角に懸けられた玉なのである。

その玉は延喜臨時祭式74御富岐玉条に、

凡出雲国所レ進御富岐玉六十連〈三時大殿祭料卅六連、臨時廿四連〉、毎年十月以前令二意宇郡神戸玉作氏造備一、
　差レ使進上、

とあるように、「御富岐玉」と称され出雲国が進上することとなっており、それを造備したのは「意宇郡神戸玉作氏」であった。すなわち、大殿祭で用いられる玉は出雲の忌部神戸で作られたのである。

大殿祭は、忌部のなかでもとくに紀伊忌部の御殿造営という役割に基づいて展開される祭儀であったが、そのなかで御殿の霊威のシンボルとなる「御富岐玉」が出雲の忌部神戸から進上されている。ここに出雲の忌部神戸と紀伊忌部との関係が明確に現れているのである。

儀式や延喜式によって今日知られる大殿祭のあり方は平安時代のものであり、史料によって理解される大殿祭はあくまで律令制下の祭儀として行なわれたものである。しかし、この祭儀が部民制下の忌部の役割に基づく祭儀であること、他の令制祭祀にはみられない呪術的な性格が濃厚であることなどから、大殿祭は令制以前の祭祀の系譜を引くものであったとみられる。延喜式にみえる大殿祭では、これを執行するのは中央忌部氏であったが、令制以前の同祭の原形となった祭儀は、直接御殿の造営にあたった紀伊忌部氏が執行したのではなかろうか。そうであったとすると、原大殿祭では御殿の四角に玉を懸けるのも紀伊忌部氏が行なうことになり、紀伊忌部氏と出雲で作られた玉が直接的な関係を有することになる。出雲の忌部神戸が紀伊忌部氏の奉斎社である鳴神社の神戸であることは、こうした関係を反映したものではなかろうか。

## 二　出雲国風土記忌部神戸条の校訂と解釈をめぐって

岩波古典文学大系本『風土記』（秋本吉徳氏校注）は、出雲国風土記意宇郡忌部神戸条の冒頭部分を次のように校訂している。

忌部神戸。郡家正西卅一里二百六十歩。国造神吉詞望、参向朝廷時、御沐之忌里。故云忌部。

ここでは傍線部「御沐之忌里」を問題としたい。今日流布している出雲国風土記のテキストの多くが、岩波大系本と同じくこの部分を「御沐之忌里」としている。

しかし写本にあたると、この部分はほとんどの写本が「御沐之忌玉」となっており、これを「忌里」とする写本はみあたらない。「忌里」とするのは、江戸時代の内山真竜『出雲風土記解』の説が初見であり、以後それが今日まで踏襲されているのである。この部分を「御沐之忌玉」とする写本では、「御沐の忌み玉ふ」という訓読が行なわれており、「玉」を「給う」の意味で理解し、全体を〝国造が神賀詞奏上のため朝廷に参向する時にミソギの斎戒（物忌み）をなさる（場所である）、故に忌部という〟といった解釈でとらえているようである。しかし、加藤義成が指摘するように、「玉」を尊敬の助動詞に用いる事例は奈良時代にはなく、このような訓みは風土記にはありえず(17)、おそらくは内山真竜もそれに気付いてこの部分の再検討を試みたのであろう。真竜はその結果、写本の「玉」を「里」の誤写と理解することにより、写本の解釈をほとんど変更することなく文法的な問題点を克服しようとしたのである。しかし「忌玉」を「忌里」と改めたとしてもなお問題がある。この部分は忌部という地名の由緒を説明しているが、国造が神賀詞奏上のために朝廷に参向する時にミソギをする神聖な里（忌里）であるということと、そこの地名が忌部と称されることには何のつながりもない。ただ「忌」の字が共通しているだけにすぎない。忌部は、古代の宮廷祭祀において主に供神調度や幣帛のことに携わる祭祀担当氏族およびその部民の名称であり、「御沐之忌里」だからその地を忌部といったという説明では語呂あわせにもならないのである。

この部分の校訂と解釈に新たな展開をもたらしたのは、一九五七年の細川家本の発見であった。細川家本は、ここを「御沐之忌玉作」としている。加藤義成は、この細川家本が信頼のおける写本であることを確認し、この部分についても細川家本の「忌玉作」とするのを採用すべきとし、内山真竜以来の「忌里」とする校訂を退けた。加藤の『修訂出雲国風土記参究』は、忌部神戸条を次のように校訂している。

国造神吉詞奏、参向朝廷時、御沐之忌玉作。故云忌部。

この加藤の校訂は、その後多くの支持を得ており、今日における最も有力な説といってよい(18)。

それではこの校訂によって、解釈はどのように行なわれるのであろうか。

加藤は、「御沐」とは神賀詞奏上のための国造の潔斎の行事全体をミソギの面から象徴的にいったものであり、その国造の潔斎の祭事に不可欠な神供であり神幣の「忌玉」がこの地で作られる、その「玉作」氏の統率者が「忌部」氏であるから忌部という、と解釈している(19)。この解釈は「忌里」説によってきたそれまでの解釈と大きく異なる点がある。従来は、忌部神戸の地が国造のミソギの地として理解されてきた。忌部神戸の地は今日の玉造温泉の一帯であり、風土記の当条にもこの地の出湯が「神湯」と称されたことが記述されている。これまで、そのような神聖な温泉の出湯によって国造のミソギが行なわれたと解釈され、この地における玉作りに関しては、解釈上考慮されていなかったのである。これに対して加藤は、「御沐」を当地の出湯による国造のミソギとはみなさず、国造の潔斎の行事全体と理解し、この地が「御沐の忌玉作る」地であるとした。この地が玉の原材を採出し、玉作の行なわれる地であるという特質に重点をおいたのである。また旧説では、この部分が忌部という地名の由来の説明部分であるという意識が十分ではなかったが、加藤の解釈ではそれが積極的に意識されているのである。

忌部神戸条の地名由来の部分の校訂・解釈についての研究史を概観し、加藤義成の説が大方の支持を得ていることを確認したが、それではその校訂・解釈に問題はないか、改めて検討してみたい。

忌部神戸で玉作が行なわれたことは、前節にあげた延喜臨時祭式74御富岐玉条からも明らかであり、これによれば、大殿祭に用いられるミホギタマは出雲国意宇郡の神戸の玉作氏が作ったものが進上されたという。また古語拾遺には出雲の玉作の祖クシアカルタマが、他の地方忌部の祖神とともに登場し、宮廷祭祀に奉仕する起源が語られている。このことは、忌部神戸の地で作られる玉は宮廷祭祀で用いられる玉であるということを意味しているのである。

ところが加藤の解釈によれば、忌部神戸条の「忌玉」とは、神賀詞奏上のため国造が行なう潔斎の祭事に不可欠な神供であり神幣であるという。つまり、加藤は忌部神戸で作られた玉が出雲国造の祭事に用いられたと理解しているのである。しかし、忌部神戸で生産される玉は、忌部が管掌する以上宮廷祭祀用の玉なのであり、国造が用いるものではない。確かにここでの国造のミソギは、神賀詞奏上という国家的な祭儀を行なうためのものであるという意味で、単なる国造の私的な祭事に用いられたものではないという見方もできなくはないが、それは忌部神戸で作られる玉の第一義的な用いられ方ではない。その玉が中央の宮廷祭祀に用いられ、それを管掌するのが忌部氏であるという認識のもとに忌部という地名が説明されるのではなかろうか。このような見地から、国造の潔斎（ミソギ）に用いられる忌玉を作る地で、その玉作を忌部氏が管掌するからこの地を忌部という、とする加藤の説には無理があると思われるのである。

それでは、忌部神戸の性格に基づいた地名の由来として、この部分をどのように解釈することができるであろうか。

忌部神戸から進上されて大殿祭に用いられた玉が「御富岐玉」（以下「ミホキ玉」と記す）と称されたことが延喜臨時祭式にみえた。このミホキ玉は古語拾遺に、

又、天富命をして、斎部の諸氏を率て、種々の神宝、鏡・玉・矛・盾・木綿・麻等を作らしむ。櫛明玉命が孫は、御祈玉〈古語に、美保伎玉といふ。言ふこころは祈禱なり。〉を造る。其の裔、今出雲国に在り。年毎に調物と共に其の玉を貢進る。

とある「御祈玉」にあたる。また大殿祭祝詞をみると、「斎玉作らが持ち斎まわり、持ち浄まわり、造り仕えまつれる瑞の八尺瓊の御吹きの五百つ御統の玉」とあり、ミホキ玉の美称である「八尺瓊の御吹きの五百つ御統の玉」を造ったのは「斎玉作」とする。忌部氏が「忌」字を凶事の意味として避けて斎部に改めたのは平安初期のことであり(20)、それ以前は大殿祭祝詞においても「斎玉作」の部分は「忌玉作」とあったはずである。すなわち祝詞のなかの

表現ではあるが、忌部の関与する大殿祭のミホキ玉を「忌玉作」が作るとされているのである。

このように、出雲の忌部神戸で作られる玉が中央で忌部氏管下の祭儀で用いられ、祭儀の祝詞でその玉の生産者が「忌玉作」と称されていることから、忌部神戸条の記事の「忌玉作、故云忌部」の部分だけをみれば、忌部という地名由来の説明としては理にかなっているといえる。ところがここでは「御沐之忌玉作」とあること、またこの「忌玉」が大殿祭用のミホキ玉ではなく、国造の神賀詞奏上儀礼と関わる玉であることから、そう単純には説明できないのである。

そこで「御沐之忌玉作」について考えてみたいのであるが、ここは本来「御祈之忌玉作」とあったのではなかろうか。すなわち「沐」は「祈」の誤写であったのではないかという説を提示したい。この部分は全ての写本において「沐」であり、また国造が神賀詞奏上儀礼のために潔斎を行なうことが延喜式の規定にもみえることから、これまで校訂上何も問題のなかったところである。しかし、これを文字通り国造の「御沐」(＝ミソギ、斎戒)に用いる「忌玉」(＝神聖な玉)と理解すると、すでに述べたようにそうした玉の用法は忌部神戸で作られる玉の本来的なあり方とはいえず、忌部という地名の説明に適合しない。これが「御祈之忌玉作」であれば、「御祈之忌玉」＝忌部の管掌する「御祈玉」を作るという意味で、忌部という地名由来として整合するのである。

しかし、なおこの「忌玉」が大殿祭ではなく神賀詞奏上儀礼と関わるものである点が問題となる。神賀詞奏上儀礼において出雲国造から天皇に献上される神宝は、神賀詞の詞章によれば「御祷の神宝」といわれ、そのなかに「玉六十八枚」が含まれている。延喜臨時祭式では神宝の筆頭に玉が掲げられており、また神賀詞の詞章でも、最も中心となる寿詞にあたる部分では玉によせての祝辞が最初に述べられていることから、玉は神宝のなかでも最も重要視されていたと考えられる。「御祷」「御祈」はともに訓みはミホキであり、神賀詞奏上儀礼の神宝中の玉もミホキ玉と称されたとみて問題ない。とすると「国造神吉詞奏、参向朝廷時、御祈之忌玉作、故云忌部」と校訂した場合、この「御祈之忌玉」を国造が神賀詞奏上儀礼の場で献上する神宝の玉と理解することができる。

このように、大殿祭用の玉も神賀詞奏上儀礼の神宝の玉も、同じく忌部神戸の地で作られて中央にミホキ玉と称して進上されたとみられるのであるが、そもそもミホキ玉あるいはミホキという語にはどのような意味があるのであろうか。

ミホキの語幹ホキは、コトホギ（寿）のホギ（動詞形はホグ）と同じく霊威の付与（＝タマフリ）を意味した[21]。それに尊敬の「御」を付したミホキとは、天皇に対するタマフリであった。大殿祭は「オオトノマツリ」でなくとくに「オオトノホカヒ」と訓まれたが、このホカヒの動詞形ホカフはホグの他動詞であり、「オオトノホカヒ」とは御殿を寿《ほか》うミホキの意ととらえることができる。前節で述べたように、大殿祭においては、御殿の四角に懸けられたミホキ玉の霊威によって御殿の霊威を再生するとともに、そこに住まう天皇の霊威をも再生することとなり、このミホキ玉は天皇に対するタマフリの呪力を有するものであったのである。一方、神賀詞奏上儀礼については別に論じたように、同儀は神宝を献上しそこにこめられた霊威を天皇に付与するタマフリの儀礼であった[22]。それゆえに神賀詞奏上儀礼の神宝はミホキの神宝と称されたのである。そして神宝中の玉もミホキ玉と称されたのであろう。

要するに、ミホキ玉とは天皇に関わる霊威をもった玉であり、これが天皇のもとに進上されることでその霊威が天皇に付与されたのである。忌部は天皇の即位儀におけるレガリアの剣・鏡の捧持を行なう等、天皇への霊威付与・聖性付与のことに関与していたが、以上のような性格のミホキ玉はまさに忌部氏が管掌すべきものであったといえる。この点についてはおそらく風土記作成当時において一般的に認識されており、そのために、ミホキ玉を作る地であるということで忌部という地名由来の説明は十分だったのであろう。なおその説明が大殿祭用のミホキ玉ではなく、神賀詞奏上儀礼で奉献される神宝中のミホキ玉によってなされているのは、出雲国風土記編纂に出雲国造が大きく関与していることによるものと思われる[23]。大殿祭用の玉は国司を通じて中央の神祇官に進上されることになっており、ここに国造が関与することはない。これに対して、神賀詞奏上儀礼の神宝献上は国造自身が行なうのであり、出雲国造の側からミホキ玉といえば、神賀詞奏上儀礼の神宝の玉が第一義に認識されており、風土記にはそのような国造の認識が反映されたのであろう。

## 三　出雲玉作と忌部氏

出雲の玉作が忌部氏の支配下に入るのはいつからであろうか。この点については忌部が令制前代の宗教的部民であることからも、一般に令制以前のことと考えられており、出雲地方がヤマト王権の服属下に入った後は忌部氏が出雲の玉作に関与するようになると理解される傾向にある。これに対して、この関係を新しく考える説が小倉慈司によって提起されている[24]。

小倉は、古語拾遺にみえるクシアカルタマの神が多くの地方忌部の祖神とともに忌部氏の祖神フトダマに率いられているなかで、他の忌部諸神が「○○国忌部祖也」とされているのに、クシアカルタマだけが「出雲国玉作祖也」と記されている点に注目し、古語拾遺のこの伝承は、幣帛に関する職掌を有した忌部氏がそれに関するすべてのことをフトダマの管理として説いたもので、出雲の玉作は古くからの独立の家として世に知られていたものであり、忌部氏の部下たる忌部ではない、という津田左右吉の説[25]を認める。さらに、このクシアカルタマが記紀神話においてはただ一箇所日本書紀神代巻第九段第二の一書のみにみえ、この一書が三宅和朗により出雲国造の側の主張を取り入れて成立したとされていることにも注目し、クシアカルタマを祖とする出雲玉作氏が本来は出雲国造の配下にあったとみる。[26]小倉は以上の点を踏まえて、忌部氏と忌部神戸との関係は大化以後から八世紀初頭の間に成立したものであり、その背景には、この時期に進められた律令制祭祀の整備とそれに伴う忌部氏の出雲への影響力拡大に対応する出雲国造の忌部氏に対する妥協及び提携といった動きが存在したという見解を示した。

要するに小倉の理解は、出雲の玉作は令制前代には国造の管下にあり、それが律令国家の形成過程において出雲勢力が中央に屈服するなかで国造から忌部氏へ移管されたというものである。

このような理解は、令制前代の出雲には国造の強力な政治的支配・宗教的権威が実態として存在し、それが律令国家形成の過程でヤマトの勢力に制圧され服属したという経緯を想定して成り立つものである。おそらくは記紀神話の出雲における国譲りや、出雲国造による神賀詞奏上儀礼の意義についても、このような出雲の服属を前提として理解されるのであろう。しかし、令制前代の出雲にヤマト王権も一目おくような政治権力が存在したことも、出雲の国造が独自の宗教的権威を有したことも、史実として何ら証明されたことではない。それは記紀の出雲神話のあり方や神賀詞奏上儀礼からの推測にすぎないのである。

記紀神話にみられる出雲の特殊な位置づけや、令制下の国造で出雲国造のみが神賀詞奏上を行なうことは、出雲の側に特別な要因があってのことではなく、ヤマト王権・律令国家の側がその宗教的世界観のなかで出雲に特別な位置づけを与えたからであり、それが神話や祭儀に現れているのである。神賀詞奏上も王権・国家の演出のもとで行なわれているのであり、出雲国造が自家の伝える伝承を主体的に奏上するのではない。[27]小倉は、記紀神話のなかで出雲の玉作の祖クシアカルタマが唯一登場する書紀第九段第二の一書の伝承を〝出雲大社の縁起伝承として展開していったもの〟とみる三宅和朗の指摘[28]に依拠しているものであり、神賀詞のような出雲側の主張を取り入れて成立していったが、出雲大社の創祀も、同社への国造の奉斎も、神賀詞奏上も王権・国家側によるものであり、出雲側に主体性はない。同一書にはアメノホヒによるオオナムチの奉斎が明記されているとともに、神賀詞で天皇の近き守りとされるオオモノヌシとコトシロヌシもみえることから、神賀詞の内容に即した伝承とみることに異論はないが、この伝承はむしろ忌部氏が伝えたものとみるべきである。前節で述べたように、神宝中のミホキ玉は忌部神戸から出されており、忌部氏は神賀詞奏上儀礼にも関与していたのである。

筆者は王権・国家と出雲との関係を以上のようにとらえており、国譲り神話にみられるようなヤマトと出雲の関係を史実の反映としてとらえる見方はとらない。このような意味で、小倉の説についてはその理解の前提に問題があると思われ従うことはできない。

確かに、古語拾遺に地方忌部氏として出雲忌部氏の名がみえないということは、忌部と出雲の関係、さらにはヤマト王権と出雲との関係を考える上で重要な問題となるが、このことが直ちに忌部氏と出雲の関係を新しくみる根拠とはならない。筆者は六世紀中葉の段階から出雲の玉作に忌部氏が関与したものとみている。

六世紀中葉は、ヤマト王権の大きな画期となった段階である。欽明朝に相当するこの時期には世襲王権が成立し、国造制・部民制・屯倉制によるヤマト政権の全国支配体制が整備されてくる。そうしたなかで、祭祀体制についても王権のもとで整備され、祭官制と称される体制が整えられたとみられている(29)。その現れを王権の統轄する玉作のあり方にみることができる。

奈良県橿原市の曽我遺跡は、ヤマト王権が必要とする多種多様の玉類を一括・一貫生産する王権直属の玉作専門工房であったとみられ、大量の玉類と滑石製模造品が出土している。ここでは四世紀後半に玉生産がはじまり、五世紀後半には大々的な玉の一貫生産が行なわれて六世紀前半まで続くが、六世紀中葉に生産を停止する(30)。このように、六世紀中葉前後に突如として玉生産が消滅するのは単に曽我遺跡だけのことではなく、全国的な現象であった。玉作遺跡の消滅がほぼ同時期的・全国的であることは、各地の玉生産と玉使用を含む祭祀全体に中央から強力な規制が加えられたことを示すものであり、ヤマト王権による全国的な祭祀の統制、祭官制による新たな祭祀制度・神祇政策に伴う現象であったと考えられる(31)。ところが、玉作遺跡が全国的に姿を消すなかで出雲だけが六世紀中葉以降も玉生産を存続させており、出雲で作られた玉が王権に貢進されるようになった。すなわち、祭官制の施行に伴い王権に供給される玉の生産工房が王権基盤の地である大和から出雲へと移ったのである(32)。

この曽我遺跡は忌部氏の本貫地に接近しており、これまで述べてきたような忌部氏と玉の祭祀との関わりを踏まえると、曽我遺跡で王権の必要とする玉類の調達を管掌していたのは忌部氏（の前身集団）であった可能性が高い。曽我遺跡の地における王権の玉生産は六世紀中葉の祭祀制度の変革によって行なわれなくなるが、新しい中央祭祀体制のもとで卜占関係を中臣氏が統括するとともに、忌部氏は幣帛・供神調度・造営関係を統括することとなり(33)、出雲において新たに開始される王権の玉生産についても忌部氏が関与したと考えられる。

以上のような王権による玉生産のあり方の変遷より、六世紀中葉に出雲の玉作に忌部氏が関与するようになったとみることができるのである。

なお、寺村光晴は石製模造品の生産をヤマト政権の軍事的進出の指標とし、出雲ではそれが五世紀中葉ないし後半に花仙山周辺の玉作遺跡から検出されることから、その時期に出雲がヤマト王権の軍事的制圧を受けるとともに、忌部氏が出雲の玉作に関与するようになったとみる(34)。しかし曽我遺跡の存在を考えると、六世紀前半まで王権の調達する玉は中央で生産されたとみられ、あるいは忌部が出雲において石材の採取等に関与したことはあったかもしれないが、生産については直接には関与しなかったのではないかと思われる。寺村も六世紀中葉を忌部と出雲玉作の関係の大きな画期ととらえ、地方忌部という形で出雲の玉作が忌部氏に隷属するのはこの時期であったとみており、むしろこの画期を忌部氏による出雲玉作の管掌の成立と理解すべきであろう。

寺村が論拠の一つとしている事例に平所遺跡の問題がある。出雲国意宇郡の神名樋山にあたる茶臼山の北東山麓で発掘された平所遺跡では、玉作工房址とともに埴輪窯跡がみつかっている。ここで作られた埴輪は、それまでの出雲にはわずかにしかみられなかった形象埴輪が多く、技術的に優れたものが出土している。その表現の特徴に、和歌山市の井辺八幡山古墳出土の形象埴輪と多くの共通点が認められ、井辺八幡山古墳の形象埴輪の製作工人と平所の埴輪製作工人との間に何らかの系譜的なつながりのあることが指摘されている[35]。井辺八幡山古墳は和歌山市の井辺にあり、この地が紀伊の忌部神戸に比定されることは先に述べたとおりである。ここに着目した寺村は、井辺八幡山古墳の埴輪を作成したのは紀伊の忌部氏であり、中央の忌部氏を介して紀伊の忌部氏が平所埴輪の作成にも関与したものとみた[36]。寺村は、報告書が平所遺跡の窯跡の時期を六世紀前半とすることにより、すでにその時期に忌部氏が出雲に進出していたと考えるのである。

六世紀前半というと、曽我の王権玉作工房では生産が行なわれている段階であるが、この時期の出雲に紀伊忌部氏の影響が認められるということは、曽我の工房において紀伊の忌部（の前身の技能集団）と出雲から出向した玉作工人の間に積極的な交流があったということであろう。忌部氏の出雲進出は王権玉作工房の出雲への移転に先行して行なわれているのである。本章第一節で紀伊忌部と出雲の忌部神戸との密接な関係を指摘したが、そうした関係の起源・要因は、曽我の玉作工房における忌部と出雲玉作工人との関係のあり方に求めることができるのである。

以上本章では、出雲国の忌部神戸に関する三つの問題について、忌部氏の関与する祭儀ならびに玉に考慮しつつ検討した。結論を要約すると次のとおりである。

（1）出雲国の忌部神戸は紀伊国名草郡に坐す鳴神社に所属する神戸である。同社は紀伊忌部氏の奉斎社であり、紀伊忌部氏と出雲の忌部神戸の玉作との密接な関係が忌部氏の執行する祭儀である大殿祭のなかに認められる。

（2）出雲国風土記忌部神戸条の一般に「御沐之忌里」あるいは「御沐之忌玉作」とされている部分は、「御祈之忌玉作」と校訂されるべきで、その「御祈之忌玉」とは出雲国造が神賀詞奏上儀礼で献上する「御祷の神宝」中の玉のことである。

（3）六世紀中葉にヤマト王権の全国支配体制が進展するなかで、祭官制とも称される新しい祭祀体制が成立し、それに伴い王権の玉作工房が大和の曽我遺跡から出雲に移され、出雲の玉作を忌部氏が管掌するようになった。前章で出雲が古代史のなかで特殊な地域として位置づけられる歴史的背景を考察し、六世紀中葉を画期として、ヤマト王権の宗教的世界観のなかで現世と他界の結接点とされる地が紀伊から出雲へと移り、その要因は出雲が王権唯一の玉の生産地となったことにあると推察した。[37]本章では、忌部神戸から進上された玉が天皇の霊威と密接に関係する玉であったことが明らかとなったが、王権にとって出雲はそのような神聖な玉を供給する地であったからこそ、その宗教的世界観において特殊な位置づけがなされたのである。また前章では、記紀神話や神社名にみえる紀伊と出雲の共通性に着目したが、本章においても紀伊忌部と出雲との密接な関係を指摘することができ、古代出雲の特殊性を理解する上で紀伊と出雲の関係という視点が重要であることを改めて確認することができた。

**註**

（1）小倉慈司「出雲国の神戸について」（『出雲古代史研究』六、一九九六年）所載の「神戸関係論文一覧」を参照。千家和比

古「古代出雲大社の心象風景」（福山敏男監修『古代出雲大社の復元』学生社、一九八九年）、瀧音能之「出雲国造神賀詞奏上と出雲国風土記」（『古代出雲の社会と信仰』雄山閣、一九九八年）も参照。
（2）虎尾俊哉「出雲国風土記記載の神戸里について」（『古代典籍文書論考』吉川弘文館、一九八二年）。
（3）曽根研三「出雲国造をめぐる神戸と斎戒」（『神道宗教』三〇、一九六三年）。
（4）加藤義成「出雲国風土記『忌部神戸』考」（『出雲国風土記論究』上、島根県古代文化センター、一九九五年）。
（5）寺村光晴「出雲玉作の系譜」（『古代玉作形成史の研究』吉川弘文館、一九八〇年）。
（6）小倉慈司「神戸と律令神祇行政」（『続日本紀研究』二九七、一九九五年）。
（7）小倉前掲註（1）論文。
（8）祝宮静『神社の経済生活』（木村天真堂、一九三一年）、虎尾前掲註（2）論文。
（9）薗田香融「岩橋千塚と紀国造」（『日本古代の貴族と地方豪族』塙書房、一九九二年）。
（10）飯田瑞穂「新抄格勅符抄に関する考察」（『芸林』一〇―六、一九五九年）。
（11）薗田前掲註（9）論文。
（12）薗田香融「晒山古墳群と楠見遺跡」（薗田前掲註（9）書）。
（13）吉田東伍『大日本地名辞書』二（冨山房、一九〇〇年）。
（14）忌部氏については津田左右吉「古語拾遺の研究」（『日本古典の研究』下、岩波書店、一九五〇年）、上田正昭「忌部の職能」（『日本古代国家論究』塙書房、一九六八年）、井上辰雄「忌部の研究」（『古代王権と宗教的部民』柏書房、一九八〇年）等を参照。
（15）大殿祭の性格についての私見は岡田荘司「大殿祭と忌部氏」（『神道宗教』一〇〇、一九八〇年）に近い。
（16）岡田前掲註（15）論文は、この玉を両神への幣物とみるが、延喜四時祭式上25大殿祭条に玉は幣物として記載されてない。
（17）加藤前掲註（4）論文。

(18) 校訂において細川家本の「忌玉作」を本文に採用せず、旧来の「忌里」が踏襲されることはある。
(19) 加藤前掲註(4)論文。
(20) 日本逸史によれば延暦二十二年。
(21) 折口信夫「国文学の発生」(『折口信夫全集』一、中央公論社、一九七五年)。
(22) 本書第十二章。
(23) 出雲国風土記編纂の中心は「国造帯意宇郡大領」の地位にあった出雲臣広嶋であった。
(24) 小倉前掲註(1)論文。
(25) 津田前掲註(14)論文。
(26) 三宅和朗「国譲り神話〈I〉」(『記紀神話の成立』吉川弘文館、一九八四年)。
(27) 本書第十二章。
(28) 三宅前掲註(26)論文。
(29) 上田正昭「祭官の成立」(上田前掲註(14)書)、岡田精司「日奉部と神祇官先行官司」(『古代王権の祭祀と神話』塙書房、一九七〇年)。
(30) 奈良県立橿原考古学研究所『橿原市曽我遺跡—調査簡報—』一九八三年。
(31) 平林章仁『蘇我氏の実像と葛城氏』(白水社、一九九六年)。
(32) 本書第五章。
(33) 平林前掲註(31)書。
(34) 寺村光晴「出雲国玉作の諸問題」(山本清先生喜寿記念論集刊行会編『山陰考古学の諸問題』一九八六年)。
(35) 松本岩雄「発掘調査の概要」(『重要文化財平所遺跡埴輪窯跡出土品復元修理報告書』一九八一年)。
(36) 寺村前掲註(34)論文。
(37) 本書第五章。

# 第七章　古代王権と出雲の玉

日本古代史における出雲の特殊性は、ヤマト王権の宗教的世界観（神話的世界観）のなかでの出雲の位置づけに基づくものである。出雲は、いつ、なぜその宗教的世界観のなかで特殊な地域として位置づけられたのであろうか。筆者は、これまでの考察のなかで指摘しているように、六世紀中葉の欽明朝段階に出雲が全国唯一の玉の生産地となり、王権祭祀に用いられる神聖な玉が出雲から供給されたことが、その契機になったと考えている。

本章では、古代の文献にみえる出雲の玉・玉作について考察し、王権祭祀における出雲の玉の特質を明らかにするとともに、その淵源となった六世紀中葉前後の王権の玉作体制について、考古学的な知見も交えて状況を掌握したい。

## 一　出雲の玉作と忌部

出雲で玉作が行なわれた場所は、律令時代には同国意宇郡の「忌部神戸」の地であった。このことからもわかるように、この地における玉作は忌部氏が関与するものであった。同地は碧玉や瑪瑙の産出地として有名な花仙山周辺であり、現島根県松江市忌部から玉湯町にかけての地域で、多くの玉作遺跡が検出されており調査も進められている。

忌部氏は、律令制の神祇官祭祀においては中臣氏とともに王権祭祀・国家祭祀に奉仕する氏族で、中臣氏が祝詞奏宣をはじめとする祭祀の中心的・主導的な役割を担うのに対し、忌部氏は供神調度や幣帛の準備、祭殿造営など補助的な側面での役割を果たしていた。こうした中臣・忌部両氏の役割は、記紀神話の天の石屋戸の段に両氏の祖神の活躍として描かれており、そこでは石屋に籠もったアマテラスを招き出すために、石屋の前で中臣氏の祖アメノコヤネが祝詞を宣り、忌部氏の祖フトダマが鏡・布帛・玉をつけた榊を捧げて祭祀を行なったとされている。忌部という名称からもうかがわれるように、忌部氏は令制前代の部民制のもとで王権に組織された祭祀に関わる現業者集団（忌部）を統括した伴造氏族である。

忌部氏は中央忌部氏と地方忌部氏に区分される。中央忌部氏はフトダマを祖とし、中央における天皇・国家の祭祀に奉仕する。一方の地方忌部氏は、中央の祭祀に用いられる祭料や幣帛を供給する。忌部氏の家記である古語拾遺によれば、地方忌部氏の祖神はフトダマに率いられて奉仕するのであるが、その神はアメノヒワシ（阿波国忌部の祖）、タオキホオイ（讃岐国忌部の祖）、ヒコサシリ（紀伊国忌部の祖）、クシアカルタマ（出雲国玉作の祖）、アメノマヒトツ（筑紫・伊勢両国忌部の祖）であり、これらの神の子孫の働きとして、紀伊ではタオキホオイ・ヒコサシリの子孫が材木を供給し御殿の造営に奉仕し、出雲ではクシアカルタマの子孫が毎年玉を貢進し、阿波ではアメノヒワシの子孫が麻布を生産し木綿幣の材料として供給し、讃岐ではタオキホオイの子孫が祭場に立てる矛竿を造って貢進するとされている。

このように、地方忌部氏は天皇・国家の祭祀のためのさまざまな物品を貢納する役割を負わされていたのだが、この中で玉を貢納するクシアカルタマを祖とする出雲の地方忌部氏に相当するのが出雲の玉作氏なのである。すなわち、出雲の玉作氏は地方忌部氏の一つとして存在していたのである。(1)

## 二　天皇の霊威と出雲の玉

次に、出雲の玉が中央の祭祀でどのように扱われているか、出雲の玉にはどのような特性があるのか、具体的な祭儀に即してみていきたい。

### 1　大殿祭

まず、大殿祭《おおとのほかい》に着目してみたい。

大殿祭は六月・十二月に行なわれる神今食、十一月に行なわれる新嘗祭に並行して行なわれる祭儀である。新嘗祭では、十一月中卯日に天皇が宮中の中和院神嘉殿において新穀の御酒・御饌を神に供えるとともに共食する神事が行なわれるが、神今食も、新穀でなく旧穀の御酒・御饌が用いられる点を除いて、神嘉殿において新嘗祭と全く同じ祭儀が行なわれる。この神今食・新嘗祭の天皇親祭が神嘉殿で行なわれている間に、天皇の日常の居所（御殿・大殿）において大殿祭が行なわれる。

大殿祭は延喜式に規定される恒例祭祀であるが、その特徴は忌部氏が主体となって執り行なわれる点にある。すなわち、延喜式に規定される四時祭のほとんどは中臣氏が中心となって行なわれるが、そのなかで唯一忌部氏を中心に行なわれるのがこの大殿祭なのである。

大殿祭の祭儀の次第は延喜四時祭式上25大殿祭条にみえるが、その祭儀の核心となるのは次の三つの部分である。

①　忌部が御殿の四角に玉を懸ける

②　御巫が殿内の四角に米・酒・切木綿を撒く
③　忌部が巽（南東）に向かって微声で祝詞を申す

この祭儀の性格については諸説あるが、筆者は天皇の日常の居所である御殿（＝大殿）の建物の霊威を再生するための儀礼であると理解している。すなわち、この祭儀は、新嘗祭・神今食という天皇自らが中和院神嘉殿において行なう神事の間に、忌部が天皇の日常の居所を祭るというものである。神嘉殿における神事では、天皇の霊威の再生が行なわれるのに対し、大殿祭では天皇が日常住まう建物の霊威が再生されるのである。

大殿祭では、忌部によって御殿の四角に玉が懸けられる。この玉は延喜祝詞式所載の大殿祭祝詞をみると、ヤフネトヨウケとヤフネククノチという神への幣物とされているが、本来はこの玉が御殿の霊威を象徴するものであったと考えられる。

建物の霊力が玉によって表象される事例として、古事記の神話にみえる「御倉板挙（ミクラタナ）之神」というイザナキからアマテラスに贈られた「御頸珠（ミクビタマ）」、すなわちネックレスの例が参考になる。

イザナキは高天原の支配権をアマテラスに譲る象徴的行為として、このミクラタナの神という名の御頸珠（ネックレス）をアマテラスに与えるのであるが、これが「御倉板挙之神」と表記されていることから、この神は倉に祭られた倉の霊威、神霊的存在であったとみられる。倉という建物は、単に稲を物理的に保管する構造物という機能だけではなく、稲にこもった霊力である稲霊の霊威を育むという呪術的な機能を有するものと観念されている。ミクラタナの神とはそうした倉の呪術的霊力を発現させる神であり、それがネックレス状の珠（玉）によって表象されているのである。しかもそれが高天原の統治権のシンボルとされているという点にも注目すべきである。

大殿祭において忌部によって御殿の四角に懸けられる玉も、そこに住まう天皇の霊威を育むという、殿舎の有する呪能を発現させる霊威の根源の象徴であったとみられるのである。問題はその大殿祭に用いられる玉がどこから供給されているかということなのだが、この玉は出雲から貢進されているのである。延喜臨時祭式74富岐玉条に、

凡出雲国所レ進御富岐玉六十連〈三時大殿祭料卅六連、臨時廿四連〉毎年十月以前令二意宇郡神戸玉作氏造備一、差レ使進上、

という規定があり、年三回行なわれる大殿祭に用いられる玉は「御富岐玉」と称され、出雲国意宇郡の神戸すなわち忌部神戸の玉作氏が造り備えたものであった。つまり、出雲の忌部神戸で作られた玉が大殿祭で御殿の四角に懸けられて、天皇の霊威を育む呪術的な霊力を発揮していたのであるが、このことは、出雲の玉にそのような霊力があるという観念が王権の側にあったことを意味するのである。

## 2　神賀詞奏上儀礼

次に、出雲国造が行なう神賀詞奏上儀礼についてみていきたい。

律令制下、出雲国造は代替わりすると上京して天皇に神宝を献上し、その際に神賀詞を奏上することになっていた。この時献上される神宝の内容は、延喜臨時祭式36神寿詞条に次のようにみえる。

玉六十八枚〈赤水精八枚、白水精十六枚、青石玉卌四枚〉
金銀装横刀一口〈長二尺六寸五分〉
鏡一面〈徑七寸七分〉
倭文二端〈長各一丈四尺、広二尺二寸、並置レ案〉
白眼鴾毛馬一疋

白鵠二翼〈乗レ軒〉

御贄五十舁〈舁別盛二十籠一〉

このように、玉・横刀・鏡・倭文・馬・白鵠（白鳥）・御贄と多種のものが神宝として天皇に献上され、献上に際して奏上される神賀詞でこれら神宝は「御祷の神宝」と称されて、個々の物品一つひとつの祝意を説いた寿詞（賀詞・よごと）が奏上された。

この神宝のなかで最も重視されていたものが玉であったと思われる。神宝を列記した臨時祭式で、玉は最初に掲げられており、また神賀詞詞章の寿詞の部分でも最初に玉に寄せての祝意が述べられ、しかも白玉・赤玉・青玉にわけて細かく述べられている。このような点からみて、神宝の中心は玉であったとみてよい。

この神賀詞奏上儀礼で天皇に献上される玉も忌部神戸でつくられたものであった。出雲国風土記の意宇郡忌部神戸条には次のようにある。

忌部神戸、郡家正西二十一里二百六十歩、国造神吉詞奏、参二向朝廷一時、御沐之忌玉作、故云二忌部一

〔訓み下し〕忌部神戸、郡家の正西二十一里二百六十歩なり、国造神吉詞奏しに、朝廷に参向う時の御沐の忌玉作る、故、忌部と云う。

この傍線部の「御沐之忌玉作」は、近世以来近年に至るまで「御沐之忌里」と校訂されており(2)、それに従ってこの部分の解釈も、出雲国造が神賀詞奏上のため上京するにあたって沐浴斎戒を行なった場所として、忌部神戸ととらえられてきた。しかし、戦後発見された細川家本出雲国風土記に、この部分が「御沐之忌玉作」とあることから、これを採用する校訂案が最近では有力となっている。それによって、この条文から神賀詞奏上儀礼で天皇に献上される神宝の玉が忌部神戸で作られるということが読み取れるようになったのである。

この校訂案に対して、筆者は同地で作られる玉がミホギ玉（御祈玉）と称されることから、諸写本の「御沐」を「御祈」の誤写とみて、「御祈之忌玉作」という校訂案を提示している(3)。

ところで、神賀詞奏上儀礼の意義については、一般に、ヤマト王権の全国統一以前の出雲における国造の強大な勢力を実態として想定し、その勢力がヤマト王権による制圧、律令国家による支配によって王権に服属し、その服属儀礼とみるのが通説である。しかし筆者はこの儀礼は、王権の宗教的世界観に基づいて行なわれたものであり、国譲り神話において出雲国造の祖神が地上世界葦原中つ国の主神であるオオナムチを服属させるのに用いたとされる神宝を天皇に献上して、葦原中つ国支配の呪術的な霊力を天皇に付与するタマフリの儀礼であったと理解している(4)。このような天皇に支配の霊力を付与する神宝の中心に、出雲の忌部神戸で作られた玉があったのである。

## 3　出雲の玉の性格

以上のような王権の祭儀で用いられる出雲の玉には、どのような性格があるのであろうか。

大殿祭で御殿の四角に懸けられた玉は、延喜臨時祭式では「御富岐玉」、同祝詞式では「瑞の八尺瓊の御吹きの五百つ御統の玉」、また古語拾遺では「御祈玉〈美保伎玉〉」と称されており、出雲の玉は、ミフキタマまたはミホキタマと呼ばれている。また、神賀詞奏上の際に献上される神宝は神賀詞によれば「御祷の神宝」（ミホギの神宝）と称されているが、とするとこの神宝のなかの玉も「ミホギタマ」と呼ばれたとみてまちがいなかろう。

このミホギ（ミホキ）とはどのような意味かというと、語幹はホギであり、ホグという動詞の名詞形で、コトホグ（寿ぐ・言祝ぐ）・コトホギ（寿ぎ・言祝ぎ）のホギ・ホグである。その意味は霊威・霊力を相手に付与すること、すなわちタマフリのことである（言祝ぎとは言葉・言霊の霊力によるタマフリの意味となる）。これにミという尊敬の接頭語がついたミホギとは天皇に対するタマフリに他ならない。ミホギタマとは〝天皇に霊威を付与するタマ〟であり、出雲の玉は天皇の霊威に関わる玉であったのである。

ちなみに、大殿祭は「おおとののまつり」でなく、とくに「おおとののほかい」と称されるが、このホカイという語の動詞形ホカウはホグの他動詞であり、オオトノホカイとは天皇の住まう御殿（オオトノ）をホカウ、ホカイの儀であり、神に幣物を奉るマツリの儀ではないのである。

なお、神祇令践祚条によれば、天皇即位の時に、中臣が天神寿詞を奏上し、忌部が神璽の剣・鏡を捧げもつことが規定されているが、この忌部が捧げもつ剣・鏡は天皇の地位の象徴のレガリアであり、天皇の地位と不可分のものである。後世「三種の神器」と称される皇位の象徴は剣・鏡・玉だが、神祇令には剣・鏡のみで玉はみえない。しかし令制下で忌部氏の扱う出雲の玉が天皇の霊威に関わることは本節で指摘したとおりである。忌部氏は即位式の場でレガリアの剣・鏡を扱い、大殿祭では出雲のミホキ玉を扱っており、忌部氏の側からすると後の三種の神器の要素は揃っているのである。

## 三　曽我遺跡の消滅と出雲玉作

以上のように、出雲の玉は天皇の霊威に関わり、王権にとって特別な存在であったのであるが、それでは出雲の玉がそのように扱われるようになるのはいつ、どのような契機によるのか、出雲の玉作に忌部が関与するのはいつからか。こうした問題を考える上で重要な手がかりとなるのが、奈良県橿原市の曽我遺跡である。

この遺跡は、ヤマト王権が必要とする多種多様の玉類を生産する王権直属の玉作工房であったとみられており、四世紀後半に出現する。その場所は中央忌部氏の本拠地（現橿原市忌部町、同氏の祖神を祀る太玉命神社の周辺）に近接しており、曽我遺跡における玉生産に忌部氏（その前身集団）が関わっていた可能性が考えられる。忌部氏の祖神がフトダマ（太玉命）という玉を神格化した神であることも示唆的である。

この曽我遺跡は、四世紀後半から六世紀前半まで大々的に玉作が行なわれたあと生産が急速に減り、六世紀中葉には消滅する(5)。ところがこの六世紀中葉という時期には、曽我遺跡だけでなく、全国的に玉作遺跡がなくなり、唯一玉作が行なわれているのは出雲だけとなる。この現象をどのように理解するかが問題となるが、曽我遺跡が忌部氏と関わる王権の玉作工房であること、そのあとに列島で唯一玉作が行なわれる出雲からも、律令時代には忌部氏が関与して王権祭祀に玉を供給していることからみて、六世紀中葉にヤマト王権の玉作工房が大和の曽我遺跡から出雲に移されたのではないかと考えられる。

このような王権の玉作工房の出雲への移転にはいかなる歴史的背景があったのであろうか。この時期、欽明朝には世襲王権が成立し、政治的には蘇我氏主導の体制が確立する。それとともに、国造制・部民制・屯倉制による地方支配が展開し、ヤマト王権の全国支配体制が進展した。こうしたなかで、王権の宗教的世界観にも大きな変化が生じたとみられる。欽明の諡号が「アメクニオシハラキヒロニハ」という記紀神話冒頭の天地開闢を連想させるものであることからみて、王権の権威を天上世界に求め地上世界を王権の支配すべき国土とする、記紀神話の世界観に通じる垂直的な宗教的世界観が形成されたのは、この時期であったと考えられる。そして宗教的支配、イデオロギー支配の面では祭官制とも称される王権祭祀体制が作られたといわれており(6)、全国の玉作遺跡が一斉に消滅するという現象の背景には、以上のような要因に基づいた中央の強力な権力の統制があったとみられる。このような新しい体制のなかで出雲が王権の玉作の地とされていったと考えられる。

出雲はこうして王権唯一の玉の生産地となり、それによって出雲は王権にとって宗教的に特殊な地として位置づけられ、王権の祭儀や神話にその特殊性が表れるようになっていくのである。

## 四　紀伊忌部氏と出雲

ヤマト王権の玉作工房が、中央忌部氏の本拠地に近接する曽我遺跡から、のちに忌部神戸となる出雲玉作遺跡の地へと移動していることからも、この移動の段階で出雲の玉作に忌部氏が関与したことが想定されるが、筆者はそこに紀伊の忌部氏も関与したのではないかと考えている。

すでに寺村光晴が指摘しているように(7)、松江市平所遺跡の六世紀前期の埴輪窯跡から出土する埴輪には、和歌山市の井辺八幡山古墳の埴輪を作製した工人との技術的なつながりが認められているが(8)、この井辺は忌部の転訛であり、この地は紀伊の忌部神戸に比定される場所であることから、この時期に紀伊忌部氏が出雲東部に進出していたとみられるのである。この問題を王権の玉作工房の曽我遺跡から出雲への移動という観点から考えてみたい。

曽我遺跡で作られた玉類の石材は十種類以上に及ぶとみられているが、そのなかで滑石・碧玉・緑色凝灰岩の三種が中心的な石材である。この三種の石材の産出地は、碧玉は山陰地方、具体的には島根県（出雲）の花仙山であり、緑色凝灰岩は北陸地方、滑石は和歌山県（紀伊）と報告されている(9)。玉作は石材の搬入とともに同行したその産出地の工人によって行なわれた。

曽我遺跡の発掘は、五つの調査区（A、B、C1、C2、Dの各地区）にわけて行なわれ、このうち玉作関連の遺構および遺物はB～D地区から検出されている。調査区ごとの生産時期と碧玉・緑色凝灰岩・滑石の出土量は表3の

**表3**　曽我遺跡の碧玉・緑色凝灰岩・滑石の出土量（米田後掲註⑩論文による）

| 地　区 | C2地区 | D地区 | C1地区 | B地区 | 総　計（g） |
|---|---|---|---|---|---|
| 生産時期 | 4C後半〜5C前半 | 5C後半〜6C初頭 | 5C後半〜6C前半 | 6C前半 | |
| 碧玉A（出雲産） | 56954.9 | 159918.4 | 221469.3 | 230722.3 | 669064.9 |
| 碧玉B | 3224.7 | 17685.2 | 8648.3 | 14568.1 | 44126.3 |
| 緑色凝灰岩 | 97119.6 | 251463.3 | 260314.3 | 333785.7 | 942682.9 |
| 滑　石 | 543542.1 | 1017702.5 | 137024.8 | 47043.6 | 1745313 |

とおりである[10]。

これによると、曽我遺跡の玉作工房では、①四世紀後半〜五世紀前半にC2地区で滑石主体、②五世紀後半にD地区で滑石主体、C1地区で緑色凝灰岩・碧玉主体、③六世紀前半にC1地区とB地区で緑色凝灰岩・碧玉主体の玉生産が行なわれていたことがわかる。時期ごとの中心的な石材に注目すると、①の段階では滑石主体、②の段階が全盛期となり滑石が激増し、緑色凝灰岩・碧玉も増加し、③の段階で滑石が激減し、緑色凝灰岩・碧玉主体となる。すなわち、五世紀段階では滑石主体であったのが、六世紀になると緑色凝灰岩・碧玉主体の生産体制に転換するのである。なお緑色凝灰岩と碧玉は、曽我遺跡の工房の創業段階からみられ、時期を追うごとにそれぞれ増加しており、量的には緑色凝灰岩が碧玉を常に上回っている。

曽我遺跡における玉生産はこのように展開した後、六世紀中葉に生産を停止し、列島における玉生産は出雲のみで行なわれるようになるが、これを石材の観点からみると、滑石と緑色凝灰岩の生産を放棄して碧玉を残し、それを現地生産に切り替えたということになる。筆者はこの現象を王権の玉作工房の出雲への移転ととらえている。

ところで、曽我遺跡で石材として使用された滑石の一部は和歌山のものである。その産出地は、紀ノ川南岸の現在の和歌山市小倉地区・貴志川町・桃山町の一帯であった(11)。なかでも和歌山市小倉地区の下三毛には規模の大きな滑石採掘地が存在していたが、この地は古語拾遺に紀伊忌部の拠点の一つとされる御木郷の比定地である(12)。すなわち、紀伊忌部の拠点とされる御木郷の地は滑石の産出地であり、曽我遺跡に玉の石材として滑石を供給したのは紀伊忌部氏であったとみられるのである。

紀伊忌部氏は古語拾遺では、木材を伐採し殿舎を造営して王権に奉仕する地方忌部とされているが、古くは滑石を石材とする玉作にも関与していたとみられる。曽我遺跡の工房では、紀伊忌部氏配下の工人が滑石製の玉生産に従事し、碧玉製の玉生産に従事する出雲の工人とも交流（協働）していたと考えられる(13)。そうした交流のなかで紀伊忌部氏から出雲の工人に砥石用の紅簾片岩が供給されていたことは次節で取り上げる。

また曽我遺跡における玉生産の現業管理は、後の中央忌部氏の前身集団が担っていたとみられ、出雲の工人は当然、その管下にあった。以上のように、曽我遺跡の玉作工房においては、後の中央忌部氏、紀伊忌部氏、出雲玉作の工人が密接な関わりをもって活動していたと考えられ、王権の玉作工房が曽我遺跡から出雲へ移る際、紀伊忌部氏はこうした関係を前提として、出雲における新たな玉作体制にも関わったとみることができる。平所遺跡の埴輪窯跡の出土遺物にみられる紀伊の影響はこのような紀伊忌部氏の関与の反映と考えてみたい。

前章で、出雲国意宇郡の忌部神戸が紀伊国名草郡の紀伊忌部氏の奉斎社である鳴神社に所属する神戸であり、この関係は紀伊忌部氏の奉仕する大殿祭に出雲の玉が用いられるという祭儀のあり方を背景とするものと推察した(14)。この点からも憶測を述べると、紀伊忌部氏は曽我遺跡の段階で大王の居所となる殿舎の造営を行なうとともに(15)、その殿舎の霊威に関わる祭祀を行ない、その際に御木郷で産出された滑石で作られた玉が用いられたのではなかろうか。そして六世紀中葉以降、王権の神聖視する玉の生産地が出雲に移り、それに伴い大王の御殿祭祀に用いられる玉も出雲で作られるようになると、紀伊忌部氏が出雲に出向いて、前代に引き続きその玉の生産に何らかの形で関与したのではないかと考えられる。

## 五　出雲玉作遺跡から出土する紅簾片岩製玉砥石の石材産出地をめぐって

このような出雲玉作と紀伊忌部氏との関係を解明する上で、島根県内の玉作遺跡から出土する紅簾片岩製玉砥石が有力な手がかりとなる。

島根県内の玉作遺跡から紅簾片岩製玉砥石が多量に出土していることはよく知られている。この砥石は出雲の玉作遺跡に特徴的な遺物の一つで、古墳時代中期（五世紀）以降の遺跡から出土するようになる。この砥石の石材産出地については、すでに岩石学・地質学的な検討が行なわれており、徳島県の吉野川流域～和歌山県の紀ノ川流域の三波川変成帯とする分析結果が得られている(16)。こうした理化学的な分析結果を受けて、歴史学の側からは、このような遠隔地から出雲に玉砥石の石材が供給されているのはなぜか、その産出地と出雲との間にいかなる関係があるのか、また弥生時代以来の出雲玉作の歴史のなかで、古墳時代中期以降にこの砥石が導入されるようになるのはなぜかといった紅簾片岩製玉砥石をめぐる歴史的背景が追求されなければならない。

この紅簾片岩製玉砥石は、曽我遺跡でも多量に出土している(17)。曽我の工房には、列島内の主要な玉の石材産出地から石材とともに工人も移入させて玉の生産が行なわれたが、出雲からも花仙山の碧玉が供給され、それとともに工人が出向して出雲独特の技法で玉作を行なっていたのである。一方、曽我の工房では滑石製模造品の生産も盛んに行なわれたが、上述のようにその石材の滑石の一部は和歌山の紀ノ川流域から供給されたとみられている。紀ノ川下流域の和歌山市小倉地区、紀の川市桃山町周辺には滑石の鉱脈がみられるが、実はここには紅簾片岩の露頭も存在するのである。こうした点に注目した、曽我遺跡の調査担当者である関川尚功は、曽我遺跡から出土する紅簾片岩製玉砥石の石材は滑石とともにこの紀ノ川下流域から搬入されたものであり、出雲にも曽我の工房を通じて搬出されたのではないかと推測した(18)。

この関川説で注目すべき点は、理化学的な分析からは「徳島県の吉野川流域～和歌山県の紀ノ川流域」と漠然とした範囲しか示せなかった紅簾片岩の石材の産出地を明確に特定している点である。すなわち、曽我に供給された和歌山県紀ノ川下流域の滑石の産出地に近接して、紅簾片岩も産出することから、その地を曽我遺跡出土の、ひいては出雲玉作遺跡から出土する紅簾片岩製玉砥石の石材産出地ととらえているのである。

関川が滑石・紅簾片岩の石材産出地と指摘した地域のなかにある和歌山市小倉地区三毛の地は、前節で指摘したように、古語拾遺にみえる紀伊忌部氏の拠点の一つ「御木郷」の有力な比定地である。とすると、この地から滑石・紅簾片岩を曽我遺跡に供給したのは紀伊忌部氏であったということになる。このような関川説に依拠すれば、島根県出土の紅簾片岩製玉砥石は和歌山県の紀伊忌部氏の拠点の地から産出した石材によるものということになり、出雲における玉作に紀伊忌部氏が関与したとみる私見とも整合するのである。しかし関川説には若干の問題点があるので、その点を指摘しておきたい。

関川説で問題となるのは、曽我遺跡の消滅後も出雲では玉砥石が出土しているという点である。六世紀中葉、曽我の工房が玉の生産を停止し、王権の玉作工房は出雲の花仙山周辺に移される。松江市玉湯町の史跡出雲玉作跡や堂床遺跡、平床Ⅱ遺跡などがこれに相当するが、ここからも多量の紅簾片岩製玉砥石が出土している。曽我の工房が稼動している段階においては、出雲から曽我に出仕した工人によって持ち込まれたという関川の解釈で説明できるが、王権の玉作工房が出雲に移った段階においては、紅簾片岩はどのようにして出雲に運び込まれたのであろうか。筆者は紀伊忌部氏によって出雲に搬入されたのではないかと考えている。

上述のように、六世紀中葉の欽明朝を画期として部民制や祭官制が成立する。そのなかで忌部氏が組織され、王権の玉作体制の転換、すなわち曽我から出雲への王権玉作工房の移転がおこるのであるが、これらは欽明朝期の体制変革に伴う一連の現象である。

曽我の王権玉作工房を管掌していたのは忌部氏の前身集団であり、その段階では専ら玉を扱っていたとみられる。その集団が、六世紀中葉に祭官制の成立に伴い新たな祭祀の方式が導入されてその幣帛・祭器・祭具の作成や祭料の調達を担当する中央伴造忌部氏として組織されたのである。そのなかで玉は忌部氏が扱う幣物の一つとされて、王権の工房が出雲に移転されて生産されることになったのである。

先にも述べたが、忌部氏は中央伴造である忌部氏と地方伴造である地方忌部氏（紀伊忌部氏・阿波忌部氏・讃岐忌部氏・安房忌部氏など）とそれぞれの配下の部民（忌部）によって構成されており、地方忌部が供給する祭料や幣帛を用いて中央で忌部氏が王権・国家の祭祀に奉仕するという体制をとる。このような忌部氏・忌部の組織化が行なわれるなかで、曽我遺跡に滑石や紅簾片岩を供給し王権の玉作に深く関与していた紀伊の集団は、紀伊忌部の一部として組織されたのであるが、出雲における新たな王権の玉生産にも引き続き関与することとなったとみられる。

花仙山周辺の一帯は律令時代には忌部神戸となるが、この神戸が紀伊忌部氏の奉斎社である名草郡の鳴神社の神戸であること、(19)また王権玉作工房の移転とほぼ同時期、松江市の平所遺跡から紀伊国の忌部神戸に比定地の所在する井辺八幡山古墳の埴輪を作成した工人と技術的つながりを有する工人の作製した埴輪が出土していることなどから、(20)紀伊忌部氏による出雲東部や花仙山周辺への進出を確認することができ、紀伊忌部氏が王権玉作工房の移転後、出雲の玉作工房においても王権の玉生産に関与した可能性は高い。

以上のような歴史的背景を踏まえて、曽我遺跡の玉生産停止後、出雲に紅簾片岩を供給したのは紀伊忌部氏であったと想定することができるのである。

以上本章では、次の二点について指摘した。まず律令時代、出雲国意宇郡の忌部神戸において天皇の霊威に関わる玉が作られたこと、そして同地がそのような王権の玉作工房とされるのは六世紀中葉の欽明朝期にさかのぼり、日本古代史のなかで出雲が特殊な地域として位置づけられるのは、同時期に出雲が王権唯一の玉生産の地とされることを契機とするものであったことである。

本書では、ヤマト王権と出雲との関係を考察していくなかで、出雲と紀伊の密接な関係に注目してきたが[21]、本章でも、王権の玉作工房が大和の曽我遺跡から出雲に移るに際して紀伊忌部氏が大きく関与した可能性を示した。

第五章で述べたように、六世紀中葉に成立した垂直的他界観に基づく王権の宗教的世界観では、出雲は現世における他界との結節点と位置づけられており、それは前代の世界観の紀伊の位置づけが移されたものであった。この新しい垂直的な宗教的世界観の成立に忌部氏・紀伊忌部氏の関与した可能性が考えられる。この点の検討は今後の課題である。

## 註

（1）ただし『古語拾遺』にみえる各地の地方忌部が「○○国忌部」とされているなかで、クシアカルタマを祖とする出雲国だけは「出雲国忌部」ではなく「出雲国玉作」とされている点については注意を要する。この意味をどのように理解するか、今のところ説得力のある解釈は得られていない。しかし、出雲の忌部神戸において玉作を行なった集団が出雲忌部と称していなかったとしても、忌部氏の行なう祭祀に供する玉を生産しており、地方忌部の一つとみることは問題ない。

（2）今日一般に流布している『出雲国風土記』の諸テキスト（例えば岩波日本古典文学大系本など）には、ほとんどこの校訂が採用されている。

（3）本書第六章。『松江市史』史料編三古代・中世Ⅰ（松江市、二〇一三年）は筆者の校訂案を採用している。

（4）本書第十二章。

（5）『橿原市曽我遺跡―調査簡報―』奈良県立橿原考古学研究所、一九八三年。

（6）上田正昭「祭官の成立」（『日本古代国家論究』塙書房、一九六八年）、岡田精司「日奉部と神祇官先行官司」（『古代王権の祭祀と神話』塙書房、一九七〇年）。

（7）寺村光晴「出雲国玉作の諸問題」（『山陰考古学の諸問題』山本清先生喜寿記念論文集刊行会、一九八六年）。

（8）『重要文化財平所遺跡埴輪窯跡出土品復元修理報告書』（島根県教育委員会、一九八一年）。

（9）前掲註（5）書。なお山岡邦章によれば、曽我遺跡の滑石全体の二割程度が和歌山産であるという（山岡「和歌山県における滑石採掘遺跡の研究」『古墳時代の滑石製品』第五十四回埋蔵文化財集会、二〇〇五年）。

（10）米田克彦「古墳時代玉生産の変革と終焉」（『考古学ジャーナル』五六七、二〇〇八年）。

（11）山岡邦章「あら川石筆山考」（『紀伊考古学研究』三、二〇〇〇年）、山岡前掲註（9）論文。

（12）薗田香融「岩橋千塚と紀国造」（『日本古代の貴族と地方豪族』塙書房、一九九二年）。

（13）忌部・忌部氏の成立は、平林章仁が指摘するように六世紀中葉の新たな祭祀体制の創出に伴うものであり（平林『蘇我氏の実像と葛城氏』白水社、一九九六年）、この時、王権祭祀に奉仕していた諸集団（卜占集団、祭祀用品・用材の作製貢納集団等）が中臣・卜部・忌部に編成されたと理解している。このような理解によれば、曽我遺跡の段階では忌部・忌部氏はまだ成立していないことになるが、ここではこの段階の紀伊の玉作・御殿造営集団について、これが後の紀伊忌部・紀伊忌部氏につながるという見通しから、便宜的に紀伊忌部と記す。

（14）本書第六章。

(15) 古語拾遺によれば御木郷の紀伊忌部が御殿の用材を伐採したという。
(16) 渡辺暉夫・勝部衛「島根県玉湯町出土の結晶片岩製内磨砥石の原石供給地に関する考察」(『考古学と自然科学』一六、一九八三年)。
(17) 前掲註(5)書。
(18) 関川「古墳時代における畿内玉生産」(『末永先生米寿記念献呈論文集』乾、末永先生米寿記念会、一九八五年)。
(19) 本書第六章。
(20) 前掲註(8)書。
(21) 本書第五章、第六章。

# 第Ⅲ部　ヤマト王権の新嘗と祈年祭

# 第八章　ヤマト王権の新嘗と屯田
## ―顕宗三年紀二月条・四月条に関する一考察―

稲作農耕社会を基盤とする日本の古代王権の祭儀のなかで、その最高首長である天皇（大王）が行なう新嘗（ニイナメ）の神事は、最も重要な祭儀であったといえる。律令制下の天皇の新嘗は、神祇令に規定されているように仲冬（十一月）中卯日に行なわれた。即位後はじめての新嘗は大嘗と称され、畿外に設けられたユキ・スキ斎郡に卜定されたユキ・スキ斎田で収穫された稲が用いられ、ユキ殿・スキ殿を中心とする大嘗宮が造営されて、天皇はそこで新嘗の神事を行なった。その後毎年の新嘗では畿内の官田の稲が用いられ、天皇の神事は中和院神嘉殿で行なわれた。こうした律令制下の大嘗・新嘗については六国史にみえる関係記事や神祇令およびその義解・集解、延喜式や儀式といった法制史料や儀式書からその内容を知ることができる。

しかし、律令国家以前のヤマト王権の段階における大王の新嘗については、記紀に断片的・伝承的な記事がみられるのみで、その具体像については十分明らかにされていない(1)。そこで本章では、ヤマト王権の新嘗について考えてみたい。

その手がかりとして日本書紀顕宗三年二月条と四月条に注目する。この記事の意味するところを正確に理解することによって、ヤマト王権の新嘗の実像の一端が明らかとなってくるのである。

## 一　顕宗三年紀二月条・四月条と解釈の視点

顕宗三年紀二月条・四月条に次のような記事がみえる。

三年の春二月の丁巳の朔に、阿閉臣事代、命を銜《う》けて、出でて任那に使す。是に、月神、人に著《かか》りて謂りて曰はく、「我が祖高皇産霊、預《そ》ひて天地を鎔造せる功有します。民地を以て、我が月神に奉れ。若し請の依に我に献らば、福慶あらむ」とのたまふ。事代、是に由りて、京に還りて具に奏す。奉るに歌荒樔田を以てす。〈歌荒樔田は、山背国の葛野郡に在り。〉壱岐県主の先祖押見宿禰、祠に侍《つか》ふ。

夏四月の丙辰の朔庚申に、日神、人に著りて、阿閉臣事代に謂りて曰はく、「磐余の田を以て、我が祖高皇産霊に献れ」とのたまふ。事代、便ち奏す。神の乞の依に田十四町を献る。対馬下県直、祠に侍ふ。

皇祖神の起源に関する伝承としてこの記事に注目したのは、上田正昭であった[2]。タカミムスヒは、記紀の高天原神話においてアマテラスと並んで重要な地位を占める神で、アマテラスよりも古い王権の最高神（皇祖神）であったが、この伝承において、タカミムスヒは日神・月神の祖で、「天地を鎔造せる」神という他にはみられない同神の属性が述べられている。上田は、タカミムスヒの性格や王権最高神として定着する経緯を解明する手がかりとして、この伝承に着目したのである。

上田はこの伝承について、①日神・月神の神がかりする場所が壱岐と対馬であること、②日神・月神がその託宣にタカミムスヒを「我が祖」と表現したこと、③壱岐・対馬は対朝鮮関係の外交上の要地で万葉集にも遣新羅使が壱岐で卜占を行なうことが歌われており、しかも両者には宮廷に重きをなした卜部集団があり、ヤマト王権との関わりは密接であることなどの点を重視して、次のような見解を示した。

（1）伝承中の月神は延喜神名式にみえる壱岐郡の月読神社で、壱岐県主の奉斎神であり、日神は同じく下県郡の阿麻氐留神社で、対馬下県直の奉斎神である。

（2）タカミムスヒと日神・月神の関係について、延喜神名式の壱岐郡に高御祖神社、下県郡に高御魂神社がみえ、両島においてタカミムスヒを日神・月神の祖とする神統意識があった。

（3）対馬の日神＝阿麻氐留とその祖タカミムスヒの伝承が宮廷社会に導入されて皇祖神化した。

（4）顕宗三年紀の記事は、壱岐の月神が山背国葛野郡へ、対馬のタカミムスヒが大和国十市郡へ、それぞれ分祀されたことを記す。

このような上田の見解に対して私見を述べると、（1）には首肯できるが、他には問題があるといえる。まず（2）について、上田は両島の日神・月神がタカミムスヒを「我が祖」とすることを両島固有の伝承と理解するが、地方豪族が中央との結びつきを主張するために、自らの奉斎神や祖先を中央の神や氏族の系譜に結びつけることは、常套手段として行なわれていることである[3]。両島に祀られているタカミムスヒは、壱岐県主・対馬下県直がヤマト王権との密接な結びつきをもった後に、自らの奉斎神である日神・月神を王権の最高神タカミムスヒの系譜につなげ、それを主張する意味で祀られていると理解したほうがよいであろう。

次に（3）については、王権の最高神が地方神の勧請、昇格によって成立するようなことが、実際にあり得るかという点で疑問である。この点については、伊勢神宮の祭神を地方神の昇格とする説に対して岡田精司が批判していることと全く同じであり、大王が地方の弱小豪族の守護神を〝皇祖神〟にするようなことは、世界の宗教史の上でも全く例をみない[4]。また仮にタカミムスヒの本源が壱岐・対馬にあったとしても、上田の論考からは、それが畿内に遷祀されて、どのような経路を経て宮廷祭祀にとりこまれて最高神となっていったのか、そのプロセスが明らかでない。

（4）については、上田は顕宗紀記事中の「祀に侍ふ」の意味を神社の分祀と理解しているが、記事を素直に読む限り、「祀に侍ふ」対象は歌荒樔田・磐余田という田地についてであり、文脈からは神社の分祀と解釈することはできない。

以上のように、上田のタカミムスヒや顕宗三年紀の記事の理解については、多くの点で疑問点が見出されるのである。

そこでここでは、上田とは別の視点からこの記事について検討したいと思う。

まずこの記事の主題、すなわちこの記事は何について述べようとしているのかを明らかにしておきたい。

二月条・四月条の要点は次のようにまとめることができる。

〔二月条〕タカミムスヒを祖とする月神が阿閉臣事代に託宣して、月神のための田地を要求し、歌荒樔田が奉献された。壱岐県主の祖がその田地の祠に奉仕した。

〔四月条〕タカミムスヒを祖とする日神が阿閉臣事代に託宣して、タカミムスヒのための田地を要求し、磐余田が奉献された。対馬下県直がその田地の祠に奉仕した。

このように、要点を整理してこの記事の主題を求めるならば、ここで述べられていることは、神（月神・タカミムスヒ）に田地が奉献されたということであり、田地が奉献された神のことを述べた記事ではない。このなかで最も主要な要素は神に奉献された田地、すなわち歌荒樔田・磐余田とみるべきである。

以上のようにみなせば、この顕宗紀の記事は、歌荒樔田・磐余田を中心に解釈されなければならないことになる。そこでここでは、歌荒樔田・磐余田の検討を通してこの記事にアプローチしたい。

## 二　天狭田・長田と歌荒樔田・磐余田

歌荒樔田・磐余田の性格を考察する手がかりとして、書紀四神出生神話の第十一の一書にみえる神話に注目したい。

既にして天照大神、天上に在しまして曰はく、「葦原中国に保食神有りと聞く。爾、月夜見尊、就《ゆ》きて候《み》よ」とのたまふ。月夜見尊、勅を受けて降ります。已に保食神の許《もと》に到りたまふ。保食神、乃ち首を廻して国に嚮ひしかば、口より飯出づ。又海に嚮ひしかば、鰭《はた》の広《ひろもの》・鰭《はた》の狭《さもの》、亦口より出づ。又山に嚮ひしかば、毛の麁《あらもの》・毛の柔《にこもの》、亦口より出づ。夫の品の物悉に備へて、百机に貯へて饗たてまつる。是の時に、月夜見尊、忿然《いか》り作色《おもほてり》して曰はく、「穢《けがらわ》しきかな、鄙《いや》しきかな、寧ぞ口より吐《たぐ》れる物を以て、敢へて我に養《あ》ふべけむ」とのたまひて、廼《すなは》ち剣を抜きて撃ち殺しつ。然して後に、復命して、具に其の事を言したまふ。時に天照大神、怒りますこと甚しくして曰はく、「汝は是悪しき神なり。相見じ」とのたまひて、乃ち月夜見尊と、一日一夜、隔て離れて住みたまふ。是の後に、天照大神、復天熊人を遣して往きて看しめたまふ。是の時に、保食神、実に已に死れり。唯し其の神の頂に、牛馬化為る有り。額の上に粟生れり。眉の上に蚕生れり。眼の中に稗生れり。腹の中に稲生れり。陰に麦及び大小豆生れり。天熊人、悉に取り持ちて去きて奉進《たてまつ》る。時に、天照大神喜びて曰はく、「是の物は、顕見《うつ》しき蒼生《あをひとくさ》の、食ひて活くべきものなり」とのたまひて、乃ち粟稗麦豆を以ては、陸田種子《はたつけつもの》とす。稲を以ては水田種子《たなつもの》とす。又因りて天邑君を定む。即ち其の稲種を以て、始めて天狭田及び長田に殖う。其の秋の垂《たり》穎《ほ》、八握《やつかほ》に莫莫然《しな》ひて、甚だ快し。又口の裏に蚕を含みて、便ち絲《いとひ》抽くこと得たり。此より始めて養蚕の道有り。

この一書の中心的なモチーフとなっているウケモチ神の殺害とその死体からの五穀等の化成の神話については、比較神話学や民族学から、東南アジア～中国江南に広く分布する雑穀栽培型の焼畑農耕文化にみられる五穀の種子や農耕の起源を物語る神話であることが明らかにされている(5)。またこの類型の神話は、焼畑農耕文化の文化複合として日本に伝わったとみられている(6)。しかし、この一書の神話は、そのような類型のモチーフに基づきながらも、その主題はけっして焼畑農業の起源などを述べたものではない。

この一書のウケモチ神の死体からの五穀化成以降の展開を整理すると、次のとおりである。

（a）ウケモチ神の死体から牛・馬・粟・蚕・稗・稲・麦・大豆・小豆が化成した。
（b）アメノクマヒトがそれを取り持って、天上のアマテラスに奉進。アマテラスは大いに喜んだ。
（c）アマテラスは粟・稗・麦・豆を「陸田種子」とし、稲を「水田種子」とした。
（d）「天邑君」を定めた。
（e）その稲種を天狭田・長田に植えた。
（f）秋には豊作であった。
（g）養蚕も行なわれるようになった。

このなかで（a）（c）（e）に着目すると、（a）では様々な動植物の化成を記しながら、それらが天上にもたらされると、（c）では植物の種子のみが記述の対象となり、しかも畑作物の種子と稲種に区別され、さらに（e）では対象が完全に稲種にしぼられる。このように、この一書の神話の後半の展開は、ウケモチ神の死体に化成した動植物の種子のなかからしだいに稲の種子に焦点がしぼられていき、最終的にその稲種が天狭田・長田に植えられて、秋にはそれが稔るというように、稲作農耕の起源を物語る構成になっているのである。（なお（g）の養蚕の起源は、付加的な印象が強い。）

こうしてみると、この一書の主題は（e）に収束するといえる。この神話は、地上から天上にもたらされた稲種をアマテラスが播いて、天上の稲作農耕が開始されたことを物語っているのである。

また天上の稲作の開始は、同時に天狭田・長田の成立を意味している。天上にもたらされた稲種は不特定の田地に植えられたのではなく、天狭田・長田という特定の田に植えられたのであった。狭田のサ・サヲトメ（五月女）やサツキのサで神稲を意味し、長田のナガは、「祈年祭祝詞」にみえる「長御饌の遠御饌」という表現のナガで美称の接頭辞であり、したがって天狭田・長田の名義は、天上の狭い田、長い田という意味ではなく、神稲を植える田という意味に理解できる。(7) つまり第十一の一書の主題は、このような天狭田・長田の成立とみなすこともできるのである。

ところで、この神話は次の点で顕宗三年紀の歌荒樔田・磐余田の伝承との共通性、関連性が指摘できる。まず両者とも天狭田・長田、歌荒樔田・磐余田という田地の成立または奉献を述べているが、それらの田地はともに王権の最高神のための田地であるという点で共通する。すなわち前者はアマテラス、後者はタカミムスヒ（とそれを祖とする月神）の田地であった。次に両者とも日神・月神が活躍することである。一書のアマテラスが日神で、ツクヨミが月神であることはいうまでもない。一書では日神が主、月神が従という関係であるのに対して、顕宗紀では日神・月神がそれぞれ独立しているという違いもあるが、両者とも日神、月神の働きによって、すなわち一書では日神の司令と月神の天降りによって、顕宗紀では日月両神の託宣によって、田地が成立するいきさつを物語っている。

また、第十一の一書と同系統の神話が山城国風土記逸文の桂の里の地名起源説話にみえる。(8) 桂の地は山背国葛野郡に属するが、このことから、第十一の一書の原伝承がこの地域に伝えられていた可能性が想定できる。一方、顕宗紀の歌荒樔田は分注にあるとおり山背国葛野郡に所在した。延喜神名式山城国葛野郡の葛野坐月読神社は、歌荒樔田と関係を有する神社と思われるが（後述）、風土記逸文のツクヨミとの関係も考慮されよう。要するに、第十一の一書と顕宗紀の、特に二月条は、伝承の地盤を同一にしているのである。

なお第十一の一書については、その作成に渡来人の関与したらしいことが指摘されている。[9] ウケモチ神の死体から動植物が化成する部分で、人体各部の名称とそこから化成する動植物の名称が、朝鮮語の発音で類似または一致していることが明らかにされており、[10] このことからこの神話の作成に朝鮮語のわかる人、恐らくは渡来人の関与した可能性が考えられている。この神話の原伝承が山背国葛野郡に伝わっていたことを考慮するならば、神話作成にたずさわった渡来人として秦氏を想定することができる。秦氏は葛野郡一帯に本拠をおいていた。[11] 一書の最後に付加的に養蚕の起源が述べられていることも、養蚕と密接な関わりをもつ秦氏[12]の作成とみることで説明できるかもしれない。歌荒樔田の歌は、葛野郡の地名宇太であるが、葛野郡宇太の地はまさに秦氏の勢力の中心であった。[13]

以上のように、第十一の一書と顕宗紀の伝承は、内容においても、伝承の基盤においても、共通性・類似性・関連性を認めることができるのである。

このようにみると、一書の神話にみえる天狭田・長田は、当面の考察の対象としている歌荒樔田・磐余田と共通した性格を有する田地とみなすことができるのではなかろうか。とするならば、天狭田・長田の性格を明らかにすることによって、歌荒樔田・磐余田の性格を理解することができるであろう。

## 三　王権の新嘗と屯田

天狭田・長田は書紀天岩戸神話の本文にもみえる。それによると、「天照大神、天狭田・長田を以て御田としたまふ」とあり、天狭田・長田は御田であったという。御田とは屯田のことである。(14) そこで屯田について検討を加えたい。

書紀仁徳即位前紀に倭の屯田の話がみえる。

> 是の時に、額田大中彦皇子、将に倭の屯田及び屯倉を掌らむとして、其の屯田司出雲臣が祖淤宇宿禰に謂りて曰はく、「是の屯田は、本より山守の地なり。是を以て、今吾、将に治らむとす。爾は掌るべからず」といふ。時に淤宇宿禰、太子に啓す。太子、謂りて曰はく、「汝、便ち大鷦鷯尊に啓せ」とのたまふ。是に、淤宇宿禰、大鷦鷯尊に啓して曰さく、「臣が任れる屯田は、大中彦皇子、距《さまた》げて治らしめず」とまうす。大鷦鷯尊、倭直が祖麻呂に問ひて曰はく、「倭の屯田は、元より山守の地と謂ふは、是如何に」とのたまふ。対へて言さく、「臣は知らず。唯し臣が弟吾子籠のみ知れり」とまうす。是の時に適《あた》りて、吾子籠、韓国に遣されて未だ還ず。爰に大鷦鷯尊、淤宇に謂りて曰はく、「爾躬《みずか》ら韓国に往りて、吾子籠を喚せ。其れ日夜兼ねて急に往れ」とのたまふ。乃ち淡路の海人八十を差して水手とす。爰に淤宇、韓国に往りて即ち吾子籠を率て来り。因りて倭の屯田を問ひたまふ。対へて言さく、「伝に聞る、纏向玉城宮御宇天皇の世に、太子大足彦尊に科せて、倭の屯田を定めしむ。是の時に、勅旨は、『凡そ倭の屯田は、毎《つね》に御宇す帝皇の屯田なり。其れ帝皇の子と雖も、御宇すに非ずは、掌ること得じ』とのたまひき。是を山守の地と謂ふは、非ず」とまうす。時に大鷦鷯尊、吾子籠を額田大中彦皇子

のみもとに遣して、状を知らしむ。大中彦皇子、更に如何にといふこと無し。乃ち其の悪きを知しめせれども、赦して罪せず。

ここにみえる倭の屯田（以下倭屯田と記す）の性格については、倭直の祖吾子籠の言葉から明らかである。それによれば、倭屯田は、常に天皇（大王）に所属する屯田であり、たとえ皇子といえども即位しなければ管掌することはできないという、まさに王位に関わる特殊な田地であった。応神天皇没後の菟道稚郎子と大鷦鷯尊が皇位を譲りあっている最中に額田大中彦皇子が倭屯田を掌ろうとしたのは、皇位を得ようとしたからに他ならない。

屯田は、令制の官田に引き継がれる。官田は、田令置官田条に、

凡畿内置二官田一、大和、摂津各卅町、河内、山背各廾町、（以下略）

とあり、畿内に計一〇〇町が設置されていた。令集解同条所引の「古記」には、

古記云、畿内置二屯田一、不輸租、屯田謂御田供御造食料田耳、

とあり、大宝令では屯田と称したこと、さらには「供御造食料田」であったこと、すなわち天皇に直属していたことがわかる。

また令義解田令役丁条、令集解同条所引の「古記」によれば、官田（屯田）には宮内省から管理の役人として田司（大宝令では屯司）が派遣されていた。

以上のような令制官田の性格や管理方式は、倭屯田が天皇に直属し、屯田司（仁徳即位前紀では淤宇宿禰）に管理されることと一致しており、官田は令制以前の屯田のあり方を継承していると理解することができる。

このような理解に従って、次の点に注目したい。延喜宮内式10新嘗官田稲条によると、

凡新嘗祭所レ供官田稲及粟等、毎年十月二日、神祇祐、史各一人率二卜部一、省丞、録各一人率二史生一、共向二大炊

　　寮一、卜下定応レ進二稲粟一国郡上、[15]（以下略）

とあるように、令制の新嘗祭では官田から収穫された稲・粟が使用されており、令制以前の王権の新嘗儀礼においても、屯田で収穫された稲（粟）[16]が使用されたものと思われる。すなわち、屯田は新嘗用の斎田となる田地であったと考えられるのである。

　倭屯田が大王（天皇）に直属し、王位に関わる重要な田地とされる意義は、それが大王のとり行なう新嘗儀礼に用いられる稲を収穫する斎田となる田地であるという点に求めることができるのではないか[17]。王の行なう新嘗は、王が稲霊と一体化して稲霊（穀霊）の体現者として再生する祭儀である[18]。すなわち、王は新嘗をとおして稲霊の霊力を身につけたのである。新嘗用の稲は他と聖別された特定の稲が用いられるが、それは新嘗がそれを実修する者に特定の霊力を付すために行なわれる祭儀だからである。倭屯田には、大王が身につける霊威の根源となる稲が生育すると観念されており、そのような理由によって王権による新嘗の斎田となり、また他の介入を許さない大王直属の田地とされたのであろう。

　以上の考察に基づけば、アマテラスの御田（屯田）である天狭田・長田についても同様な指摘が可能となる。

　延喜大炊式28供御料稲粟条、

　　凡供御料稲粟、並用二官田一、〈中宮、東宮、斎宮亦同、但斎宮者在京之間供之、〉（以下略）

とあるように、官田の稲・粟は天皇の他に、皇后・皇太子・斎王がそれを食することができた。皇太子は次の皇位継承者であり、皇后は天皇の神的側面の巫女的な役割をもった女性であるから[19]、天皇直属の官田の稲粟を食する資格は十分に有するといえる。そして、これらの他に皇祖神アマテラスを奉斎する巫女である斎王が官田の稲粟の食にあずかるということから、官田は天皇に直属すると同時に、皇祖神アマテラスに直属する田地であったことがわかる。神話の天狭田・長田がアマテラスの屯田とされているのは、このことを反映しているのであろう。

また天狭田・長田の管理者として第十一の一書に「天邑君」が定められているが、これは田司や屯田司に相当する者といえよう。

そしてさらに、天狭田・長田が新嘗の斎田であることは、高天原の農耕と新嘗を描いている書紀天岩戸神話本文の文脈から明らかである。

以上、歌荒樔田・磐余田に類するとみられる神話中の天狭田・長田がアマテラスの屯田であり、屯田が大王（天皇）、皇祖神（王権最高神）に直属し、王位にも密接に関わる、王権の新嘗用の斎田とされる神聖な田地であることを確認した。このような考察に大過なければ、歌荒樔田・磐余田の実態は屯田であるという結論に到達し、さらに王権の新嘗用の斎田とみなすことも可能となる。

屯田（御田）は「御産田」とも称された[20]。これは令集解職員令宮内省条所引の「穴云」に、「屯田及園地所レ生。謂之産也。」とあるように、屯田に作物が生成することを「産」の字を用いて表記することに基づいている。それでは「御産田」は何と読まれたのであろうか。

「御産田」はアラス田、あるいはミアレ田と読むのではなかろうか。歌荒樔田はウタ（地名の宇太）のアラス田であり、宇太の地に所在するアラス田＝屯田と理解することができる。アラスは産《あ》るの他動詞で、神霊の誕生を意味している[21]。一方の磐余田については、磐余は大和盆地東南部の地名であるが、あらためてその名義を考えてみると、イハ（磐）アレ（現《あ》れ）、すなわち磐座などに神霊の出現（ミアレ）する意を示しているのではなかろうか。両田の名義をこのように理解すると、ともにアレ・アラスという神霊の誕生・出現の意を含むことになり、屯田を意味する「御産田」の名義と通じることになる[22]。

## 四　顕宗三年紀二月条・四月条の解釈

以上のような歌荒樔田・磐余田の理解に従って、次に顕宗三年紀二月条、四月条の解釈を試みたい。

まず、両田の「祠に侍」えた壱岐県主・対馬下県直がともに卜部として王権に仕えた豪族であったことをみておこう。

延喜臨時祭式によれば、神祇官の卜部は伊豆・壱岐・対馬の三国から卜術に長ずる者が選ばれたことが知られるが、令集解職員令神祇官条所引の「古記」にはさらに詳しく次のようにみえる。

（前略）津嶋上県国造一口、京卜部八口、厮三口、下県国造一口、京卜部九口、京厮三口、伊岐国造一口、京卜部七口、厮三口、伊豆国嶋直一口、卜部二口、厮三口、斎宮卜部四口、厮二口、伊岐二口、津嶋二口、伊豆二口、国造直丁等、各給㆓厮一口㆒、（以下略）

この「津嶋上県国造」「（津嶋）下県国造一口」「伊岐国造一口」「伊豆国嶋直一口」は、三国の国造の同族から貢ぜられた上級の卜部であり、各「京卜部」がこれら国造出身の卜部の統属下におかれた（京卜部は三国から神祇官に奉仕するために京に移住させられた伴部であったとみられる[23]）。顕宗紀の壱岐県主はここにみえる「伊岐国造」であり、対馬下県直は、「（津嶋）下県国造」である。

また壱岐県主の先祖とされる押見宿禰は、三代実録貞観十四年四月二十四日条の卜部是雄（伊岐宿禰是雄）の卒伝に、

是雄者、壱岐嶋人也、本姓卜部、改為㆓伊伎㆒、始祖忍見足尼命、始㆑自㆓神代㆒、供㆓亀卜事㆒、厥後子孫伝㆓習祖業㆒、

備二於卜部一、（以下略）

とある忍見足尼命と同一人物であり、壱岐の卜部氏の伝説的祖先であった。

次に、卜部が新嘗の斎田と密接な関わりを有していることを述べたい。

王権の新嘗に用いられる稲を出す斎田は、卜部によって卜定されていた。令制新嘗祭では、いずれの国郡の官田から収穫された稲粟を新嘗祭に用いるか、毎年十月二日、卜部が大炊寮において卜定する。(24) 大嘗祭においてもユキ・スキの国郡、斎田は卜部が卜定した。(25)

卜部は単に斎田を卜定しただけではなく、新嘗の斎田で行なわれる諸祭儀にも携わっている。この点を大嘗祭の斎田の行事についてみてみよう。

延喜践祚大嘗祭式によれば、大嘗祭の年の八月上旬にユキ・スキの斎郡へ卜部が二人ずつ派遣される。一人を稲実卜部、一人を祢宜卜部と称す。斎郡到着後の卜部は、まず、大祓をしたあと、おおよそ次のことを掌る。

（1）斎田（抜穂田）、斎場を卜定し、造酒児や稲実公などの雑色人を卜定する。

（2）斎院に祀られた御膳八神を祭る。

（3）抜穂にあたり、国郡司以下雑色人を率いて斎田に導く。

（4）収穫された稲を京へ運ぶ際に、国郡司とともに雑色人を率いる。

ユキ・スキの斎郡に中央から派遣された使者は卜部二人だけであった。そして以上にみたように、卜部は斎田に関する祭儀を主導する役割を負っていたのである。

以上、顕宗三年紀記事中の壱岐県主・対馬下県直が卜部であること、卜部は王権の新嘗の斎田の儀に深く関与したことを確認した。これに基づけば、壱岐県主・対馬下県直が歌荒樔田・磐余田の「祠に侍」えることの意味は容易に理解できよう。

歌荒樔田・磐余田は、前節で考察したように王権の屯田であり、そこに新嘗の斎田が卜定されたのだが、斎田の「祠」に卜部である壱岐県主や対馬下県直が奉仕する（侍ふ）とは、大嘗祭における卜部の斎田での職掌（2）にみた、御膳八神の奉斎に対応する内容を意味しているのであろう。大嘗祭のユキ田・スキ田のかたわらの斎場に祀られた御膳八神を卜部が奉斎したように、新嘗の斎田である歌荒樔田・磐余田の近くにも同様な神の祀られた祠があり、卜部である壱岐県主・対馬下県直がそれを奉斎したのである。

御膳八神とは、御歳神・高御魂神・庭高日神・大御食神・大宮女神・事代主神・阿須波神・波比岐神の八神であるが、このなかに顕宗三年紀に神徳が語られているタカミムスヒの名がみえていることは注目されよう。後述するように、王権最高神であったタカミムスヒは新嘗の神であり、御膳八神の中心であった。顕宗紀で月神や日神によってタカミムスヒの徳が顕彰されているのは、そのような新嘗の神として賞讃されているのであり、歌荒樔田や磐余田の祠にも祀られ、壱岐・対馬の卜部の奉斎の対象となったものと思われる。

さらに考察を進め、顕宗三年紀二月条・四月条の全体についての解釈を試みよう。両条は、卜部による新嘗用の斎田卜定記事として理解することができる。

記事中の日神・月神は上田の指摘するように、対馬・壱岐の卜部の奉斎神であるが、それらの神が下した託宣を、阿閉臣事代なる審神者的人物が受けて、歌荒樔田・磐余田という新嘗用の斎田の奉献が示されたというのは、要するに、卜部の卜占によって新嘗に供すべき斎田が卜定されたことを意味するのであろう。そして卜定された歌荒樔田と磐余田の祠に壱岐・対馬の卜部が侍えるのは、先に述べたとおり卜部が斎田に祀られた神の奉斎に携わったことを意味するのである。

阿閉臣事代は、斎田が卜定されるプロセスのなかの一機能としての審神が擬人化されたものと思われる。大嘗祭に祀られた御膳八神のなかに事代主神がみえることと関連するのであろう。

なおコトシロヌシが御膳八神に固有の神でないとする見解があるので、その点にふれておきたい。

神祇官西院の八神殿に祀られている「御巫祭神八神」は、令制下では伊勢神宮の祭神とならぶ王権の守護神であったが[26]、それを構成する神は御膳八神と四神を共通にし、両者は同じ原形から分化発展したものと考えられている[27]。両者に共通するタカミムスヒ・ミケツカミ・オホミヤノメ・コトシロヌシがその原形として考えられるが、このうちコトシロヌシについて、西田長男は、壬申の乱の際にコトシロヌシの託宣が大海人皇子を守護したことによりこれらに後次的に加えられたものと理解した[29]。しかしここでみたように、コトシロヌシの審神的機能は王権の新嘗の、とくに斎田卜定の要素のなかに本質的に備わっているものとみられ、後から加えられた神とみなす必要はない。壬申の乱最中の託宣は、王権の託宣神という本来の性格を発揮したとみるべきであろう。次章以下で述べるように、コトシロヌシは王権の祈年祭の中心的な祭祀対象となる神である。

歌荒樔田・磐余田という二ケ所の田地が選定されているのも、新嘗の斎田卜定の記事とする理解には整合的である。大嘗祭ではユキ田・スキ田、新嘗祭には稲用と粟用の二所の官田が卜定されるように、王権の新嘗儀礼においては必ず二ケ所の斎田が卜定されている。神話における天狭田・長田や狭名田・渟浪田もこのような慣行の反映であろう。

なお、顕宗紀の記事は全体的に物語的な印象が強く、史実の裏づけを全くもたぬものであり[30]、その一部を構成している本条の記事の内容も、顕宗三年（四八七）の史実でなく、後世の伝承が書紀編纂の際、挿入されたものとみるべきであろう。伝承の成立年代は、壱岐・対馬の卜占集団が王権の卜部に編成される時期が六世紀中頃の欽明朝であること、(31)秦氏による葛野地域の開発が六世紀末〜七世紀初とみられることから、七世紀以降と考えられる。(32)四月条に「田十四町を献る」と具体的な数値が示されており、何らかの史実に基づいて形成された伝承と思われる。

## 五　王権新嘗の神と屯田

最後に、タカミムスヒと新嘗および屯田との関係について考察したい。

タカミムスヒが新嘗の神であり、かつ王権の最高神であることは多くの先学が指摘している。(33)タカミムスヒのタカは美称、ミは尊称であり、ムスヒの意味にその名義の本質がある。ムスヒのムスは生成を意味し、苔むすやムスコ（息子）ムスメ（息女）のムスと同義であり、ヒは霊威を意味し、火・日に通じる。すなわち、ムスヒとは霊威の生成を意味する語であり、タカミムスヒの名義は、高貴な霊威生成の神という意味であった。(34)

そのような神がなぜ新嘗の神とされているのであろうか。

農耕儀礼としての新嘗は稲霊の再生の儀であった。稲作民には、稲に稲霊という霊威が存在するとする信仰がある。春に播種される種籾にこもった稲霊は、発芽・生長・開花・稔りをもたらすエネルギーとなり、秋に収穫された後にはその霊力を使い果たして「死」の状態に陥ることになる。そこでその霊威（＝ヒ）を再び生成（＝ムス）させる儀礼が行なわれるのであるが、(35)それが新嘗の祭儀なのである。つまり新嘗とはムスヒの儀に他ならない。

そしてタカミムスヒが王権の最高守護神とされるようになるのは、次のような理由による。倭屯田の例でみたように、王権の斎田に作られる稲にこもる稲霊の霊威は大王の霊威そのものであり、それを年ごとに再生させるムスヒの力は大王の威力をも再生させ、さらには王権の永続をも保証する神秘な力であった。このようにタカミムスヒは王権

**表4**　畿内のタカミムスヒ・アマテルミムスヒの神を祀る神社および関連する神社

| | 所在国郡 | 神社名 | 社格、幣帛に預かる祭儀 |
|---|---|---|---|
| a | 山城国乙訓郡 | 羽束師坐高御産日神社 | 大、月次、　　新嘗 |
| b | 山城国葛野郡 | 木嶋坐天照御魂神社 | 名神大、月次、相嘗、新嘗 |
| c | 山城国久世郡 | 水主坐天照御魂神社 | 大、月次、相嘗、新嘗 |
| d | 大和国添上郡 | 宇奈太理坐高御魂神社 | 大、月次、相嘗、新嘗 |
| e | 大和国城上郡 | 他田坐天照御魂神社 | 大、月次、相嘗、新嘗 |
| f | 大和国城下郡 | 鏡作坐天照御魂神社 | 大、月次、　　新嘗 |
| g | 大和国十市郡 | 目原坐高御魂神社 | 大、月次、　　新嘗 |
| h | 摂津国嶋下郡 | 新屋坐天照御魂神社 | 名神大、月次、相嘗、新嘗 |
| 参考 | | | |
| b' | 山城国葛野郡 | 葛野坐月読神社 | 名神大、月次、　　新嘗 |
| c' | 山城国綴喜郡 | 樺井月神社 | 大、月次、　　新嘗 |
| i | 河内国高安郡 | 天照大神高座神社 | 大、月次、　　新嘗 |

の最高守護神にふさわしい機能を有していたのであった。王権の新嘗の神として最高守護神の地位にあったタカミムスヒの姿は、王権の新嘗を反映する天孫降臨神話の本来の主神がタカミムスヒであること(36)、書紀神武即位前紀で神武が自らタカミムスヒを「顕斎《うつしいはひ》」（タカミムスヒと一体化すること）して「粮《くらひもの》」を食して勢力を再生する伝承は新嘗を反映しているとみられることなど(37)、神話や伝承のなかで確認することができるのである。

大嘗祭ではユキ・スキ斎田のかたわらに御膳八神が祀られ、そのなかにタカミムスヒが祀られているが、御膳八神においてはタカミムスヒは他の七神と対等に並祀されている。しかし、以上にみたようにタカミムスヒがその中心であることはまちがいなかろう。令制以前の王権の新嘗儀礼においても、その斎田のかたわらの斎場に御膳八神の原形、おそらくはタカミムスヒを中心とした神々が祀られ、それが顕宗紀の「祠」に相当することは前節で述べたとおりである。

次にその「祠」の実態について考察したい。

歌荒樔田・磐余田が王権の新嘗用の斎田に卜定された屯田であったとすると、その近辺にタカミムスヒなど新嘗の斎田の神

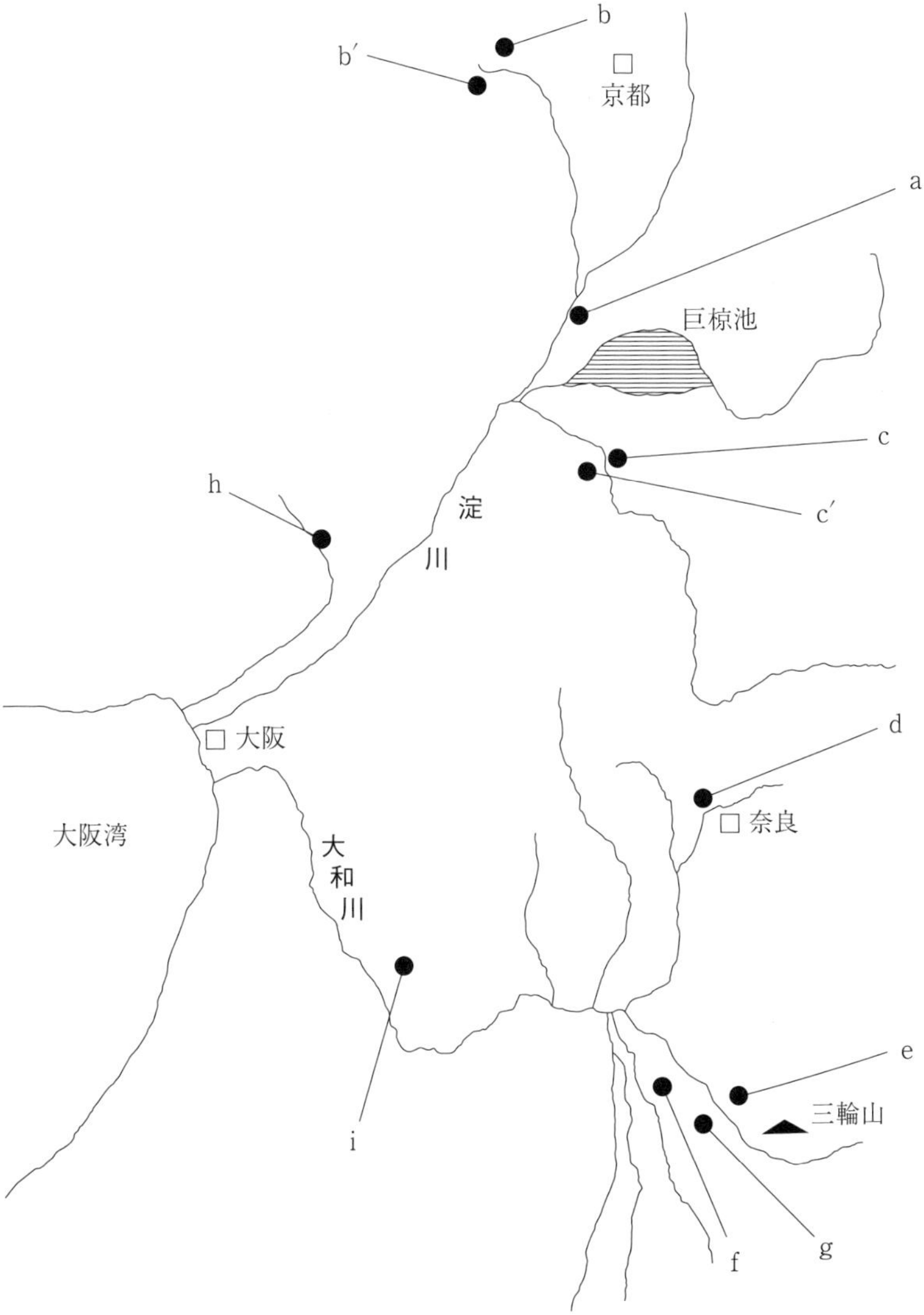


図３　畿内のタカミムスヒ・アマテルミムスヒを祀る神社の分布

が祀られていたとみられる。歌荒樔田の所在した山背国葛野郡宇太の付近には、延喜神名式にみえる木嶋坐天照御魂神社が、磐余田の所在した大和盆地東南部の磐余の地域には、同式にみえる目原坐高御魂神社があり、それぞれ両田に新嘗の斎田の神として祀られていた神が常設化した神社とみられる。天照御魂はアマテルミムスヒと読むべきであり[38]、タカミムスヒではないが、おそらく王権の最高守護神がタカミムスヒからアマテラスへ移行する過渡期段階を示す神名と思われる[39]。アマテルは太陽神的な性格を表す形容詞であり、その名義の中心はムスヒに求められることから、この神は王権最高神としてのムスヒの神＝王権新嘗の神とみなしてさしつかえない。山城国風土記逸文に、久世郡水度神社の祭神として天照高弥牟須比命という神名がみえており、天照御魂神の名もこの神名と同じ名義であったとみられる。

なお歌荒樔田については、顕宗紀二月条の記事では、田地がタカミムスヒを祖とする月神に奉献されており、この点を考慮すると、あるいは延喜神名式葛野郡の葛野坐月読神社も斎田に祀られた神であったかもしれない。

ところでこのような視点を逆からみると、タカミムスヒ・アマテルミムスヒの神が祀られている神社の近辺には屯田が存在した可能性が考えられる。

延喜神名式から畿内のタカミムスヒ・アマテルミムスヒの神を祀る神社をとりあげると、表4のとおりである。個別の神社についてみると、gの所在地が太田市という地名であること、eの所在地の字名が太田であること、hの近くに太田神社があり[40]、それを奉斎する中臣大田連の祖は、新撰姓氏録摂津国神別によると、壱岐の卜部の祖で顕宗紀にもみえる御身宿禰（＝押見宿禰）であることも注目される。大田の語が屯田と関係することは直木孝次郎が指摘している[41]。またcの東約一・五キロの地に所在する水度神社の祭神は天照高弥牟須比命で、cと関連する神社かと思われるが、その近くに三田坂の地名がある[42]。さらに天平二年の「大和国正税帳」には十市郡・城下郡・添上郡の記載に屯田がみえ、g、f、dとの関係が考えられる。

以上の点から、a～hのタカミムスヒ・アマテルミムスヒの神社が、新嘗の斎田に祀られた神の祠が常設化した神社であり、その近辺に屯田が置かれていた可能性は十分考えられよう。

なお、歌荒樔田について葛野坐月読神社を考慮したように、月神にも目を配るならば、山城国綴喜郡の樺井月神社も考えに入れてよい。この神社の本来の所在地は綴喜郡大住郷であり、cの久世郡の水主坐天照御魂神社とは郡を異にするが、木津川をはさんだ対岸で近接しており、さらに中世以降はcと同一の地に祀られていることから[43]も、両者に密接な関係が認められる。歌荒樔田における木嶋坐天照御魂神社と葛野坐月読神社のような関係が想定できるかもしれない。

続日本紀大宝元年四月丙午条に、

勅、山背国葛野郡月読神、樺井神、木嶋神、波都賀志神等神稲、自レ今以後、給二中臣氏一

という記事がみえる。この月読神・樺井神・木嶋神・波都賀志神は、それぞれ表のb'、c'、b、aに相当する。これらの神社の神稲のことが述べられているが、この神稲が栽培された田地こそ屯田であろう。中臣氏がその神稲を受けることの意義は、神祇官の官人として新嘗祭に関与すること、とりわけ中臣氏は卜部を管掌する立場にあること[44]が考えられる。大宝令の完成、施行に伴う新しい新嘗祭に関わる問題への対応とみられる。

また、屯田の遺制である官田は大和・摂津・河内・山背に置かれていたが、畿内のムスヒの神社から屯田の所在地を推定する方法では、河内国にムスヒの神を祀る神社を見出すことができず、河内の二〇町の官田について説明することができない。そこでムスヒの神ではないが、高安郡の式内社、天照大神高座神社に注目したい。この神社は畿内で唯一皇祖神アマテラスを祀る特殊な神社である[45]。先に考察したように、官田は天皇に直属すると同時に皇祖神（王

権最高神）にも直属した。したがっておそらくこの神社に官田が付属していたものと思われる。斎王は在京中は官田の稲粟を食したが、[46]河内の官田は斎王の料田だったのではなかろうか。

次に、畿内のムスヒの神社の分布をみると、大和川水系グループと淀川水系グループとにはっきりと二分されることがわかる。（図3参照）

大和川水系グループについてみると、dを除けば、すべて狭義のヤマトの範囲に含まれる。広くは日本全体を、一般には大和国をさし示すヤマトという地名の本来の範囲は、奈良盆地東南部の初瀬川・寺川・纒向川の流域で、三輪山と香具山を結んでできる範囲である磯城・磐余・十市の一帯であるという。[47]この地域には、記紀の所伝によれば歴代天皇の多くの宮が置かれており、ヤマト王権の重要な基盤であったことは疑いない。そのような地域に屯田が設置されるのは必然的なことであろう。

岸俊男は、仁徳即位前紀の倭屯田の所在地について、大和国城上郡・城下郡・十市郡の郡境の一帯で、興福寺大乗院領の出雲庄の地に相当するという。[48]その地はgの目原坐高御魂神社に近接している。gは磐余田の斎田の神であった。このことから、顕宗三年紀にみえる磐余田と、仁徳即位前紀の倭屯田は同一の田地であったいうことができる。

なお、dの宇奈太理坐高御魂神社については、近辺に佐紀盾列古墳群という巨大古墳群があり、[49]五世紀に多くの皇妃を出した和邇氏の勢力範囲であることから、[50]王権との関係は密接な地域とみなされる。

一方の淀川水系グループは、六世紀以降の王統の祖となる継体大王の勢力基盤に所在する。hの所在地は現在宮内庁が継体天皇陵としている太田茶臼山古墳と近接しており、真の継体陵である今城塚古墳とも近い。この地には安閑紀によれば竹村屯倉が設置され三島県主によって管理されるが、その管下に屯田が置かれていたのであろう。aの所在する乙訓は継体大王の宮の一つである弟国宮があったとされ、継体の勢力基盤であったことはまちがいない。また

ｃの周辺には久津川古墳群があり、このエリアは古くからの南山城の中心地で、継体大王の支持勢力が存在していたとみられる。この地域には推古十五年紀にみえる栗隈大溝の開削により開発が行なわれ、それに伴って屯田も設置されたとみられる[51]。ｂの所在地山城国葛野郡は、先述のように渡来系氏族秦氏によって開発が行なわれたが、その一部が屯田とされたのであろう。

また淀川水系グループにのみみられる月神を祀る屯田は、憶測であるが、畠地の屯田（陸田の屯田）ではなかろうか。令制新嘗祭では官田から収穫された稲と粟が用いられたが、十世紀の事例ではあるが、天暦六年の新嘗祭では、稲は山城国葛野郡、粟は山城国綴喜郡のものが用いられている[52]。前者はｂ木嶋坐天照御魂神社近接の屯田からの稲、後者はｃ樺井月神社近接の屯田からの粟とみることができるとすると、月神を祀る樺井の屯田に畠地があったことになるからである。このような仮定に従うならば、顕宗三年紀二月条・四月条は、月神に奉献された歌荒樔田は粟、タカミムスヒに奉献された磐余田は稲をそれぞれ出す屯田として卜定されたという解釈も成り立つのである[53]。ヤマト王権の故地に集中する大和川水系グループの屯田に比べて、淀川水系グループの屯田が成立するのは後の段階であるとみられるが、王権の新嘗儀礼に稲とともに粟もその対象として使用される慣行が成立するのは、淀川水系グループの屯田の成立を契機とするのではなかろうか[54]。

以上、本章では日本書紀顕宗三年二月条・四月条の記事の分析、解釈をとおしてヤマト王権の新嘗の実像の一端を明らかにした。本条にみえる歌荒樔田・磐余田は屯田であり、この記事では卜部によって卜定された新嘗用の斎田であった。ヤマト王権の新嘗は、王権の直轄地である屯田に卜定された斎田の稲を用いて行なわれていたのである。その儀は律令制下の毎年の新嘗に継承されている。

また本条にみえるタカミムスヒ、月神も王権の新嘗に関わる神であることを指摘した。畿内に分布するタカミムスヒ、アマテルミムスヒなどのムスヒの神を祀る神社および月神を祀る神社は、新嘗の斎田の神の常設化とみられ、その近辺に屯田が存在したとみられるのである。

なお、本章で取り上げた仁徳即位前紀の倭屯田の記事のなかに、屯田司として出雲臣の祖オウノスクネが登場することに注目しておきたい。出雲臣は出雲国造を勤める氏族だが、そのような出雲臣の伝説的な祖先がなぜ屯田司となっているのであろうか。ここにはヤマト王権の新嘗儀礼の展開に関わる重大な問題が内在する。この点については終章で論及したい。

**註**

（1）かつて岡田精司は、令制前代の王権の新嘗の本質を服属儀礼ととらえ、その新嘗は地方豪族（国造）が供進した諸国の国魂の象徴ともいうべき聖なる御酒・御饌を天皇（大王）が飲食することによって、王権への服属が確認されるニイナメ・ヲスクニ儀礼であったとする説を提唱した（「大化前代の服属儀礼と新嘗」『古代王権の祭祀と神話』塙書房、一九七〇年）。しかし後に岡田は、新嘗の神事に服属儀礼の要素は認められず、その後の豊明の宴の場で地方首長の服属の誓いがなされたと、説を修正している（「大嘗祭の神事と饗宴」『古代祭祀の史的研究』塙書房、一九九二年）。

（2）上田正昭「神話における高木神」（『小葉田淳教授退官記念国史論集』史学研究会、一九七一年）、同『日本神話』（岩波書店、一九七〇年）。

（3）新撰姓氏録では壱岐直（右京神別）、津嶋直（未定雑姓摂津国）はともに中臣氏と同祖関係となっている。また同書によれば、タカミムスヒは大伴、佐伯、弓削、忌部、玉造ら多くの伴造系の神別氏族の祖とされている。

（4）岡田精司「伊勢神宮の成立と古代王権」（前掲註（1）『古代王権の祭祀と神話』）。

（5）大林太良『稲作の神話』（弘文堂、一九七三年）。なおA・E・イエンゼンはこのような女神または神的女性の殺害による農業起源神話を「ハイヌウェレ神話系」と総称している（大林他訳『殺された女神』弘文堂、一九七七年）。
（6）大林前掲註（5）書。
（7）岩波日本古典文学大系本『日本書紀』上、一〇二頁頭注。
（8）同逸文は次のとおり。

山城の風土記に云はく、月読尊、天照大神の勅を受けて、豊葦原の中国に降りて、保食の神の許に到りましき。時に、一つの湯津桂の樹あり、月読尊、乃ち其の樹に倚りて立たしましき。其の樹の有る所、今、桂の里と号く。

（9）松前健「須佐之男命崇拝とその神話の形成」（『日本神話の形成』塙書房、一九七〇年）。
（10）田蒙秀「上古に於ける稲作と稲及び米の名にみる日鮮関係」（『国学院雑誌』四九―四）、前掲註（7）書、一〇二頁頭注。
（11）和田萃「山城秦氏の一考察」（京都大学考古学研究会『嵯峨野の古墳時代』一九七一年）。
（12）和田前掲註（11）論文。
（13）和田前掲註（11）論文。
（14）令集解田令置官田条所引の「古記」に「屯田謂御田」とある。
（15）神道大系『延喜式（下）』（神道大系編纂会、一九九三年）。以下延喜式巻二十八以降の引用は、同書による。
（16）令制以前の新嘗儀礼に粟が用いられたか否かは定かでないのでカッコを付した。
（17）屯田が大王に直属することの意義として、王権固有の経済基盤という経済的側面が当然重視されるべきである。ここではその点を了解しつつ、屯田の宗教的意義を重視したい。
（18）農耕儀礼としての新嘗と王権の祭儀としての新嘗は次元を異にする。前者は稲霊（穀霊）の再生を主たる目的とする（柳田国男「稲の産屋」（『定本柳田国男集』一、筑摩書房、一九六三年）、坪井洋文「年中行事の地域性と社会性」（『日本民俗学大系』七、日本民族学会、一九六一年）、石塚尊俊「納戸神をめぐる問題」（『日本民俗学』二―二）などを参照。それに対して後者はそのような農耕儀礼を基盤にして王の霊威の更新を目的とする。松前健「大嘗祭と記紀神話」（『古代伝承と宮廷祭祀』塙書房、一九七四年）、岡田前掲註（1）論文、吉村武彦「古代王権における男女関係史論」（『歴史学研究』五四二、一九八五年）などを参照。

(19) 山尾幸久「ヤマト政権の男王位の継承」（『日本古代王権形成史論』、岩波書店、一九八三年）。

(20) 令集解田令置官田条所引「穴云」。

(21) 前掲註（7）書、五二五頁、頭注。

(22) 後述するように、屯田は稲霊（穀霊）を生成させるムスヒの神と密接な関係を有するが、ムスヒは「産日」とも表記される（例えばタカミムスヒを高御産日神）。これに基づけば「御産田」の名義はムスヒのムスと関連して理解できるかもしれない。

(23) 平野博之「対馬・壱岐卜部について」（『古代文化』一七―三、一九六六年）、井上辰雄「卜部の研究」（『古代王権と宗教的部民』柏書房、一九八〇年）。

(24) 延喜宮内式10新嘗官田稲条。本章第三節に引用。

(25) 延喜践祚大嘗祭式9抜穂条。

(26) 岡田精司『神社の古代史』（大阪書籍、一九八五年）。

(27) 松前前掲註（18）論文。

(28) 日本書紀天武元年七月条。

(29) 西田長男「八神殿の成立」（『日本神道史研究』第八巻、講談社、一九七八年）。

(30) 岡田精司「顕宗・仁賢大王の伝承とその虚構性」（説話・伝承学会『説話と歴史』桜楓社、一九八五年）。

(31) 平野前掲註（23）論文、井上前掲註（23）論文。

(32) 和田前掲註（11）論文。

(33) 松前前掲註（18）論文、岡田精司「古代王権と太陽神」（岡田前掲註（1）『古代王権の祭祀と神話』）、溝口睦子『王権神話の二元構造―タカミムスヒとアマテラス』（吉川弘文館、二〇〇〇年）など。

(34) ムスヒおよびタカミムスヒの名義については、本居宣長『古事記伝』の説が通説化しており、筆者もそれに従う。ただその機能について、宣長は万物を生成する霊力としているが、筆者は新嘗における稲霊再生および王威の更新に限定して理解している（三品彰英「大嘗祭」〈『古代祭政と穀霊信仰』平凡社、一九七三年〉を参照）。
(35) 穀霊信仰についてはフレーザー／永橋卓介訳『金枝篇』（岩波文庫、一九六六―六七年）、エリアーデ／堀一郎訳『大地・農耕・女性』（未来社、一九六八年）、柳田前掲註（18）論文などを参照。
(36) 三品彰英「天孫降臨神話異伝考」（『建国神話の諸問題』平凡社、一九七一年）。
(37) 肥後和男「古代伝承と新嘗」（にひなめ研究会『新嘗の研究』一、学生社、一九七八年）。
(38) 松前健「天照御魂神考」（『松前健著作集』第九巻、おうふう、一九九八年）、同「尾張氏の系譜と天照御魂神」（同前書）では、天照御魂をアマテルミタマと読み、尾張氏の奉斎した皇祖神アマテラスとは別の太陽神であるとされているが、その説は採らない。
(39) 最高守護神の変化については、岡田前掲註（33）論文、溝口睦子前掲註（32）書を参照。
(40) 吉田東伍『大日本地名辞書』。
(41) 直木孝次郎「人制の研究」（『日本古代国家の構造』青木書店、一九五八年）。
(42) 吉田前掲註（40）書。
(43) 吉田前掲註（40）書。
(44) 横田健一「中臣と卜部」（『日本古代神話と氏族伝承』塙書房、一九八二年）。
(45) 岡田前掲註（34）論文。
(46) 延喜大炊式28供御料稲粟条（本章第三節に引用）。
(47) 和田萃「ヤマトと桜井」（『桜井市史』桜井市役所、一九八一年）。
(48) 岸俊男「『額田部臣』と倭屯田」（末永先生米寿記念会編『末永先生米寿記念献呈論文集』坤、一九八五年）。
(49) 河上邦彦「佐紀盾列古墳群」（森浩一編『探訪日本の古墳』有斐閣、一九八一年）。

（50）岸俊男「ワニ氏に関する基礎的考察」（『日本古代政治史研究』塙書房、一九六六年）。
（51）京都府城陽市の正道官衙遺跡は屯田の管理を行なう屯倉であったと考えられる（伊賀高弘「山城国久世郡に於けるミヤケ設定の可能性について」『奈良古代史論集』第一集、一九八五年）。
（52）類聚符宣抄所収の天暦六年十月六日太政官符。
（53）歌荒樔田には水田と陸田が存在したという理解になる。和田萃によると、葛野の地は標高も高く水利も悪いので、水田となしうる地は少なく、畠地（陸田）が大半を占めたであろうという（和田前掲註（11）論文）。
（54）山尾幸久は五世紀中葉以降に移住した渡来人の農耕技術は畑作主体であったと推定している（「雄略朝の史的位置」前掲註（19）書）。

# 第九章　ヤマト王権の祈年祭とその祭神・祭儀神話

神祇令に規定されている祈年祭は、神祇官によって執り行なわれる恒例の宮廷祭祀（四時祭）の一つで、稲作の豊穣を祈請する祭儀である。延喜四時祭式上3祈年祭条によれば、その次第は毎年二月四日、宮中の御巫と全国の神主・祝部らが神祇官に参集し、大臣以下の官人の参列のもとで、中臣が祝詞を読み聞かせ忌部が祝部等各々に幣帛を班賜する（班幣）という内容であった。全国の全官杜三一三二座を班幣対象とする祭儀は、四時祭のなかでは祈年祭が唯一であり、律令制の国家祭祀のなかでも最も中心的な祭儀であったといえる。そのため、祈年祭についての研究の蓄積は多く、主として律令国家あるいは律令天皇制との関連において祈年祭の研究が進められ、律令国家の神祇政策における祈年祭の重要性が指摘されている(1)。

そうした研究の蓄積によって律令制下の祈年祭についての認識は相当に深まったが、一方、これまでの研究ではこのような令制の祈年祭が律令国家以前のいかなる祭儀の系譜に連なるか、すなわち令制以前の祈年祭についてはあまり論及されてこなかった。

この問題をめぐって唯一本格的に論及しているのは岡田精司である。岡田は祈年祭で行なわれる班幣に着目し、それを「大化前代の直轄領としての官人直営型屯倉に対する種稲分与儀礼の伝統をひくもの」とした(2)。

この岡田説は、稲の豊穣を祈るという祈年祭の農耕祭祀としての宗教的な目的と班幣の原形や意義とを有機的に関連づけて令制前代の祈年祭のあり方を考察している点に特徴がある。しかし、このような理解とは別に井上光貞は、令制祈年祭はそれぞれに古い起源をもつ「祈年」の祭儀と「幣帛《へいはく》制」を結びつけて成立した祭儀であると指摘している。(3) 筆者も令制前代の祈年祭を検討するに際し、「祈年」という農耕祭祀の目的と「班幣」とは必ずしも一体のものとみる必要はないと考える。

本章では、祈年祭という祭儀の名称からもより本質的な前者の側面を考察の対象としたい。とくに祈年祭の祭神の性格を手がかりに、令制祈年祭の淵源となる令制以前のヤマト王権の祈年祭について検証を行なってみたい。

## 一　祈年祭の主祭神—御年神とコトシロヌシ—

祈年祭の祭神は、延喜四時祭式上3祈年祭条の冒頭に「祈年祭神三千一百三十二座」とあるように、全国の全官社三一三二座であった。ところが延喜祝詞式所載の祈年祭祝詞をみると、そこではすべての祭神に対してではなく、ある特定の神々に対してのみ称辞が述べられている。

祈年祭の祝詞にみえる神々を祝詞の詞章に従って列記すると次のとおりである。

A、御年の皇神等
B、大御巫の辞竟へまつる皇神等
C、座摩の御巫の辞竟へまつる皇神等
D、御門の御巫の辞竟へまつる皇神等
E、生島の御巫の辞竟へまつる皇神等

F、伊勢に坐す天照らす大御神
G、御県に坐す皇神等
H、山口に坐す皇神等
I、水分に坐す皇神等

Aは穀物とりわけ稲の稔りをもたらす神々である(4)。この代表として祝詞のなかで「御年神」が特記されている。B～Eは延喜神名式の「神祇官西院坐御巫等祭神廿三座」の神々である。Bは天皇の霊魂に関わる神で、鎮魂祭の祭祀対象であり天皇の身体の守護神といえる。またCは宮殿の敷地の守り神、Dは宮門の守り神、そしてEは古語拾遺に「是は大八洲之霊也」と書かれており、日本全体の国土の霊であった。これらB～Eの神々は天皇の守護神であり、国家最高神に準ずる地位にあった(5)。

Fはいうまでもなく皇祖神であり国家最高神である。

Gは天皇の食膳に供給する食物を栽培する王権の直轄地である大和の六つの御県、すなわち高市・葛木・十市・志貴・山辺・曽布の御県の神である。

Hは飛鳥・石村・忍坂・長谷・畝火・耳無の山口の神である。これら山口の神の性格については、祈年祭祝詞の称辞には、天皇の宮殿の建築用材の供給源としての神徳が称えられているが、それでは祈年祭に祭られることの意味がよくわからない。この神の性格は、広瀬大忌祭の祝詞の詞章に端的に表現されている。そこでは「倭の国の六つの御県の山口に坐す皇神」とあり、その「山々の口よりさくなだりに下したまふ水を甘き水と受けて」とあることから、本来は六つの御県の農耕用の水をもたらす神であったことがわかる(6)。

Iは吉野・宇陀・都祁・葛木の水分の神であり、大和盆地の農耕に関わる水の神である(7)。

祈年祭では以上のような性格の神々がとくに祝詞で称辞を受けているのであるが、これらの神々は、AおよびG〜Iは農耕関連神、とくに大和盆地を中心とする地域の農耕関連神とみられ、B〜Fは皇祖神・天皇守護神とみることができる。

これら祝詞のなかで称辞が述べられている神々は、祈年祭の祭神のなかでも別格の存在であったとみてよかろう。四時祭式の祈年祭条によれば、祈年祭では全官杜に一律に班賜される幣帛とは別に、とくに「馬一匹」あるいは「白馬・白猪・白鶏各一」が加えられる神々があったが、それらはすべて祝詞で称辞が述べられた農耕関連神、皇祖神・天皇守護神に含まれるものであり、これらが祈年祭の祭神の中核となるものであったことは疑いない。そしてそのなかでも最も重んじられたのが、祝詞の最初に称辞が述べられているAの「御年の皇神等」であった(8)。祈年祭とは字義に従って解釈すれば「年」を祈る祭である。「年」とは「稔」と同義で農作物（とくに稲）の稔りのことであり(9)、春の農耕開始に先だって稲をはじめとする農作物の豊かな稔りを祈願するのである。「御年の皇神等」とは「年」に「御」字が付されているように、王権の年神、稔りをもたらす神のことと理解できる。「等」とあることから王権の側からそのような信仰を受けた神々の総称であったと思われるが、個々にいかなる神が含まれるかは必ずしも明確ではない。しかし、それを代表する神が、祝詞のなかにとくに神名のあがっている御年神であることはまちがいない。この神は規定の幣帛の他に白馬・白猪・白鶏が加えられる唯一の神であり、そのことは祝詞にも特記されている。国家最高神である伊勢の「大神宮・度会宮」や神祇宮西院の「高御魂神・大宮女神」が「山口」の神や「水分」の神と同じく馬一匹を加えられるだけであったのに比べても、祈年祭において御年神が特別な待遇を受けていることがわかる。古語拾遺にも祈年祭で御歳神（＝御年神）に白馬・白猪・白鶏が奉献される由来が特筆されている。祈年祭の主祭神はこの御年神であったと考えられる。

それではこの御年神とはどのような神であったのだろうか。

この点について、神祇令祈年祭条集解の釈説が引用する古記の文に「別葛木鴨名為二御年神一祭日。白猪白鶏各一口」とあるのが注目される。この説によれば「葛木鴨」の神が御年神として祈年祭で祭られたとされているのである。この「葛木鴨」については早川庄八が指摘し(10)、西宮秀紀が詳細に検討して明らかとなったように(11)、大和国葛上郡の鴨都波八重事代主命神社に相当する。とすると祈年祭の主祭神である御年神とは具体的な神名でいうならば、コトシロヌシの神であったということになる。

祈年祭の主祭神となる御年神がコトシロヌシであったとすると、それでは祈年祭にコトシロヌシを祭ることにどのような意義があったのであろうか。そもそもコトシロヌシとはいかなる性格をもった神なのであろうか。

## 二　コトシロヌシの諸相

そこでまず古事記・日本書紀をはじめとする古代の文献史料にみえるコトシロヌシの諸相を通覧してみよう。

まず記紀では次のA～Dの四つの箇所にコトシロヌシが登場する。

A、記紀神話の「国譲り」の段

高天原のアマテラス・タカミムスヒは葦原中国に使者を派遣し、その主宰神である出雲のオオナムチ（オオクニヌシ）に支配権の譲渡を要求するが、オオナムチは子のコトシロヌシの意向をきくようにと述べ、コトシロヌシが国譲りを承諾したことによりオオナムチも高天原の要求を受け入れた。

B、神武天皇以下三天皇の妃

紀では初代神武天皇の妃ヒメタタライスズヒメと二代綏靖天皇の妃イスズヨリヒメをコトシロヌシの子、三代安寧天皇の妃ヌナソコナカツヒメをコトシロヌシの子である鴨王の子と伝えている。四代懿徳天皇の母がこのヌナソコナカツヒメであったことからすると、コトシロヌシは紀の天皇系譜において初代以降の四天皇に関わる存在であったことになる（図4参照）。

C、神功紀

神功皇后はアマテラス・コトシロヌシ・住吉三神の託宣によって新羅征討を行なう。また新羅征討を終え、新たに生まれた皇子を連れた皇后が難波への入港を阻害された時、アマテラス・ワカヒルメ・コトシロヌシ・住吉三神が祭祀を要求し、これらを祭ることによって皇后は入港を果たした。このときコトシロヌシは「長田国」に祭られた。

D、壬申紀（天武元年七月条）

壬申の乱のさなか、大海人方の軍勢が大和の金綱井に駐屯していた時、高市県主許梅に高市社のコトシロヌシと身狭社のイクタマ神が憑依して神武天皇陵に馬と兵器を奉ることを求め、大海人皇子を守護することを告げ、また西からの敵の来襲を知らせた。また村屋社の神も敵の攻撃を託宣し、これら三社の神に神階が授与された。

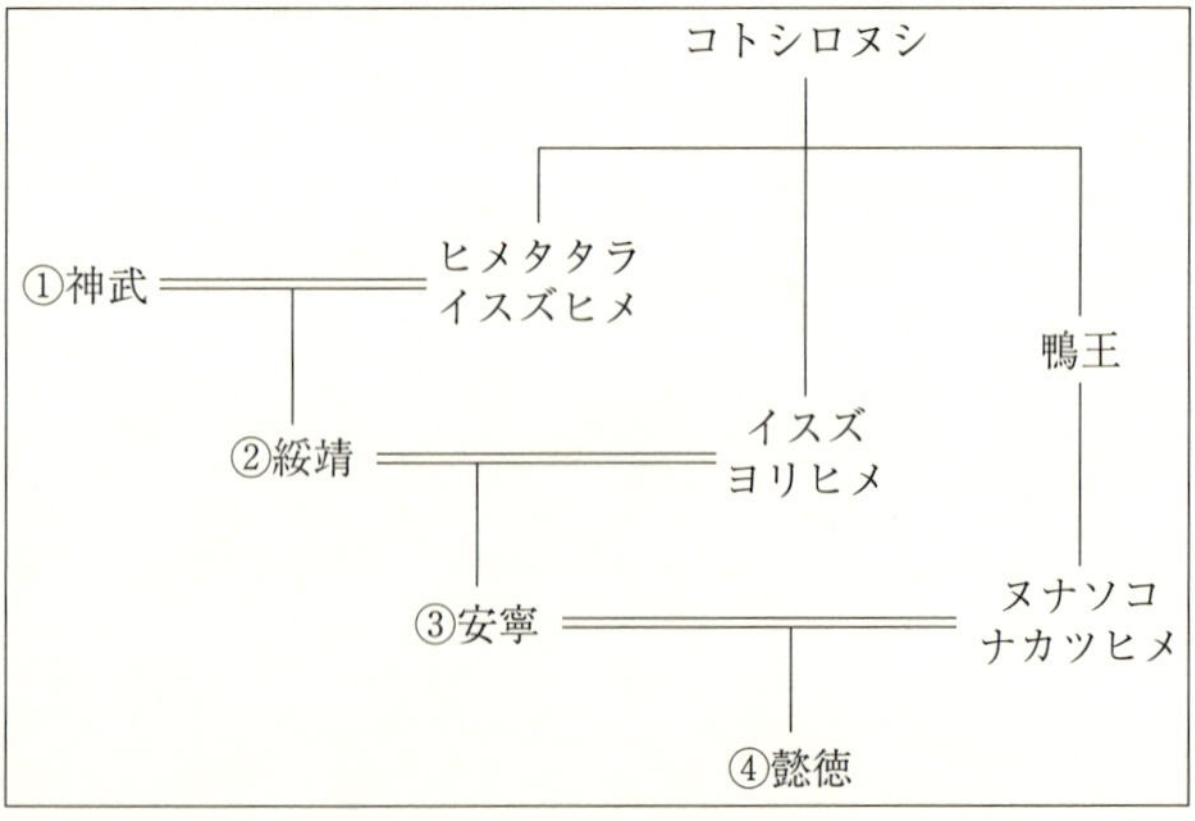

**図4**　神武以下三天皇の后妃とコトシロヌシ

また延喜祝詞式所載の出雲国造神賀詞の詞章のなかにも次のようにコトシロヌシがみえる。

E、出雲国造神賀詞

高天原に服属したオオナムチが自分の「和魂」を「ヤマトノオオモノヌシクシミカタマ」と名づけて「大御輪の神奈備」に配置し、御子神アジスキタカヒコネの「御魂」を「葛木の鴨の神奈備」に、コトシロヌシの「御魂」を「宇奈提」に、カヤナルミの「御魂」を「飛鳥の神奈備」にそれぞれ配置して「皇孫の命の近き守り神」として貢上し、自らは出雲の杵築の宮に静まった。

次に延書式にみえるコトシロヌシを祭る神社・神座をあげると、次のa～fである。

a、神祇官西院の御巫祭神八座に事代主神

b、大和国葛上郡に鴨都波八重事代主命神社

c、大和国高市郡に高市御県坐鴨事代主命神社

d、阿波国の阿波郡と勝浦郡にそれぞれ事代主神社

e、摂津国八部郡の長田神社

f、御膳八神に事代主神

a～dは延喜神名式に神名が明示されている。このうちcは壬申紀（D）で高市県主許梅をして大海人側を勝利に導く託宣を下した神である。Eでコトシロヌシの「御魂」を配置したという「宇奈提」にあたるのもcであろう。(12)

また神功紀（C）でコトシロヌシを「長田国」に祭ったとする神社がeに相当する。

fは延喜践祚大嘗祭式にみえる、大嘗祭のユキ郡・スキ郡の斎場および在京斎場の内院の「八神殿」にも祭られた神座で、そこにもコトシロヌシが祭られていた。

以上が古代の主な史料にみえるコトシロヌシである。一般にコトシロヌシについてはAの国譲り神話における同神

の存在がよく知られていることから、この神はオオナムチの子で高天原に服属する神であり、出雲の神という印象が強い。国譲り神話（A）やそれを前提とする出雲国造神賀詞（E）の詞章のみをみる限り、コトシロヌシのイメージは王権の支配に服する「敗北者」である。しかしそのような姿は、古代史料の各所にみえるコトシロヌシの性格からみると、むしろ特殊なものといえる。

aの宮中の神祇官西院八神殿に祭られる御巫祭神八座は、伊勢神宮のアマテラスと並ぶ皇室の最高守護神であり[13]、fの御膳八神は大嘗祭という王位に関わる祭儀の最も主要な祭神であった[14]。コトシロヌシはそのような王権の最高レベルの神々のなかに座を占めているのである。またBのようにコトシロヌシの子・孫が初代から三代までの天皇の皇妃となり、しかもその所生の子が必ず天皇となっていることもコトシロヌシの王権との深いつながりを物語っている。Cでは神功皇后に対するコトシロヌシの託宣が最高神であるアマテラスと並んで行なわれていることに注目すると、ここでもやはりコトシロヌシは王権の最高神に準ずる地位にいるのである。

コトシロヌシはb・cのように大和の在地神としても祭られている。しかしbは前節でみたように、令制の祈年祭で御年神として祭られている。cはDにみられるように王権守護の託宣も行なっており、単なる在地神とみなすわけにはいかないであろう。

以上のように、古代の主な史料にみえるコトシロヌシの様相は複雑である。王権最高神とともに祭られ王権を守護し、いわば、〝王権側の神〟という面をもつ一方、国譲り神話では高天原に服属し、〝王権に支配される側の神〟という、一見すると相矛盾する性格をもつ。また宮中に祭られるものもあれば、在地にも祭られるものもあるのである[15]。コトシロヌシのこのような諸相にはどのような意味があるのであろうか。

## 三　御膳八神の原像とその祭祀

コトシロヌシの性格を解明する糸口として、fの御膳八神に着目したい。御膳八神は、御年神・タカミムスヒ・ニワタカツヒ・オオミケ・オオミヤノメ・コトシロヌシ・アスハ・ハイキの八神であるが、このなかでコトシロヌシが御年神とともに祭られている点が注目される。祈年祭でコトシロヌシが御年神として祭られることも、この神座の祭儀の性格を手がかりとして解明されるものと思われる。

御膳八神は令制の大嘗祭のユキ・スキ斎田の傍らの八神殿に祭られる神である。大嘗祭は、令制前代のヤマト王権の新嘗の祭儀をもとに律令制に基づく天皇の国土支配を象徴する祭儀として形成された令制の王権祭祀であった(16)。ヤマト王権の新嘗儀は、前章でみたように王権の直轄地である畿内の屯田に斎田が設けられ、そこで収穫された神聖な稲を用いて行なわれるものであったとみられるが、大嘗祭におけるユキ・スキ斎田も系譜的には王権の屯田に設けられた新嘗の斎田とつながるものであり、ユキ・スキ斎田の傍らの御膳八神も、その原形は令制前代のヤマト王権の斎田の傍らに祭られた神座であったと考えられる(17)。

御膳八神の中心は王権の新嘗の神としての性格をもつタカミムスヒであった。ヤマト王権の新嘗は、大王の霊威を斎田で収穫された神聖な稲の稲霊と同一視する観念に基づいて行なわれる。その聖なる稲で調理された御酒・御饌を大王が飲食し稲霊と一体化して死と再生の儀礼が演じられ、それによって大王の霊威を再生させることに王権の新嘗の意義があった。このような新嘗の祭儀のなかで、稲霊を再生させる霊力を発揮したのがタカミムスヒである。この神の神名のタカ・ミは美称・尊称で、その語幹であるムスヒは霊威（＝ヒ）の生成・再生（＝ムス）を意味しており、この神の霊力によって稲霊とともにそれと一体化した大王の霊威も再生された。このようにタカミムスヒは新嘗の神であるとともに大王の霊威を保証する神でもあることによって、王権の最高神とされたのである(18)。

そしてこのような王権の新嘗儀の祭儀神話がタカミムスヒを司令神とする天孫降臨神話であった。天孫降臨神話の原形はタカミムスヒの指令によりホノニニギが降臨するという単純な内容のものであり、そこには斎田で収穫された神聖な稲の稲霊と同一化された大王の霊威がホノニニギに象徴され、それがタカミムスヒのムスヒの霊力で再生されて大王の霊威が更新されることを神話的に表現していた(19)。

ところで記紀神話の展開では、「天孫降臨」は「国譲り」を前提に行なわれている。国譲り神話と天孫降臨神話は連続した神話であり、両者は不可分の関係にあった。とすると、天孫降臨神話が王権斎田の新嘗の祭儀を反映する神話であるならば、それに連続する国譲り神話の原形も王権の斎田を舞台とする祭儀を反映する神話であったと理解することができるのではなかろうか。

国譲り神話では、タカミムスヒの命令を受けた使者が葦原中国のオオナムチのもとに降りて「国譲り」を要求するが、これに対して「国譲り」を行なうのはオオナムチであったとみるのが一般的な理解であろう。「国譲り」の場は出雲、「国譲り」する神はオオナムチ（大国主命）という認識は、記紀に描かれた神代史の根幹として国民的に定着しているといっても過言ではなかろう。しかし記紀のこの段をよくみると、記、紀の本文・一書のほとんどにおいて、天上の使者に対して実質的な国譲りの承諾を行なっているのはコトシロヌシなのである。例えば紀本文では、天上の使者に国譲りを迫られたオオナムチは「当に我が子に問ひて、然して後に報さむ」と述べて、コトシロヌシの意思を受けて国譲りに応じている。記紀のなかでこの国譲りの場面はここにあげた紀本文のほか、第一および第二の一書、記の四つの所伝があるが、紀第二の一書以外はすべてオオナムチが使者に対してコトシロヌシの意思を確認させている。また唯一オオナムチ自身が回答している書紀第二の一書でも、オオナムチの国譲りのあと、別にオオモノヌシとコトシロヌシがタカミムスヒに国譲りするという展開となっており、ここでもコトシロヌシの国譲りが行なわれているのである。

以上のように記紀の国譲り神話では、コトシロヌシがすべての所伝で国譲りを行なう神として重要な役割を担っている。後述するように、記紀にみえる国譲り神話は様々な要素を含む複雑な内容から構成されているが、このタカミムスヒの勅命によって国譲りが行なわれる神話の原形では、国譲りを行なう主体はコトシロヌシであったと考えられる。

御膳八神にはタカミムスヒと並んでコトシロヌシが祭られていたが、その原形であるヤマト王権の新嘗用斎田の神座にもこの両神が祭られていたとすると、このようなタカミムスヒとコトシロヌシの国譲り神話は、斎田で行なわれた、そのコトシロヌシに関する祭儀を反映した神話であったとみられるのである。

それでは国譲り神話に反映される王権斎田の祭儀とは何であったか。

先にみたように、令集解の神祇令祈年祭条釈説所引の古記によれば、令制祈年祭の主祭神とされる御年神は「葛城鴨」の神であり、コトシロヌシであった。延喜神名式の大和国葛上郡には通称「葛木鴨」と記される「鴨都波八重事代主命神社二座」とともに「葛木御歳神社」が並んで記載されている。古記の説は令制祈年祭におけるこの両社の有機的な関係を踏まえたものと推察されるが、一方御膳八神のなかでも御年神とコトシロヌシが並んで祭られている。この両神の関係は、葛上郡のコトシロヌシと御年神の関係に対応するものと考えることができるであろう。このような理解に基づくならば、斎田の祈年祭でも御年神およびコトシロヌシが中心的な祭神とされていた可能性が十分に考えられる。コトシロヌシが主人公となる国譲り神話（の原形）に反映される祭儀は、王権斎田の祈年祭であろう。

それでは、その国譲り神話には王権新嘗用斎田の祈年祭のどのような宗教的意義が反映されているのであろうか。

## 四　王権斎田の祭祀とその宗教的世界観

稲作農耕社会には稲作民固有の稲霊信仰が存在し、その信仰に基づいて稲作農耕祭祀が行なわれ豊穣や再生産が保証される。稲作農耕社会を基盤とするヤマト王権の王権祭祀も、多くが稲霊信仰に基づいて行なわれることになる。ここでいう稲霊信仰とはおおよそ次のようなものである。

稲には稲霊が宿る。稲霊は人の霊魂と同質のもので、人は米を食べて稲霊を取り入れて霊威を増強する。すなわち人の生命は稲霊の力によって維持されているとみるのである。このような信仰によって稲作民は稲を他の穀物と異なる特別な作物とみなし、米を他の食物とは異なる特別な食物とみなす。稲作民にとっては稲作という営為は経済的な行為である以上に、稲霊信仰に基づいた宗教的な営みであったといえる。

そして稲作農耕祭祀も次のような稲霊信仰の宗教的世界観に基づいて行なわれる。

① 稲の発芽・生長・開花・稔りは稲霊の霊力の発現による。
② 稲霊は稲作の行なわれるこの世（現世）とは別の世界（他界）で生成される。
③ 稲霊は種籾に宿って初春に他界から現世に来臨する。
④ 稲霊の霊威はそれのみでは発現しない。稲霊を育む地霊（クニタマ、土地の霊力・水の霊力を含む）の霊力を得ることによって発現する。[20] 地霊は現世に属す。
⑤ 稲霊は稔りをもたらすと霊威を使い果たして「死」の状態になる。

⑥「死」の状態に陥った稲霊は他界に帰る。

⑦稲霊は冬の間、他界で「再生」し、初春に種籾に宿って現世に来臨する。

稲作農耕祭祀は、農耕の歳時暦のなかでこのような信仰と宗教的世界観に基づいて行なわれ、稲霊や地霊、稲霊を生成・再生する霊力などが神格化されて祭儀が実修される[21]。そのなかで④の信仰を前提に、春、播種に先立って地霊を祭る祭儀が祈年祭であり、⑤⑥の信仰に基づいて、秋の収穫後、「死」の状態に陥った稲霊の霊力を再生させる祭儀が新嘗祭である。祈年祭は単に稲の豊作を祈願する予祝祭ではなく、また新嘗祭は単なる収穫感謝祭ではないのである。

ヤマト王権の新嘗用斎田においても、春、農耕の開始に先立って、稲霊を育む地霊を祭り、豊穣を祈請したであろう。その祭儀が王権の祈年祭であり、それを神話的に表現したものが国譲り神話の原形であった。そこには王権斎田の祈年祭の宗教的世界観が反映されている。

記紀にみえる国譲り神話の内容・構成は、アメノホヒやアメワカヒコの物語などを含み、また国譲りの指令神や使者となる神についても所伝によって異同があり、複雑である[22]。しかしその原形は、前節で明らかにしたように、天上の主神タカミムスヒの命にしたがってコトシロヌシが国譲りをおこなうという内容の神話であった。

そこに反映されている宗教的世界観とは、次のようなものである。

稲霊の霊威を生成・再生する世界が他界である「天上」に設定され、稲作の行われる世界が現世である「地上」に設定される。後者は王権の新嘗用斎田の神話的な表現として物語られる。「天上」世界で稲霊の霊威の生成・再生を司る神がタカミムスヒであり、同神によって霊威の生成された稲霊が「地上」に降ろされ、稲霊は「地上」世界の地霊・水霊に育まれて霊威を発現する。つまり稲に内在する稲霊の霊威（内在的エネルギー）が地霊・水霊などの現世の外在的エネルギーを得て霊威を発現するということである。このように「地上」における稲作は「天上」から霊威に満ちた稲霊が降ろされて行われるが、その降臨に先立ってタカミムスヒが、「地上」の地霊・水霊を従わせて、しっかりと稲霊を育むことを誓約させることによって王権新嘗用斎田の豊かな稔りが保障されることとなる。

このような宗教的世界観に基づく祭儀が王権斎田の祈年祭であり、そしてその祭儀神話がタカミムスヒの派遣した使者の要求に従ってコトシロヌシが国譲りするという内容になるのである。

以上の理解によれば、コトシロヌシの国譲りは地霊神・司水神の服従の神話的な表現ということになる。コトシロヌシは王権祈年祭の祭祀対象となる、新嘗用斎田の地霊神・司水神だったのである。

ただしコトシロヌシの本来の神格は、地霊神ではなかったとみられる。

コトシロヌシという神名の語幹コトシロは神意の伝宣を意味し、コトシロヌシは神の意思を人間に伝える託宣神であった。王権斎田の神事でこの神が果たした機能・役割は書紀顕宗三年二月条・四月条にみえる伝承（史料は一五六頁）から推察することができる。

この二月条では、タカミムスヒを祖とする月神が民地を要求し、これを「阿閉臣事代」が受けて伝宣して、「歌荒樔田」が神に奉献されたとし、四月条ではタカミムスヒを祖とする日神が「磐余田」の献上を要求し、これも「阿閉臣事代」が受けて伝宣して、要求どおり奉献されたとする。この両条については前章で考察を行なったが[23]、それによれば、ここにみえる「歌荒樔田」「磐余田」はヤマト王権の屯田であり、この記事はこれらの屯田が新嘗用の斎田としてト定されたことを物語的に表現したものである。このなかで神意を聞きそれを伝宣したのが「阿閉臣事代」であったが、この事代（＝コトシロ）という名前の人物の審神者的な役割は、斎田に祭られた神座のなかのコトシロヌシの宗教的な機能を反映するものであろう。このような斎田の神事における神意の判定・伝宣を司る神として、コトシロヌシが斎田の神座のなかに祭られていたと考えられるのである。

斎田の祈年祭においても、王権の霊威に服する地霊神や司水神の神意は、託宣神であるコトシロヌシによって明らかにされていたのであろう。それによって同神は、地霊に代表される稲霊の霊威を発現させる現世の外在的エネルギーを象徴する神格となり、祭儀神話ではコトシロヌシによる国譲りという形で表現されることとなったものと思われる。

## 五　御年神の性格

ところで、祈年祭の主祭神とみられる御年神とはいかなる性格の神で、以上のような王権の新嘗用斎田の宗教的世界観のなかでどのように位置づけられるのであろうか。

御年神の性格については、記のスサノオの神裔系譜にみえる大年神系譜（図5）を参考に理解することができる。この大年神系譜に連なる神々の性格、またこの系譜の性格については三谷栄一が詳細に分析している(24)。

三谷によれば、この系譜にみえる大年神の御子神であるオオクニミタマ・オオカグヤマ・オオヤマクイ・ニワツヒ・アスハ・ハヒキ・カグヤマトミ・ハヤマト・ニワタカツヒ・オオツチの神々は農耕に関係のある地主神系統であり、大年神系譜の神々は「農耕に際し不可欠な田地に関する神々」であったという。この系譜には御年神も含めてアスハ・ハヒキ・ニワタカツヒという御膳八神の神々の名がみえることも注目される。またオオクニミタマ・オオカグヤマ・カグヤマトミについては次章で述べるが、王権斎田の祈年祭で重要な意味をもつと思われる倭大国魂・天香具山と関係する神々であろう。

このような神々が大年神によって一くりにされているということは、大年神がそうした稲の生育を司る地主神（地霊神）系統の田地に関する神々を代表する性格があったことを示すものであろう。祈年祭で主祭神となる御年神は、大年神系譜ではそのなかの一部に位置づけられているが、三谷が指摘するように、この大年神と同じ性格の神であったとみられる。神祇令祈年祭条集解の釈説には、祈年祭で御年神を祭ることの意義について、「為レ令二歳稔一祭之。

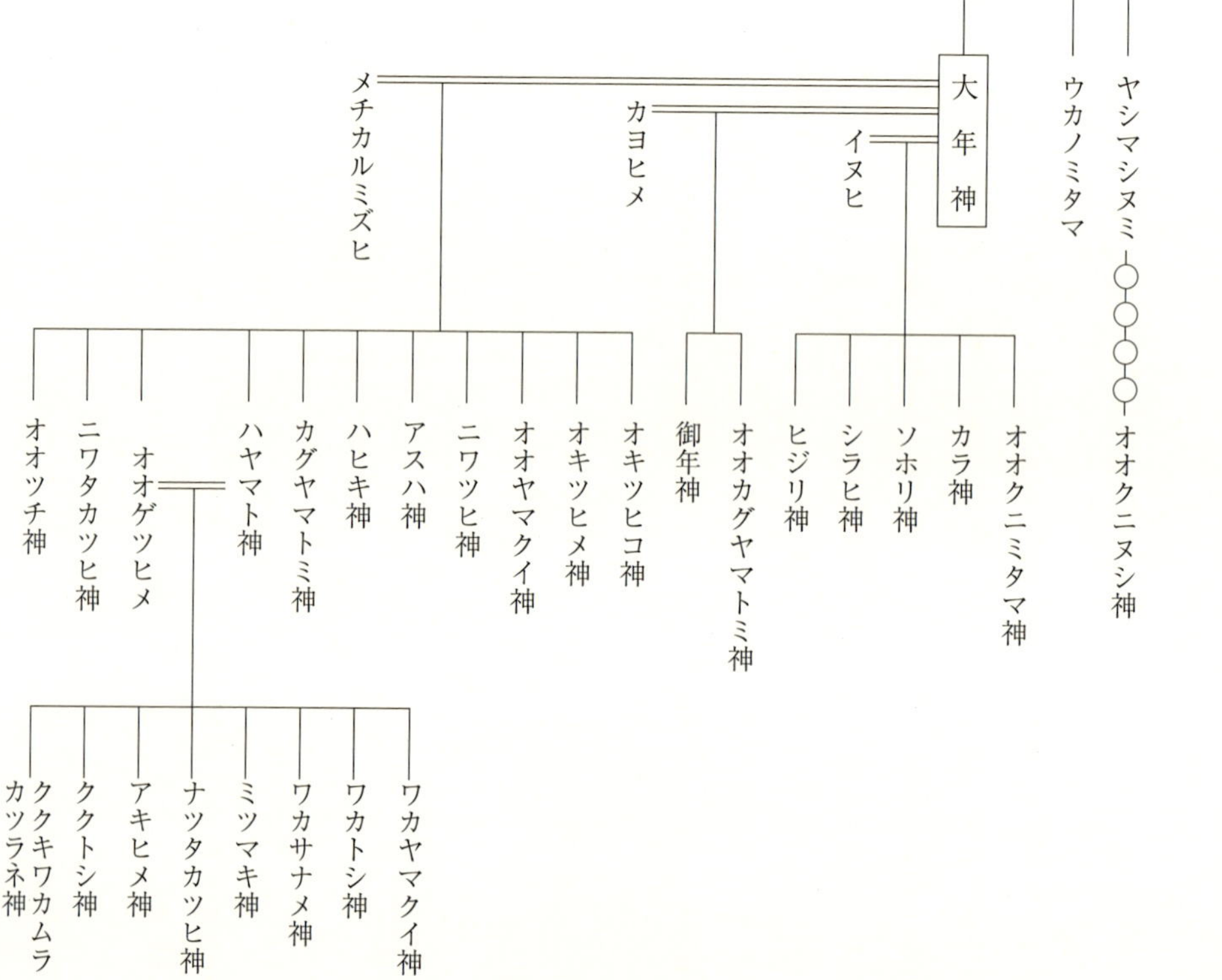


図5　大年神系譜

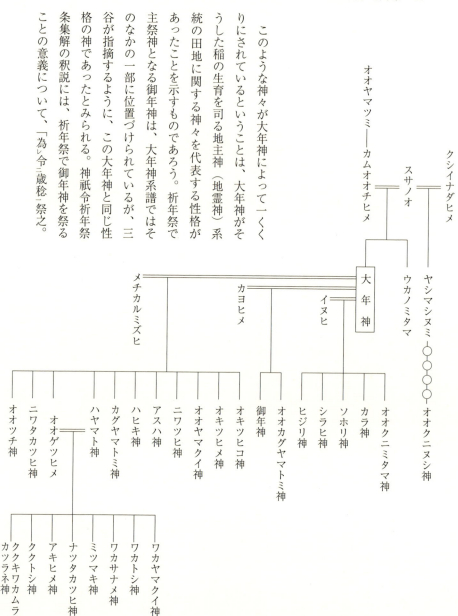

如二大歳祭一由。」とあるように稲を稔らせるために祭るとあり、ここにみえる「大歳」を記の大年神に基づいて理解すると、御年神は大年神と同一のものと信仰されていたということができる。

御年神の性格をこのように理解して王権新嘗用斎田の祭祀のなかにこの神を位置づけるならば、御年神は、斎田の田地の神すなわち地霊神や司水神等稲の生育に必要な外在的なエネルギーを供与する神霊を代表する神格とみることができるであろう。御年神の稲を稔らせる神という性格は、そのような意味において理解することができる。そして王権の新嘗用斎田の宗教的世界観では、「地上」世界における稲の生育を司る神の神威を代表する神であり、まさに「天上」世界のタカミムスヒと対置される存在であったということができる。践祚大嘗祭式において御膳八神の記載が御年神、タカミムスヒの二神を冒頭に並べているのはこのような信仰に基づくものであろう。

王権斎田の祈年祭の宗教的な意義は、「地上」の御年神を祀ることによって、「地上」における稲の稔りが保障されることとなるというものであり、その御年神の神意がコトシロヌシによって伝宣されることにより、祭儀神話においてはタカミムスヒに対するコトシロヌシの国譲りという神話に反映されることとなるのである。

一般に祈年祭は、春の稲作農耕開始に先立って豊穣を神々に祈る予祝祭と説明されている。この説明自体は誤りではないが、その宗教的な意義に踏み込んで理解するならば、稲霊信仰に基づいて理解されるべきであり、祈年祭とは稲作農耕開始に先立って種籾に内在する稲霊を育む外在的な霊威としての地霊などの神を祭る祭儀である。

本章では、律令国家の祈年祭の主祭神が御年神であり、同神が「葛城鴨」神＝コトシロヌシであるとする古記の説を手がかりに、令制祈年祭の淵源をヤマト王権の新嘗用斎田の祈年祭に求め、右のような祈年祭の理解に基づいて、その祭儀神話が国譲り神話の原形であることを指摘した。ここではヤマト王権の祈年祭の祭神と祭儀神話についての指摘にとどまったが、ヤマト王権の祈年祭は一様ではなく、王権の支配の拡大やそれに伴う王権支配の宗教的世界観の変化に伴い祭儀のあり方も改まり、それとともにその世界観を反映する祭儀神話である国譲り神話の内容も変化する。記紀の神話ではなぜ国譲りの舞台が出雲とされたのであろうか、国譲りをする神がなぜオオナムチとされたのであろうか。国譲り神話のこのような変化はいかなる史実を背景とするのであろうか。こうした点については章を改めて論じていきたい。

註

（1）祈年祭の関する主な研究には次のようなものがある。大西源一「祈年祭について」（『神道史研究』二―二、一九四一年）、西山徳「祈年祭の研究」（『神社と祭祀』至文堂、一九六五年）、岡田精司「律令的祭祀形態の成立」（『古代王権の祭祀と神話』塙書房、一九七〇年）、井上光貞『日本古代の王権と祭祀』（東京大学出版会、一九八四年）、早川庄八「律令制と天皇」（『日本古代官僚制の研究』岩波書店、一九八六年）、西宮秀紀「律令制国家の〈祭祀〉構造とその歴史的特質」（『律令国家と神祇祭祀制度の研究』塙書房、二〇〇四年）、矢野建一「律令国家の祭祀と天皇」（『歴史学研究』五六〇、一九八六年）、水林彪「律令天皇制についての一考察（一）」（『都立大学法学会雑誌』三〇―一、一九八九年）、佐々田悠「律令制祭祀の形成過程―天武朝の意義の再検討」（『史学雑誌』一一一―一二、二〇〇二年）。

（2）岡田前掲註（1）論文、一四九頁。

（3）井上前掲註（1）書。

（4）岩波日本古典文学大系『古事記祝詞』三八六頁頭注。

（5）二宮正彦「神祇官西院坐御巫等祭神二三座について」（『古代の神社と祭祀』創元社、一九八八年）、岡田精司『神社の古代史』（大阪書籍、一九八五年）。

(6) 大林太良「水神信仰」(松前健編『講座日本の古代信仰2　神々の誕生』学生社、一九七九年)。
(7) 大林前掲註(6)論文。
(8) 祈年祭祝詞と月次祭祝詞の詞章はほとんど同じもので、祈年祭祝詞のAの部分が月次祭祝詞にはないことが両者の最大の違いである。この点からもAへの称辞が祈年祭においてとくに重要な意味をもつことが理解できる。
(9) 次田潤『祝詞新講』(明治書院、一九二七年)。
(10) 井上前掲註(1)書の「あとがきにかえて」(笹山晴生執筆)に、井上が「葛木鴨」神を葛木御歳神社としたのに対し、早川庄八が鴨都波八重事代主命神社にあてるべきと指摘したことが記されている(同書二五〇頁)。なお、同書で井上は令制祈年祭以前に、葛木御歳神社への白猪・白馬・白鶏の三牲の供御が祈年の朝廷祭祀として行なわれていたと述べている。
(11) 西宮秀紀「葛木鴨(神社)の名称について」(前掲註(1)書)。
(12) 「宇奈提」を神名式高市郡の「川俣神社」に当てる説もある(直木孝次郎『奈良』岩波書店、一九七一年)。
(13) 岡田前掲註(5)書。
(14) 松前健「大嘗祭と記紀神話」(『古代伝承と宮廷祭祀』塙書房、一九七四年)。
(15) dのようにコトシロヌシを祭る神社が阿波国に二カ所あることは、同神の性格に基づく何らかの事情によるものと推察できるが、今のところ手がかりがなく、本章ではdについては捨象し、後考を期すこととしたい。
(16) 岡田精司「大王就任儀礼の原形とその展開」(『古代祭祀の史的研究』塙書房、一九九二年)。
(17) 本書第八章。
(18) 本書第八章。
(19) 菊地照夫「神話と古代王権」(歴史教育者協議会編『日本歴史と天皇』大月書店、一九八九年)。
(20) 土地の霊威、水の霊威を中心に現世(=クニ)において稲霊を育む霊威を地霊(クニタマ)と総称する。
(21) ⑥⑦については「死」の状態となった稲霊が他界に帰還せず現世に留まり、他界から稲霊を再生させる神が来訪して稲霊を再生させるというモチーフの展開もある。

(22) 国譲り神話の構成については三宅和朗「国譲り神話（Ⅰ）」（『記紀神話の成立』吉川弘文館、一九八四年）を参照。
(23) 菊地前掲註（19）論文。
(24) 三谷栄一「出雲神話の生成」（『日本神話の基盤』塙書房、一九七四年）。

# 第十章　ヤマト王権の祈年祭と三輪・葛城の神

前章では、ヤマト王権の祈年祭は王権新嘗用の斎田の地霊・水霊の祭祀であること、その祭儀神話は国譲り神話であることを指摘した。そのような王権の祈年祭が行なわれていたことを示す直接的な史料はないが、記紀の神話や伝承のなかにその反映を見出すことはできないであろうか。

王権新嘗用の斎田が王権の直轄地である屯田に設定されたとすると、王権の祈年祭の祭祀対象は必然的に屯田の所在する土地の地霊神ということになる。本章では、この視点から記紀の神話・伝承を分析してヤマト王権の祈年祭の存在を照射してみたい。

## 一　倭屯田の祈年祭と倭直氏・倭大国魂神

王権の直轄地である屯田は畿内各地に点在していたが、そのなかでも最も代表的な屯田は仁徳即位前紀にみえる倭屯田である。

この倭屯田は「毎に御宇す帝皇の屯田」であり、たとえ「帝皇の子」であっても天皇になる者以外には支配できないという皇位に付随する神聖な田地であった。倭屯田の所在地については、岸俊男によれば、大和国の城上郡・城下郡・十市郡の郡境の一帯で、後世の興福寺大乗院領出雲庄に相当する地であり、三輪山を東方に仰ぐ位置にある[1]。延喜神名式の大和国十市郡に「目原坐高御魂神社二座」がみえるが、このタカミムスヒを祭る神社は、おそらく倭屯田に祭られた御膳八神の原形となる斎田の神座の系譜を引くもので、屯田の所在地の指標となる[2]。

王権の新嘗に用いる聖稲を栽培・収穫するためにこの倭屯田に設けられた斎田で、祈年祭はどのように行なわれたであろうか。

前章で述べたように、祈年祭では稲に内在する稲霊の霊威を発動させるための外在的なエネルギーとなる地霊神や司水神等が祭られた。倭屯田の斎田でもその土地の地霊神や司水神が祭られたであろう。倭屯田の所在地は、大和盆地東南部の三輪山から天香具山にかけての狭義のヤマトの地域（以下倭と記す）に属するが[3]、この地域の地霊神と目されるのが倭国造の倭直氏によって奉斎される倭大国魂神である[4]。仁徳即位前紀の記事では、倭屯田の由来を倭直氏の祖である吾子籠が語っていることから、倭直氏は倭屯田と密接な関わりをもっていたことがうかがわれる。倭屯田での祭祀対象となるのは、この地域の土地神であり倭直氏に奉斎された倭大国魂神であろう。

また司水神として祭られた神は丹生川上神であったと思われる。この丹生川上神は八世紀以降、王権・国家の祈雨神として最も著名な神であり、その鎮座地は倭屯田の所在するヤマトの地ではなく、この地よりはるか南方の吉野の山中であった。このような倭とははるか隔たった地に祭られた王権の祈雨神と倭屯田を結びつけるのが、やはり倭直氏である。延喜臨時祭式27丹生川上神条に、丹生川上神への奉幣の使者には大和神社の神主をあてることが規定されている[5]。大和神社は延喜神名式の大和国山辺郡の「大和坐大国魂神社三座」にあたり、主祭神は倭大国魂神で、その神主である大和氏は倭直氏の後裔氏族であった。後述するように、倭直氏にはその祖先が丹生川上の祭祀に関与するという伝承があり、令制下の大和神社神主による丹生川上神への祈雨奉幣は、令制前代の倭直氏の丹生川上祭祀に起源を有するものと考えられる。

以上のように、倭屯田における王権新嘗用斎田の祈年祭では地霊神として倭大国魂神、司水神として丹生川上神が祭られ、その執行には倭直氏が関与したとみられるが、それを反映する伝承が紀の神武即位前紀の神武の大和入りの部分、戊午年九月条にみえる。

熊野から吉野を経て大和入りしようとする神武の軍勢は、大和の在地勢力エウカシに阻まれるが、神武は夢の教えに従って祭祀を行ない、状況を打破しようとする。その祭祀のあり方は次のとおりである。

まず、神武はシイネツヒコとオトウカシに命じて天香具山の土を取りに行かせ、神武はその土で「八十平瓮・天手抉八十枚・厳瓮」を作り、丹生川上に上ってそれらを用いて天神地祇を祭る。さらに、神武はそれらの土器で天下平定のことをウケイし、シイネツヒコがその結果が吉兆であったことを報告すると、神武は丹生川上の「五百箇真坂樹」を抜き取って諸神を祭ったとする。

ここでまず注目されるのはシイネツヒコである。この人物は神武東征伝承全体のなかでも神武を大和に導く役割を果たす重要な存在であるが、このシイネツヒコは倭直氏の祖先である。

次に、そのシイネツヒコがオトウカシとともに天香具山の土を採取し、それによって祭祀用の土器が作られるのであるが、この天香具山の土には特別な呪術的・宗教的な性格が信仰されていた。すなわち、天香具山の土はヤマトの大地の霊威（＝五穀を生育させる霊力）を象徴し、それを司るものがヤマトの支配者としての資格を得るという信仰である。(6) 崇神十年紀には、タケハニヤスヒコが密かに天香具山の土を取って「領巾」につつみ、「是れ倭国の物実」と呪言するという行為によってヤマトの支配権を奪取しようとした反乱伝承がみえるが、このようなタケハニヤスヒコの行為も、天香具山の土がヤマトの支配権を宗教的に保証するという信仰に基づくものである。このような性格をもつ天香具山の土は、ヤマトの国魂（＝地霊）を祭る倭直氏の祖先シイネツヒコによって採取された。この土による祭祀は、まさにヤマトの地霊神の祭祀であり、またそれによってヤマトの支配権が得られるとする信仰は「国譲り」の観念にも通じるものがある。

そして丹生川上での祭祀であるが、この祭祀はすでに述べたように、令制以降も王権の祈雨（あるいは止雨）の神として最も重要視されている丹生川上神の祭祀であることが倭直氏の祖シイネツヒコの関与からも明白であり、これは司水に関わる祭祀を反映するものである。

以上のように、神武即位前紀の大和入りに際して行なわれる祭祀の伝承には、ヤマトの地霊神の祭祀、司水神である丹生川上神の祭祀、倭国造の関与という、先に想定した倭屯田の祈年祭の要素を検出することができ、この部分がヤマト王権の祈年祭を反映した祭儀伝承であったとみることができる。

さらに注目すべきは、神武即位前紀が、この天香具山の土、丹生川上の祭祀に続いて次のように展開することである。

此より始めて厳瓮の置有り。時に道臣命に勅すらく、「今高皇産霊尊を以て、朕親ら顕《うつし》斎《いわい》を作さむ。汝を用て斎主として、授くるに厳媛の号を以てせむ。其の置ける埴瓮を名けて、厳瓮とす。又火の名をば厳香来雷とす。水の名をば厳罔象女とす。粮の名をば厳稲魂女とす。薪の名をば厳山雷とす。草の名をば厳野椎とす」とのたまふ。

この神武によるタカミムスヒの「顕《うつし》斎《いわい》」とは、新嘗の祭儀に他ならない。神武は紀ではヒコホホデミ、記ではワカミケヌ・トヨミケヌの名をもつとされるが、これらは稲穂や穀霊を表現したものであり、また紀にみえる幼名のサヌという名も、語幹サは神稲を意味する語であり、神武はその祖オシホミミやホノニニギが稲霊を体現した神格であったのと同様、稲霊を体現する存在であった（また神武の兄弟がすべて稲霊に関係する名前をもつことからも神武の稲霊的な性格を指摘することができるであろう）。そのような稲霊的な性格を有する神武による王権新嘗の神タカミムスヒの「顕斎」は、タカミムスヒの稲霊の霊威を生成させる神威によって、稲霊を体現する神武の霊威が生成されるという、まさに新嘗を意味するものであった。

神武即位前紀において、このような王権の新嘗を反映する伝承記事が天香具山の土や丹生川上の祭祀という王権新嘗用斎田の祈年祭を反映する伝承に引き続いていることは、けっして偶然ではない。両者は王権斎田の祈年祭→新嘗を反映した一連の祭儀伝承であったとみるべきであろう。また神武即位前紀のこの部分は、神代史の国譲り→天孫降臨の部分と対応する。神代における王権始祖が天孫降臨したホノニニギであるのに対し、人代において王権始祖とされるのが初代天皇となる神武である。王権の始祖とされる両者はともに稲霊を体現した存在であり、タカミムスヒの神威によってその霊威が発現するという共通性を有することになるが、この共通性は王権の同一の祭儀を一方は神代の始祖神話に、一方は人代の始祖伝承のなかに反映させた結果であるといえよう。このように斎田の祈年祭・新嘗が王権の始祖神話（伝承）に反映されるのは、ヤマト王権の王（大王）の霊威・権威が宗教的には王権斎田で収穫された神聖な稲での新嘗によって保証されていたからに他ならない。

このように神武即位前紀のシイネツヒコの祭祀の伝承は、続く神武の「顕斎」とあわせて神代史の国譲り、天孫降臨と比較することによって、王権の祈年祭を反映するということがより明確になるのである。同伝承から、倭屯田における王権の祈年祭の様相の一端を垣間みることができ、その祭儀には倭国造である倭直氏が関与し、祭祀対象として倭（ヤマト）の地の地霊（クニタマ）である倭大国魂神や同地の司水神である丹生川上神などが祭られたとみられるのである。

## 二　倭屯田の祈年祭とオオモノヌシ

この倭大国魂神が、本来三輪山の神であったことは多くの先学が指摘している。[7] 三輪山の神といえば、まず神名式に「大神大物主神社」とある大神神社の祭神オオモノヌシが想起されるが、同社の北方に鎮座する狭井神社も、神名式に「狭井坐大神荒魂神社」とあるように大神神社の神の荒魂（麁御霊）を祭るとされており、三輪山の神を祭っていた。倭大国魂神は、古くはこの狭井神社に祭られた三輪山の神の神格の一部であったとみられており、[8] それが後に三輪山から遷祀される。垂仁紀にみえる、倭大国魂神が「穴磯邑」の「大市長岡岬」に遷されて、倭直氏に祭祀を委ねたとする記事がその遷祀を物語っている。[9]

三輪山の神と倭大国魂神の関係は、三輪山の神の神格のなかにもともと倭の地霊的な要素があり、その部分を倭大国魂神として独立させたということであろう。すなわち、三輪山の神であるオオモノヌシは、その神格に倭の地霊的要素を内包した神であったとみられる。とすると、オオモノヌシも王権の新嘗用斎田が占定される倭屯田の地霊神として、王権の祈年祭の祭祀対象とされていた可能性がある。

書紀の国譲り神話第二の一書には、前章でみたようにオオナムチの服属とは別にオオモノヌシとコトシロヌシの二神が帰順する神話がある。

故、経津主神、岐神を以て郷導として、周流きつつ削平ぐ。逆命者有るをば、即ち加斬戮す。帰順ふ者をば、仍りて加褒美む。是の時に、帰順ふ首渠は、大物主神及び事代主神なり。乃ち八十万の神を天高市に合めて、帥ゐて天に昇りて、其の誠款の至を陳す。時に高皇産霊尊、大物主神に勅すらく、「汝若し国神を以て妻とせば、吾猶汝を疏き心有りと謂はむ。故、今吾が女三穂津姫を以て、汝に配せて妻とせむ。八十万神を領ゐて、永に皇孫の為に護り奉れ」とのたまひて、乃ち還り降らしむ。即ち紀国の忌部の遠祖手置帆負神を以て、定めて作笠者とす。彦狭知神を作盾者とす。天目一箇神を作金者とす。天日鷲神を作木綿者とす。櫛明玉神を作玉者とす。乃ち太玉命をして、弱肩に太手繦を被けて、御手代にして、此の神を祭らしむるは、始めて此より起れり。且天児屋命は、神事を主る宗源者なり。故、太占の卜事を以て、仕へ奉らしむ。

オオナムチの服属の後、フツヌシによる平定が行なわれ、従わぬものは斬殺し、帰順するものには褒美をあたえた。その帰順者がオオモノヌシとコトシロヌシであったという。この二神は「天高市」に集めた「八十万神」を率いて天に昇り、忠誠の言葉を陳べる。それに対してタカミムスヒはオオモノヌシに娘のミホツヒメを娶わせ、八十万神を率いて皇孫を護るよう命令して地上に帰還させる。

ここにみえるタカミムスヒの娘ミホツヒメは、語幹がホ＝穂であり、タカミムスヒの子であることからみても稲霊の神格化であるとみられる。そのミホツヒメとオオモノヌシの結婚は稲霊と地霊の結合を象徴するものであろう。とするならば、ここでのオオモノヌシは倭屯田の地霊神であり、タカミムスヒへの服属は祈年祭の反映とみることができる。王権最高神タカミムスヒへの服属であるので、この祈年祭は王権の祈年祭である。

すなわち、ここにみえるオオモノヌシのタカミムスヒへの服属は、三輪山の神を倭屯田の地霊神として祭る王権の祈年祭を反映したものとみられる。

オオモノヌシと結婚するタカミムスヒの娘ミホツヒメは、神名式の大和国城下郡にみえる「村屋坐弥富都比売神社」に祭られているが、同社は倭屯田の比定地とされる地域に鎮座し、三輪山を仰ぎみる位置にある。(10) 同社は倭屯田の稲霊を祭る祭礼の場であり、そこに三輪山の神オオモノヌシを地霊神として迎え、稲霊と地霊の結合により屯田の豊穣を予祝する神事が行なわれたのであろう。

ところで、日本書紀にはこの第二の一書の他にもう一つオオモノヌシの結婚の伝承がある。崇神紀のオオモノヌシとヤマトトトビモモソヒメとの結婚である。

是の後に、倭迹迹日百襲姫命、大物主神の妻と為る。然れども其の神常に昼は見えずして、夜のみ来す。倭迹迹姫命、夫に語りて曰はく、「君常に昼は見えたまはねば、分明に其の尊顔を視ること得ず。願はくは暫留りたまへ。明旦に、仰ぎて美麗しき威儀を観たてまつらむと欲ふ」といふ。大神対へて曰はく、「言理灼然なり。吾明旦に汝が櫛笥に入りて居らむ。願はくは吾が形にな驚きましそ」とのたまふ。爰に倭迹迹姫命、心の裏に密に異ぶ。明くるを待ちて櫛笥を見れば、遂に美麗しき小蛇有り。其の長さ大さ衣紐の如し。則ち驚きて叫啼ぶ。時に大神恥ぢて、忽に人の形と化りたまふ。其の妻に謂りて曰はく、「汝、忍びずして吾に羞せつ。吾還りて汝に羞せむ」とのたまふ。仍りて大虚を践みて、御諸山に登ります。爰に倭迹迹姫命仰ぎ見て、悔いて急居。〈急居、此をば菟岐于と云ふ。〉則ち箸に陰を撞きて薨りましぬ。乃ち大市に葬りまつる。故、時人、其の墓を号けて、箸墓と謂ふ。是の墓は、日は人作り、夜は神作る。故、大坂山の石を運びて造る。則ち山より墓に至るまでに、人民相踵ぎて、手逓伝にして運ぶ。時人歌して曰はく、

大坂に　継ぎ登れる　石群を　手逓伝に越さば　越しかてむかも

いわゆる箸墓伝承であるが、ここには第二の一書のオオモノヌシとミホツヒメとの結婚と共通するモチーフを認めることができる。

両者はともにオオモノヌシの結婚に関する伝承ということで共通するが、その相手に着目すると、箸墓伝承のモモソヒメは皇女（父は孝霊天皇）であり、一方の第二の一書のミホツヒメもタカミムスヒの娘で皇女に準ずる位置にあ

る。すなわち、オオモノヌシと皇女（ないし皇女に準ずる神）との結婚というモチーフが共通する。また、箸墓伝承ではオオモノヌシの正体が蛇であったとする。蛇は水神の化身とされるが、水神（水霊）は稲霊を育む外在的な霊威であり(11)、本章の地霊の概念に含まれるものである。すなわち、両者ともオオモノヌシが地霊神ないしそれに通じる神格として物語られているのである。

以上の点から、両者は共通した信仰・祭祀に基づいた伝承であったとみることができる。その祭祀とは倭屯田における稲霊と地霊の結合の神事であろう。

第二の一書のミホツヒメとオオモノヌシの結婚の背景に、倭屯田において稲霊の女神が地霊としての三輪山の神を迎える神事を想定したが、その神事では皇女がミホツヒメに扮して三輪山の神オオモノヌシとの聖婚が模擬的に行なわれていたのではないか。そして、箸墓伝承におけるオオモノヌシとモモソヒメとの結婚は、このような神事を反映した祭儀伝承とみることができるのではなかろうか(12)。

このように、三輪山の神オオモノヌシの伝承のなかにも倭屯田における王権の祈年祭の反映をみることができる。ここに垣間みえる王権の祈年祭は、三輪山の神を対象とした祭祀であり、前節で明らかにした倭大国魂神を対象とする祈年祭よりも古いタイプのものであったと考えられる。

## 三　葛城屯田の成立

倭直氏の始祖伝承およびオオモノヌシの伝承を分析することにより、倭屯田の地霊神である三輪山の神あるいは倭大国魂神を祭祀対象とする王権の祈年祭の存在を想定した。しかし、前章で王権祈年祭の主祭神として着目したのは御年神でありコトシロヌシであったが、それらは三輪山周辺の神ではなく、大和盆地西南部の葛城地域に祭られた神であった。令制祈年祭の主祭神となる神が葛城の神であり、その祭祀が令制前代のヤマト王権の祈年祭に由来したものとすると、三輪山の神を祭祀対象とする祈年祭とは別に、葛城の神を祭祀対象とした祈年祭が存在したことになる。

ヤマト王権の発祥地は三輪山周辺であり、三輪山の神を対象とする祈年祭の成立は古い時代にさかのぼるとみることができるが、それでは葛城の神を対象とする祈年祭はどのように成立するのであろうか。

王権の祈年祭は、大王の霊威を再生するための新嘗に用いる神聖な稲を栽培する斎田において、春に稲霊を育む地霊を祭る祭祀である。その斎田は王権直属の屯田に卜定されたが、この理解によれば三輪山周辺の倭（狭義のヤマト）だけでなく、コトシロヌシ・御年神が祭られる葛城にも王権の屯田が存在したことになる。三輪山周辺については倭屯田の存在が明らかだが、葛城の地にも「葛城屯田」とも称すべき王権直属の田地が存在し、そこに新嘗の斎田が設定されたことが想定される。

葛城地域と王権とはどのような関係にあったのであろうか。そしていかなる経緯で葛城の神を主祭神とする王権の祈年祭が行なわれるようになるのであろうか。

葛城地域は四世紀末から五世紀を中心に活躍が特筆される葛城氏の勢力基盤であった。日本書紀には、葛城氏の始祖的人物であるソツヒコがヤマト王権の対朝鮮外交に積極的に関与したとあり、記紀の系譜では、天皇との婚姻関係も密接で、葛城氏はヤマト王権に結集する豪族連合のなかでもとくに強大な勢力として存在していた(13)。また近年、同地域から四世紀初頭の巨大建物群の遺構が発見され、古墳時代前期から葛城の地に後の葛城氏につながる勢力が存在していたことが明らかとなった(14)。

その葛城氏は、記紀では雄略天皇によって滅ぼされたと伝えられている。日本書紀によれば、雄略天皇（当時は即位前）は、兄の安康天皇を殺害した眉輪王が葛城円大臣の宅に逃げ込んだためその邸宅を包囲し、これに対して円大臣は娘の韓媛と「葛城宅七区」（古事記では「五処之屯宅」）を奉献して贖罪を請うたが、雄略は許さず、円大臣や眉輪王を焼き殺したという。

ここにみえる内容のすべてを史実とみることはできないが、五世紀後半の雄略朝期（あるいはその直前）に三輪山周辺の倭に基盤をおく王権が葛城に基盤をおく葛城氏を制圧して、同地域を王権の支配下に掌握した史実に基づいた伝承とみることはできる。すなわち五世紀後半頃、ヤマト王権は葛城氏を制圧して、葛城の地を三輪山周辺の倭とともに新たな王権の基盤としたのである。記紀の所伝のなかで葛城円大臣が服属の証として「葛城宅七区」（「五処之屯宅」）を娘カラヒメに副えて雄略に献上したとある点は注目される。

次の推古三十二年紀十月癸卯条にみえる「葛城県」は、この「葛城宅七区」「五処之屯宅」を淵源とする王権の領有地であろう(15)。

冬十月の癸卯の朔に、大臣、阿曇連〈名を闕せり。〉阿倍臣摩侶、二の臣を遣して、天皇に奏さしめて曰さく、「葛城県は、元臣が本居なり。故、其の県に因りて姓名を為せり。是を以て、冀はくは、常に其の県を得りて、臣が封県とせむと欲ふ」とまうす。是に、天皇、詔して曰はく、「今朕は蘇何より出でたり。大臣は亦朕が舅たり。故、大臣の言をば、夜に言さば夜も明さず、日に言さば日も晩さず、何の辞をか用ゐざらむ。然るに今朕が世にして、頓に是の県を失ひてば、後の君の曰はまく、『愚に痴しき婦人、天下に臨みて頓に其の県を亡せり』とのたまはむ。豈独り朕不賢のみならむや。大臣も不忠くなりなむ。是後の葉の悪しき名ならむ」とのたまひて、聴したまはず。

この記事によれば、蘇我馬子が推古天皇に葛城県を自身の「封県」とすること、すなわち葛城県の領有を求めたところ、天皇は、いかに馬子の要求といえども、この件だけは認められないと頑なに拒否し、もし葛城県を馬子に与えれば、自分が後世の天皇から愚かな女性と罵られるだけでなく、馬子も不忠の臣下として悪名を残すことになるとまで述べている。この推古の発言の内容からみても、葛城県が王権にとって特別な意味をもった重要な領有地であったことがわかる。この葛城県をめぐる蘇我馬子と推古の議論は、仁徳即位前紀にみえる倭屯田の領有をめぐる論争と通じるものがある。葛城県のなかに、倭屯田に準じて「葛城屯田」とも称することのできる王権直属の田地が存在したと考えられるのである(16)。

同地にも倭屯田と同様に王権新嘗のための斎田が営まれるようになったとすると、この斎田の祈年祭では葛城の神が稲霊を育む地霊神として祭られたであろう。葛城の神を主祭神とする祈年祭は、以上のような王権による葛城地域の掌握に伴って成立したと考えられるのである。

## 四　王権の発展と三輪山の神・葛城の神

ヤマト王権は葛城地域を掌握したことにより、三輪山の神とともに葛城の神の祭祀も行なうことになる。王権による三輪山の神と葛城の神の祭祀のあり方は、その神格や神名も含めてその後の王権の発展と並行して複雑な変遷があったと考えられる。ここでは、五世紀後半の雄略朝から七世紀初頭の推古朝までの間の状況を概観したい。

○雄略朝（五世紀後半）

雄略紀四年二月条に雄略天皇が葛城山の神ヒトコトヌシとともに葛城山で狩猟を行なう記事がみえる。

四年の春二月に、天皇、葛城山に射猟したまふ。忽に長き人を見る。来りて丹谷に望めり。面貌容儀、天皇に相似れり。天皇、是神なりと知しめせれども、猶故に問ひて曰はく、「何処の公ぞ」とのたまふ。長き人、対へて曰はく、「現人之神ぞ。先づ王の諱を称れ。然して後に道はむ」とのたまふ。天皇、答へて曰はく、「朕は是、幼武尊なり」とのたまふ。長き人、次に称りて曰はく、「僕は是、一事主神なり」とのたまふ。遂に与に遊田を盤びて、一の鹿を駈逐て、箭発つことを相辞りて、轡を並べて馳騁す。言詞恭しく恪みて、仙に逢ふ若きこと有します。是に、日晩れて田罷みぬ。神、天皇を侍送りたてまつりたまひて、来目水までに至る。是の時に、百姓、咸に言さく、「徳しく有します天皇なり」とまうす。

ここでは、天皇と葛城山の神ヒトコトヌシが対等の立場にある。ヒトコトヌシの外見は天皇と相似し、名前も先ず雄略に名乗らせるなど、王権に屈服していない姿が描かれている。古事記でも、ヒトコトヌシの行列は天皇と同様とされており、それどころか天皇は神の正体を知ると、畏まって自身の太刀・弓、従者の服をヒトコトヌシに献上している。雄略朝の段階、葛城の伝統的な神威に対して丁重に対応した王権の姿勢を反映する伝承とみることができる。

一方、雄略紀七年七月条には天皇が少子部スガルに命じて「三諸丘」（＝三輪山）の神をとらえさせる記事がみえる。その姿は大蛇であり、斎戒せず神をみようとした天皇に対し、雷となって怒りを現して天皇を畏れさせたため丘に帰されたとする。少子部氏の氏族伝承に基づく記事とみられ内容的にも史実とはいえないが、雄略天皇が三輪山の神に対してそれ以前とは違った姿勢で祭祀に臨んだという史実ないしは歴史認識に基づいて語られた伝承であったとみることはできる。とすると、王権の基盤が強化され地方支配も大きく拡大したとされる雄略（ワカタケル大王）の時代(17)、三輪山の神の祭祀のあり方に何らかの変革があったとみられる。

ここでは、雄略紀に三輪山の神と葛城山の神の記事が記載されており、そのなかで天皇自身が積極的に両神と接している点に注目したい。雄略の時代が王権による三輪山の神と葛城山の神の祭祀の大きな画期になっていることが反映されているのではなかろうか。

○欽明朝（六世紀中葉）

六世紀中葉は、古代王権の発展のプロセスのなかで最大の画期と位置づけられる。六世紀初頭、それまでの王統に代わって北陸・近江・淀川水系に基盤をもつ継体が大王となり、その後、王権・支配層の間で前王統との関係が調整されて六世紀中葉の欽明朝には世襲王権が形成される[18]。そうしたなかで、王権の全国支配は国造制・屯倉制・部民制によって拡大し、それに伴い祭官制と称される王権の祭祀体制が整えられたとみられている[19]。

祭官制は王権祭祀を氏族が分担して行なう体制であるが、この王権祭祀体制の変革により、三輪・葛城の神の祭祀のあり方にも大きな改変があったとみられる。

三輪山の神の祭祀についてみると、それまでは王権が直接奉斎していたのを改めて、オオタタネコを祖とする三輪君氏に祭祀が委ねられた[20]。三輪山の神がオオモノヌシとされるのもこの段階であろう[21]。

一方、葛城の祭祀は賀茂君氏に委ねられたとみられる。また葛城でも祭神に大きな変化があった。雄略紀にみえる葛城山の神は天皇と対等な立場で描かれるヒトコトヌシであったが、この神に替わってアジスキタカヒコネが葛城地域を代表する神として王権に認知されたものとみられる[22]。ヒトコトヌシは土佐に配流されたという伝承もあるが、かつての伝統的な葛城の神格が新しい王権祭祀体制のもとで排除されたのであろう[23]。それに加えて、この段階で葛城地域の新たな地霊神の神格として案出されたのがコトシロヌシであったとみられる。

コトシロヌシの祭られた鴨都波八重事代主命神社が、弥生時代から古墳時代前期にかけての葛城地域最大の拠点集落の遺跡である鴨都波遺跡の地に鎮座していることは興味深い。同地は葛城川と柳田川の合流点に位置し、遺跡からは鍬・鋤等の木製農耕具も出土しており、周辺で水田が営まれていた。[24] この地が雄略に献上された「葛城宅七区」「五処之屯宅」に含まれており、後の葛城県の一部であった可能性は高い。王権が葛城県に置かれた屯田の地霊神としてコトシロヌシを祭った神社が、「葛城鴨」社とも称される鴨都波八重事代主命神社であったと考えられる。

○用明朝～推古朝（六世紀後半～七世紀前半）

六世紀後半から七世紀前半にかけて、用明・崇峻・推古と蘇我氏を外戚とする大王が三代続き、蘇我馬子が政権の中心で活躍するが、この時代に王権祭祀のなかで葛城の神コトシロヌシが重視されたのではないかと推察される。

蘇我氏の出自や葛城氏との関係は必ずしも明確ではないが、氏祖をタケシウチノスクネとし葛城氏と同族を主張していることはまちがいない。葛城に隣接する高市郡に曽我の地があり、この地に蘇我氏のウジ名の由来が求められ、また同地には式内社「宗我坐宗我都比古神社」が存在することから、蘇我氏の発祥もこの地とみることができる。[25] このように高市郡は蘇我氏の勢力基盤であったとみられるが、同郡に高市県が存在し、そこに「高市御県坐鴨事代主神社」が祭られていることは注目すべきである。

ここにみえるコトシロヌシは、「鴨」のコトシロヌシとあるように、葛城の鴨のコトシロヌシが勧請されて祭られている。葛城の鴨のコトシロヌシは葛城県の地霊神であったが、その神が高市県にも祭られたということになる。すなわち高市県にも屯田が設けられ、その地霊神としてコトシロヌシが祭られたのである。

この地が蘇我氏と関わりの深い地域であることからすると、この高市県は蘇我氏が王権に献上して成立した県ではなかろうか。葛城県の起源とみられる葛城円大臣の「葛城宅七区」の献上に際して、円大臣は娘の韓媛も合わせて雄略に献上している。蘇我氏は、稲目の娘堅塩媛と小姉君の二人を欽明天皇の后としているが、その入内の際に高市の領地の一部が王権に献上され、それが高市県となるのではなかろうか。この推測の成否はさておき、高市県が蘇我氏の勢力基盤に所在したことはまちがいなく、蘇我氏は葛城氏と同族であることを主張しており、葛城県との関係に基づいて高市県の屯田の地霊神も葛城鴨のコトシロヌシが勧請されたのであろう[26]。

以上のように理解すると、高市県の屯田は蘇我系の大王の時代には、王権直属地のなかでとくに重要視され、王権祭祀においてもコトシロヌシの地位が上昇したとみられる。王権直属の県は孝徳紀に「倭国六県」とみえ、延喜祝詞式所載の祈年祭および月次祭の祝詞には、その六県が「高市・葛木・十市・志貴・山辺・曽布」の順に記載されている[27]。この六県の冒頭に高市県が記載されていることに意味があるとすれば、高市県が蘇我系大王の時代に重んじられ、その位置づけが令制時代まで引き継がれているということであろう。記載順の二番目も葛木県であり、コトシロヌシを地霊神とする県が序列の上位にあったということができる。

ここにみえる十市県と志貴県に倭屯田が存在する。こちらの県ではオオモノヌシが地霊神として祭られていたが、蘇我系大王時代には高市県、葛木県のコトシロヌシの祭祀が重んじられたことにより、王権祭祀における三輪山の神オオモノヌシの地位は相対的に低下したものと思われる[28]。

## 五　神武正后の出自とオオモノヌシ・コトシロヌシ

記紀には、先にみた二つのオオモノヌシの結婚の伝承（ミホツヒメ・モモソヒメとの結婚の伝承）の他に、もう一つオオモノヌシの結婚の伝承がある。古事記の神武天皇の大后の出自についての伝承である。

然れども更に大后と為む美人を求ぎたまひし時、大久米命曰しけらく、「此間に媛女有り。是を神の御子と謂ふ。其の神の御子と謂ふ所以は、三島溝咋の女、名は勢夜陀多良比売、其の容姿麗美しかりき。故、美和の大物主神、見感でて、其の美人の大便為れる時、丹塗矢に化りて、其の大便為れる溝より流れ下りて、其の美人の富登を突きき。爾に其の美人驚きて、立ち走り伊須須岐伎。乃ち其の矢を将ち来て、床の辺に置けば、忽ちに麗しき壮夫に成りて、即ち其の美人を娶して生める子、名は富登多多良伊須須岐比売命と謂ひ、亦の名は比売多多良伊須気余理比売と謂ふ。故、是を以ちて神の御子と謂ふなり。」とまをしき。

これによると、三島のミゾクイの娘セヤダタラヒメが大便をしているときに、三輪のオオモノヌシが丹塗矢となって厠の溝を流れ下り、ヒメの陰部を突くという形で交わりが表現され、生まれた子が初代天皇神武の大后となるホトタタライススキヒメであるという。すなわち、神武の大后はオオモノヌシとミゾクイの娘との間に生まれた女子なのである。(29)

ところが日本書紀では神武の皇后について、神武即位前紀に、

庚申年の秋八月の癸丑の朔戊辰に、天皇、正妃を立てむとす。改めて広く華冑を求めたまふ。時に人有りて奏して曰さく、「事代主神、三島溝橛耳神の女玉櫛媛に共して生める児を、号けて媛蹈鞴五十鈴媛命と曰す。是、国色秀れたる者なり」とまうす。天皇悦びたまふ。

九月の壬午の朔乙巳に、媛蹈鞴五十鈴媛命を納れて、正妃としたまふ。

とあり、オオモノヌシではなくコトシロヌシとミゾクイの娘との間に生まれた女子としている。

神武天皇はいうまでもなく初代天皇であり系譜上の王権始祖である。その正后の父を古事記はオオモノヌシとし、日本書紀はコトシロヌシとするのである。初代天皇の正后という王権系譜のなかでも重要な位置にある人物の出自に、なぜ記紀の間でこのような違いがあるのであろうか。

神武天皇は、神代と人代の間に位置する半神半人的存在であり稲霊的な性格を有している。神武にはワカミケヌ・

トヨミケヌ（記）、ミケイリヌ（紀本文）などの名前があり、これらの名前の語幹ミケは穀霊を意味する語である。その兄弟もみな穀霊・稲霊的な名称であり、(30)神武即位前紀にみえる神武の熊野での死と再生、大和入り後のタカミムスヒの顕斎（ウツシイワイ）は上述のように稲霊の霊威再生が反映されている。そのような稲霊的性格を有する神武と地霊神であるオオモノヌシあるいはコトシロヌシの娘との結婚は、稲霊と地霊との結合を象徴するものであろう。

ヤマト王権の奉斎する古くからの地霊神が三輪山の神であったことからすると、王権始祖の霊威を象徴する稲霊を育む地霊神を三輪山の神オオモノヌシとするあり方が本来の観念であり、神武正后をオオモノヌシの娘とする古事記の所伝が古層の伝承であろう。神武の名前はカムヤマトイワレヒコであるが、イワレ＝磐余は三輪山周辺の地名である。この名前からみてもオオモノヌシとのつながりが本来的な関係であったと考えられる。

それでは、コトシロヌシを神武正后の父とする伝承はどのように成立するのであろうか。前節で述べたように、六世紀後半〜七世紀初頭の蘇我系大王の時代に高市県・葛木県の屯田が王権の宗教的基盤として重視され、その地霊神であるコトシロヌシの王権祭祀のなかでの地位が上昇したとみられるが、神武正后をコトシロヌシの娘とする所伝はそれに伴って成立したと考えられる。(31)神武は畝傍の橿原宮に即位したとされるが、この地は高市県に近接している。王権始祖が高市県に近い橿原宮で即位するとされるのも、高市県のコトシロヌシとの関係によるものであろう。イワレヒコという三輪山に近い磐余の地名を冠する王権始祖の即位の地は、本来、三輪山周辺とされるのがふさわしい。それが高市県に近い橿原宮とされるのは、蘇我系大王の時代に高市県の斎田の地霊神コトシロヌシの祭祀が重視され、それに引きつけられて構想されたということであろう。

## 六　御年神とオオモノヌシ

最後に、記紀にみえるオオモノヌシの伝承のなかで最もよく知られている崇神天皇段のオオモノヌシの祟り伝承にもふれておきたい。実はここにも祈年祭との関係が認められるのである。

古事記の所伝は次のとおりである。

此の天皇の御世に、疫病多に起りて、人民死にて尽きむと為き。爾に天皇愁ひ歎きたまひて、神牀に坐し夜、大物主大神、御夢に顕れて曰りたまひしく、「是は我が御心ぞ。故、意富多多泥古を以ちて、我が御前を祭らしめたまはば、神の気起らず、国安らかに平らぎなむ。」とのりたまひき。是を以ちて駅使を四方に班ちて、意富多多泥古と謂ふ人を求めたまひし時、河内の美努村に其の人を見得て貢進りき。爾に天皇、「汝は誰が子ぞ。」と問ひ賜へば、答へて曰ししく、「僕は大物主大神、陶津耳命の女、活玉依毘売を娶して生める子、名は櫛御方命の子、飯肩巣見命の子、建甕槌命の子、僕意富多多泥古ぞ。」と白しき。是に天皇大く歓びて詔りたまひしく、「天の下平らぎ、人民栄えなむ。」とのりたまひて、即ち意富多多泥古命を以ちて神主と為て、御諸山に意富美和の大神の前を拝き祭りたまひき。又伊迦賀色許男命に仰せて、天の八十毘羅訶〈此の三字は音を以ゐよ。〉を作り、天神地祇の社を定め奉りたまひき。又宇陀の墨坂神に赤色の楯矛を祭り、又大坂神に墨色の楯矛を祭り、又坂の御尾の神及河の瀬の神に、悉に遺し忘るること無く幣帛を奉りたまひき。此れに因りて疫の気悉に息みて、国家安らかに平らぎき。

崇神天皇の時代に疫病が流行し、天皇の夢占によりオオモノヌシの祟りであることが判明する。オオモノヌシはオオタタネコによる祭祀を要求し、天皇は河内の美努村にオオタタネコを捜し求めて神主に任命し、オオモノヌシを御諸山（三輪山）に祭らせる。その上でさらに天神地祇等を祭ったところ疫病は終息したという。日本書紀の所伝も、オオモノヌシに加えて倭大国魂神の祭祀にも及び、複雑ではあるが、骨子は古事記と同様である。

このようなオオモノヌシの祟りを史実の反映とみる見解は多い。例えば、いわゆる王朝交替論の立場からは、旧王朝（三輪王朝）の王権神であった三輪山の神の祭祀を、河内に基盤をもつ新王朝（河内王朝）が引き継いだ史実の反映とみる。(32)また六世紀中葉の欽明朝に、オオタタネコを祖とする三輪氏による三輪山祭祀が開始され、崇神記紀の祟りの記事をその起源伝承とみる立場から、その前段階における三輪山祭祀との断絶による三輪山の神の祟りを想定する。(33)

以上のような見解は、オオモノヌシの祟りを三輪山祭祀が一時的に途絶えたことへの三輪山の神の怒り、祭祀要求ととらえるのであるが、記紀の伝承のなかのモチーフの一つである「祟り」を直接史実と結びつけるべきではない。前節でみたように三輪山の神としてのオオモノヌシには王権の新嘗の斎田が営まれる倭屯田の地霊神という性格があり、大王の霊威と同質な稲霊を育む神として、王権の祈年祭の祭祀対象であったが、この神格に祟り神としての性格が内在しているのである。

ここで、古語拾遺にみえる御年神の神話に注目したい。

前章で述べたように、令制祈年祭の中心的な祭神は御年神であり、この神には白猪・白馬・白鶏という特別な供物が奉献されていた。忌部氏の家記である古語拾遺に、祈年祭で御年神に白猪・白馬・白鶏を奉献する起源を説いた神話がみえる。

一いは、昔在神代に、大地主神、田を営る日に、牛の宍を以て田人に食はしめき。時に、御歳神の子、其の田に至りて、饗に唾きて還り、状を以て父に告しき。御歳神怒を発して、蝗を以て其の田に放ちき。苗の葉忽に枯れ損はれて篠竹に似たり。是に、大地主神、片巫〈志止々鳥。〉・肱巫〈今の俗の竈輪及米占なり。〉をして其の由を占ひ求めしむるに、「御歳神祟を為す。白猪・白馬・白鶏を献りて、其の怒を解くべし」とまをしき。教に依りて謝み奉る。御歳神答へ曰ししく、「実に吾が意ぞ。麻柄を以て桛に作りて之に桛ひ、乃ち其の葉を以て之を掃ひ、天押草を以て之を押し、烏扇を以て之を扇ぐべし。若し此の如くして出で去らずは、牛の宍を以て溝の口に置きて、男茎形を作りて之に加へ、〈是、其の心を厭ふ所以なり。〉薏子・蜀椒・呉桃の葉及塩を以て、其の畔に班ち置くべし。〈古語に、薏玉は都須玉といふなり。〉」とのりたまひき。仍りて、其の教に従ひしかば、苗の葉復茂りて、年穀豊稔なり。是、今の神祇官、白猪・白馬・白鶏を以て、御歳神を祭る縁なり。

この神話における大地主神は、田人を労働力として駆使して水田耕作を行なう経営主体である。大地主神が田人に牛の肉を食べさせたことにより、御年神（御歳神）が怒って祟りをなし、稲の苗を枯らしてしまう。怒った理由は後段の記述にみえるように、その牛の肉が本来「溝口」すなわち田の水口に祭り置く供物であったからであろう。大地主神は占いによって原因を追求したところ、御年神の祟りであることが判明し、同神に白猪・白馬・白鶏を献上して怒りを解いてもらうべきことが示された。それらを献上したところ、御年神は自らの神意であることを認め、苗葉の回復する呪法を教え、その教えに従うことにより苗の葉は復活して茂り、豊かな稔りを得ることができた。以上が、祈年祭に神祇官によって御年神に白猪・白馬・白鶏が奉献されることになった起源であるという。

この神話は古語拾遺の最後の部分に付加的に掲載されているが、編者である斎部広成がこの神話を同書に挿入したことの意図は、律令国家の恒例祭祀のなかで最も大規模に行なわれる祈年祭に忌部氏が重要な役割を果たしており、そのなかで最も中心的な祭神となる御年神に対する特別な奉献物についても、その奉献の由来と意義を忌部氏が伝えているということにより、同氏の神祇官での伝統的地位を誇示しようとしたのであろう。

ここにみえる御年神は、怒るとその祟りによって稲の苗の葉を枯らす神であったが、その神意を受け入れて正しく祭れば稲を生育させ豊かな実りをもたらす霊威を有する神とされている。要するに、御年神は稲の生長を司る神であり、稲霊の霊威を発現させるための外在的な霊威の神格化である。

この神話にみえる御年神の祟りと記紀崇神天皇段のオオモノヌシの祟りは共通する性格がある。

これまで述べてきたように、オオモノヌシには王権の新嘗の斎田が営まれる倭屯田の地霊神という性格があり、王権の祈年祭の祭祀対象であった。これを御年神と比較してみると、両者には稲霊の霊威を育む外在的な霊力を有する神格であり、しかも王権の祈年祭に関わるという共通性がある。

崇神記紀のオオモノヌシの祟りは、三輪山の神の祭祀が途絶えたことによる神の怒りの表出というような史実の反映ではなく、倭の地霊神、稲の生育を保障する神という、御年神と共通する神格のなかに内在する要素とみるべきであろう。崇神記紀の祟り伝承は、三輪氏が三輪山祭祀を掌ることの奉仕由来を物語る氏族伝承が素材となっているが、その背景に古語拾遺の御年神神話に類する伝承、すなわち地霊神としての三輪山の神が祟りをなして祭祀を要求し、それに従って祭祀を行なうことにより豊穣が得られたとする伝承であったと推測できる。オオモノヌシの祟りのモチーフは、もとになった伝承の地霊的な神の祟りのモチーフの継承にすぎない。説話としての本質は神の祟りを述べることにあるのではなく、その神を祭ることにより年穀の豊穣や国家の平安が実現することにある。

崇神記紀のオオモノヌシの祟り伝承は、すでに指摘があるように鎮花祭を反映した祭儀伝承とみるべきである(34)。

鎮花祭は、神祇令に規定された律令国家の恒例祭祀で、三月に大神神社と狭井神社で行なわれる。大神神社の祭神はオオモノヌシ、狭井神社の祭神は「大神之麁御霊」であり、どちらも三輪山の神を祭る神社であった。

この祭祀の意義について、神祇令の義解には、「謂、大神狭井二祭也、在二春花飛散之時一、疫神分散而行レ癘。為二其鎮遏一、必有二此祭一、故曰二鎮花祭一」とあり、また同令集解所引の令釈（古記無別）にも、「此祭者、花散之時、神共散而行レ疫已、為レ止二此疫一祭之也、」とある。これによれば、春、花の散る時に疫神が花と共に分散して疫病を流行させるので、それを防ぐためにこの祭りを行なうという。文字通りに解釈すれば疫病予防の祭祀ということになるが、それは表層の言説にすぎない。この祭祀の本義は古語拾遺の御年神の性格に基づいて理解するべきである。

御年神の祟りは、それによって稲の苗の葉が枯れたとあることから、苗の時期、すなわち春の出来事とされている。一方鎮花祭も春三月の祭祀であるが、ここでいう「花」は、春の野山に咲き乱れる桜などの花である。満開の花は稲の豊穣をイメージさせることから、春の花見には稲作の予祝行事の性格があった[35]。豊穣を予祝する満開の花が散り落ちる現象を不吉とみて神の祟りと観念されたとすると、その神が疫神として飛散し疫病を流行させるという言説は稲を枯らすことの比喩であろう。その神は祟りによって稲の苗の葉を枯死させる御年神に通じるものがある。御年神は怒らせれば祟りによって稲を枯らし、祭れば稲を生育させ稔りを保障する神であったが、鎮花祭の祭祀対象の神も同様の神格であったとみられる。その祭祀対象の神とは、三輪山の神オオモノヌシに他ならない。鎮花祭は春に三輪山の神オオモノヌシを祭って稲の生育と稔りを祈願する祭儀であった。崇神記紀のオオモノヌシの祟り伝承は、このような鎮花祭の祭儀伝承に基づいて形成されているのである。

ところで、以上のようにオオモノヌシの祟り伝承を鎮花祭の祭儀伝承ととらえた場合、鎮花祭と祈年祭との関係、オオモノヌシの祟り伝承と祈年祭との関係をどのようにとらえたらいいのであろうか。

令制祭祀において祈年祭は二月、鎮花祭は三月にそれぞれ施行され、両者は別種の祭祀とされている。ここで注目したいのは、二月の祈年祭の祝詞で特別の称辞が述べられている神々のなかにオオモノヌシがみえないことである。

このことは、本章で明らかにしたように、令制前代の王権の祈年祭においてオオモノヌシがコトシロヌシと並んで中心的な祭祀対象であったことからすると不自然である。しかし、この疑問は鎮花祭の性格を理解することによって氷解する。令制の鎮花祭はオオモノヌシを祭祀対象とするが、その宗教的な意義は祈年祭に御年神を祭ることと同義であり、令制の祈年祭と変わらないのである。令制前代のオオモノヌシを祭祀対象とする祈年祭は、令制祭祀においては三月の鎮花祭として継承されたのである。

なお、鎮花祭における大神神社の神と狭井神社の神の関係は、祈年祭におけるコトシロヌシと御年神との関係を考える上で示唆的である。コトシロヌシと御年神の関係は、狭井神社の神が大神神社の神オオモノヌシの荒魂であるのと同様に、御年神は葛城鴨社のコトシロヌシの荒魂とみることができるのではなかろうか。

本章では、記紀の神話・伝承のなかからヤマト王権の祈年祭の要素の検出を試みた。その結果、神武即位前紀にみえる倭直氏の始祖による天香具山の土を用いた丹生川上祭祀の伝承が王権祈年祭と関わること、記紀にみえる三輪山の神オオナムチの伝承が、いずれも倭屯田における王権祈年祭の祭儀伝承であること、大和盆地東南部の葛城にも屯田が存在し、コトシロヌシを祭祀対象とする王権祈年祭が行なわれ、神武天皇の正后の出自をめぐる伝承のなかにその反映が認められることなどを指摘することができた。

王権祈年祭の祭祀対象であったオオモノヌシ・倭大国魂神とコトシロヌシは、記紀神話・出雲国造神賀詞では出雲のオオナムチと同一化・御子神化されている。これら三輪・葛城の神はなぜ出雲の神と結び付けられることになるのか。これを明らかにするためには、王権の新嘗および祈年祭が律令国家の形成に伴いどのように変化していくのかという問題を解明する必要がある。それとともに王権の宗教的世界観が律令国家の形成に伴いどのように変容し、そのなかでの出雲の位置づけがどう変わっていくのかについても明らかにされなければならない。これらは終章で検討する。

註

(1) 岸俊男「額田部臣と倭屯田」(『日本古代文物の研究』塙書房、一九八七年)。

(2) 本書第八章。

(3) 和田萃「ヤマトと桜井」(桜井市史編纂委員会編『桜井市史』上巻、桜井市役所、一九八〇年)。

(4) 書紀崇神七年十一月己卯条に「長尾市を以て、倭大国魂神を祭る主とす。」とある。長尾市は垂仁三年三月条一云に「倭直祖長尾市」とあり倭国造の祖である。

(5) 延喜臨時祭式27丹生川上神条に「凡奉二幣丹生川神一者、大和社神主随レ使向レ社奉之、」とある。

(6) 岡田精司「大化前代の服属儀礼と新嘗」(『古代王権の祭祀と神話』塙書房、一九七〇年)。

(7) 吉井巌「崇神王朝の始祖伝承とその変遷」(『天皇の系譜と神話』二　塙書房、一九七六年)、三谷栄一「大物主神の性格」(『日本神話の基盤』塙書房、一九七四年)、高橋明裕「氏族伝承と古代王権」(『歴史評論』六一一、二〇〇一年)。

(8) 仁安二年(一一六七)の奥付の「大倭神社註進状」による。前掲註(7)の各論考はこの史料の信憑性を評価している。

(9) 垂仁紀二十五年三月丙申条の「一云」。

(10) 村屋社は壬申の乱の戦地となったことが日本書紀(壬申紀)にみえ、同社が中ツ道に所在したことがわかる。現社地も中ツ道上に所在し、古代以来社地は移動していないとみられる。

(11) 福島秋穂「蛇神伝承」(小野寛・櫻井満編『上代文学研究事典』おうふう、一九九六年)、日本古典文学大系『日本書紀』上、一二二頁頭注。

(12) 箸墓伝承では、モモソヒメはオオモノヌシが蛇であったことに驚いて箸で陰部を突き刺して死ぬが、この部分は聖婚のモチーフの変容であろう。後述するように、オオモノヌシにはもう一つ、三島のミゾクイの娘セヤダタラヒメとの婚姻伝承があり、そこでオオモノヌシは丹塗り矢となって大便中のセヤダタラヒメの陰部を突き刺しているが、箸墓伝承の箸も、本来はオオモノヌシの化身的な象徴物であったとみられる。

(13)　井上光貞「帝紀からみた葛城氏」（『日本古代国家の研究』岩波書店、一九六五年）、直木孝次郎「葛城氏とヤマト政権と天皇」（藤沢一夫先生古稀記念『古文化論叢』一九八三年）、平林章仁『蘇我氏の実像と葛城氏』（白水社、一九九五年）。

(14)　ソツヒコの墓という伝承もある御所市の室宮山古墳（全長二三八メートル、五世紀前半の前方後円墳）に近い秋津遺跡で、塀によって方形に区画されたなかに大型建物群が建ち並ぶ特殊な遺構が発見された。時期は四世紀前半とみられる（『御所市秋津遺跡現地説明会資料』橿原考古学研究所、二〇一〇年）。

(15)　葛城県については塚口義信「葛城県と蘇我氏（上・下）」（『続日本紀研究』二三一・二三二、一九八四年）を参照。

(16)　小林敏男「県・県主制の再検討（二）」（『古代王権と県・県主制の研究』吉川弘文館、一九九四年）。

(17)　佐伯有清編『古代を考える　雄略天皇とその時代』（吉川弘文館、一九八八年）。

(18)　大平聡「世襲王権の形成」（鈴木靖民編『倭国と東アジア』吉川弘文館、二〇〇二年）。

(19)　岡田精司「日奉部と神祇官先行官司」（前掲註（6）書、平林前掲註（13）書）。

(20)　佐々木幹雄「三輪山祭祀の歴史的背景」（『古代探叢　滝口宏先生古稀記念考古学論集』早稲田大学出版部、一九八〇年）、和田萃「三輪山祭祀の再検討」（『日本古代の儀礼と祭祀・信仰』下、一九九五年）、前田晴人『三輪山―日本国創世神の原像』（学生社、二〇〇六年）。

(21)　それまで三諸山と称されていた山が三輪山とされるのも、この段階であったと思われる。

(22)　アジスキタカヒコネは古事記において「迦毛大御神」と称されるが、古事記のなかで大御神の称号を有する神は皇祖神であるイザナキ・アマテラスとこのアジスキタカヒコネの三神のみである。アジスキタカヒコネがなぜ両皇祖神と並んで大御神と称されるかは不明だが、雄略紀で葛城のヒトコトヌシが天皇と対等に描かれ、古事記で天皇がヒトコトヌシに拝礼するほど葛城の神の地位は高く、アジスキタカヒコネがその神格を引き継いだことにより王権からの高い尊崇を受けたのではなかろうか。

(23) 続日本紀の天平宝字八年十一月庚子条に、葛城山で狩をする雄略天皇の怒りをかって土佐に流された「高鴨神」が葛上郡に復祠される記事がある。この高鴨神は、土佐国風土記逸文に土佐高鴨大社の神の名として「一言主命」とみえること、雄略紀で雄略と狩を行なった神がヒトコトヌシであったことから、ヒトコトヌシとみられる。雄略が怒って土佐に流したというのは記紀の雄略の対応とは異なるが、祭官制にみられる王権祭祀体制の転換に伴う対応ではなかったか。

(24) 網干善教「鴨都波遺跡」(御所市史編纂委員会編『御所市史』御所市、一九六五年)、『鴨都波1号墳調査概報』(学生社、二〇〇一年)。

(25) 平林前掲註(13)書。

(26) あるいは高市県も雄略に献上された「葛城宅七区」「五処之屯宅」に含まれていたとも考えられる。いずれにしても葛城県と高市県に属する屯田を、ここでは葛城屯田と総称する。

(27) 葛城県・高市県を含む大和の「六県」の「県」は、小林敏男が指摘するようにアガタではなくコオリとみられ(小林前掲註(16)書)、王権直轄領の田地(屯田)や園地(御薗)などを所管したと考えられる。県の性格や六県の成立、また屯田との関係については、改めて検討したい。

(28) 敏達朝には三輪君逆が重臣として仕えていることからすると、この時期にはオオモノヌシの祭祀は重んじられていたとみられる。次の用明朝から蘇我系大王の時代となるが、おそらく画期となるのは用明没後の蘇我・物部戦争による物部氏の滅亡と蘇我氏の専権体制の成立であろう。倭屯田に関わる志貴県主や十市県主が、新撰姓氏録によれば物部氏系であること、崇神紀の三輪山祭祀に関わる記事に物部氏や穂積氏といった物部系氏族の関与がみられることから、物部氏も三輪山の神の祭祀に関係していたと考えられる。

(29) 日本書紀第八段第六の一書もこの説をとる。

(30) 日本書紀本文の神武の兄の名はイツセ・イナヒ・ミケイリヌである。イツセは「イツ(斎=神聖な)+セ」で語幹は「セ」で神稲を意味する「サ」の転化、イナヒは「イナ(稲)+ヒ(霊)」、ミケイリヌの語幹「ミケ」は穀霊の意(日本古

典文学大系『日本書紀』上、一八五頁頭注、岩波書店、一九六七年)。

(31) 蘇我馬子を中心に編纂された「天皇記」には神武正后はコトシロヌシの娘とされていたであろう(小林敏男「欠史八代の成立事情」前掲註(16)書)。

(32) 三谷前掲註(7)論文。

(33) 佐々木前掲註(20)論文。

(34) 三谷前掲註(7)論文。

(35) 三谷前掲註(7)論文。

# 第十一章　毒流し漁とヤマト王権の祈雨祭祀

毒流しという漁法がある。毒もみあるいは魚毒漁とも称し、毒性を有する物質を魚の棲息する水域で溶かして魚を麻痺させ、あるいは死なせて捕獲する漁法である。日本をはじめ世界各地にみられ、日本では主として川漁として行なわれるが、海や湖沼等でも行なわれている。

毒流しについては、民俗学や文化人類学によって調査・研究が蓄積されており、国内だけでなく海外の事例も多数報告されている(1)。国内では、主に民俗学によって民俗事例、民間伝承にみえる毒流しの報告・紹介やその分析が行なわれている。一方、歴史学が研究対象とする文献史料にも毒流しは散見するが、歴史学（文献史学）の側からのこの問題への積極的なアプローチはほとんどない。確かに、毒流しについては、漁法という技術的な視点からのみでは歴史学研究のテーマにはなりにくいのも事実である。しかし、これをとりまく法的あるいは社会的な問題は、歴史学ともリンクする重要な内容を含んでいる。

本章では、民俗学の成果に学んでこの毒流しという漁法の概要を把握し、さらにその儀礼的な一面にスポットをあてる。そしてその視点から古代の文献史料を分析し、王権祭祀のなかに毒流しの要素を見出してその意義を考えてみたい。それがヤマト王権の祈年祭とも関係するのである。

## 一　毒流し漁について

はじめに、毒流しという漁法が具体的にどのように行なわれるのか概観したい。ここでは『日本の生業』シリーズ（明玄書房刊）に報告されている毒流しの事例を紹介する。

ア．秋田県では、ナメ流しまたはアメ打ちとも称した。その方法は、山椒の木の皮、葉の茎を二〜三日乾燥させ粉にして灰と混ぜ合わせる。これがナメといわれるもので、このナメをカマス（俵）に入れ上流で踏む。濁流となって下流へ下るために魚類は仮死状態で浮き上がるので、その手網（タモ）で掬いとる。また山椒の葉そのものを用いることもある。この際にはカマスに葉三分の一と砂を入れる。他はナメと同様の方法である。いずれも下流域二里くらいまで効くという(2)。

イ．長野県では、投毒・本毒・青毒の事例が報告されている。投毒は山椒の実、味噌、米糠の三種を摺り交え（山椒の実、米糠は鍋で煎る）、八・九月の朝寒を覚える頃の未明に起き出て、少し煎鍋で暖めて冷えないようにして、河岸に至り、流れの緩やかなところを選んで、上流より徐々に播くと魚は躍って食べ、食べた魚は中毒して斃れるので、下流で待ち構えたものがこれを網で拾い上げたという。本毒は山椒の皮を煮て、臼に搗き、藁灰を交え、水を加えて練ったものを使用する。青毒はジシャの実、合歓花（ネム）の葉、藁灰を加えて臼で搗き、水を入れて練り、味噌の如くべたべたになしたものを使用する。この本毒と青毒は、川干の後、すなわち河流の支流または本流を堰き込めて一方の河を干した後に使用された。こうした毒流しによって得た魚は青色を帯び、その肉が堅く締まり、早く腐敗することがなく、また人身に害をなすこともなかったという(3)。

ウ．岡山県苫田郡阿波村にはヨシカワと称する毒流し漁があった。山椒を煮たものを木灰と一緒にカマス（俵）に入れて川上から流して、川魚を酔わして浮いたところをつかみとる。山椒の煮方が悪いと魚が酔わないという。また同県小田郡美星町では、アセビ・ノブの皮を叩いて、木灰の汁と一緒に川に流した。山椒の実をすりつぶしたものも使用され、のちにはデリスコという薬品も使われるようになったという。(4)

このような日本における毒流しの事例をみると、植物では山椒の皮が利用されることが多く、その葉や実も使われている。このほか胡桃（クルミ）の皮・野老（トコロ）の根などもよく使用されているようである。また青酸カリ等の薬品や有毒な化学物質を含んだ土による毒流しも報告されている。捕獲の対象となる魚は、提示した事例にはあがっていないが、ウナギ・アユ・アメウオ・ウグイ・イワナ・コイなど地域によって様々であった。

こうした日常の漁撈活動とは別に、ハレの行事として行なわれる毒流しの事例が報告されている。

次の事例は、秋田県の阿仁マタギ松橋茂治によるものである。(5)

エ．（前略）この毒流しというのは、私ら〝ナメナガシ〟とか〝アメナガシ〟っていったもんですよ。（中略）七月の頭のころにむらの人たちが皆で出てアメナガシということをしたですよ。皆網もったりヤスもったりして、男も女も川さ出て毒を流して。「今日は大川のアメナガシ」ってふれが回ってやったもんですよ。こんどきは男も女も化粧していい恰好すて出たもんです。男方は娘さん方が着物はしょって魚探して川のなか歩いてるの眺めて、嫁さんにする相手探したもんですよ。そういうアメナガシという行事は私が一五、六（大正末期から昭和初期）のころまでやってたものだすな。

この事例では、毒流しが村人総出で行なわれ、男女ともに化粧をして晴れ着（いい恰好）で参加したといい、年頃の男女の出会いの機会にもなっており、明らかにハレの行事として毒流しが行なわれている。

静岡県静岡市の峰山では、毎年六月祇園の前日に部落総出で毒流しが行なわれ[6]、また同県函南町馬坂では毎年八月の盆の前後に部落総出で毒流しをしてヤマメを捕ったというが[7]、こうして捕られた魚が神前や仏前に供えられ、また儀礼食として用いられている。このように、村の年中行事のなかに毒流しが位置づけられているケースもある。

民間伝承にみえる毒流しのなかにも、盆の時期に村の行事として行なわれるものがみられ[8]、ハレの行事としての毒流しは古くから行なわれていたものと推察される。

## 二　毒流し禁止令

しかし、現在毒流し漁は法律で禁止されている。一九五二年に施行された水産資源保護法第六条には「水産動物をまひさせ、又は死なせる有毒物を使用して、水産動物を採捕してはならない。」とあり、これに違反したものは「三年以下の懲役又は二百万円以下の罰金に処する。」（同三六条）とされている。したがって、今日の日本では毒流し漁は違法行為であり、処罰の対象とされているのである。ただ違法行為であることを承知の上での密漁による毒流しが横行していることも事実である[9]。

それでは水産資源保護法以前には毒流し漁が自由に行なわれていたかというと、実はそうではない。一定水域の魚やその他の水生生物を死滅させることもあるこの漁法は、古くから規制の対象とされていた。文献史料にみえる毒流しは、これを禁止する内容のものがほとんどなのである。

『日本庶民生活史料集成』（三一書房刊）には明治初期に県レベルで発令された毒流しに関する禁令が二例所収されている[10]。

a．長崎県　明治四年

河水ニ毒ヲ投ジ魚ヲ捕ル者ヲ禁ス

毒流シト唱エ市郷川筋エ種々之悪汁ヲ流シ諸魚之脳メルヲ捕ヘ遊戯ニ致シ候者有之由右ハ都テ水樋ノレ（ママ）ヲ呑候者ノ難儀ハ不及申其商業ニ因テハ川下エ活魚ヲ貯ヘ置候処夫カ為メ死果損失致シ候者モ不少一身ノ口腹ヲ養ヒ候タメ衆人ノ難儀ヲ不顧致方不埒ニ候間以後一切不相成候事

未六月

b．敦賀県　明治五年

六月二日

近来川々ニ於毒流シト称シ毒草或ハ石灰柿渋等ヲ以テ源流ヘ灑キ満川大小ノ魚類及毒殺候族往々有之趣右ハ其流毒有用無用之生物ヲ鏖殺スルノミナラス支流村々ノ食水ニモ遷延シ自然病患ヲ醸スノ原由トモ可相成条以之外ノ事ニ候以来右様ノ所業有之ニ於テハ急度可及処科モノ也

長崎県の禁令では、毒流しによって水樋の水の汚染や商業目的で下流に貯え置いていた活魚が死ぬという被害が発生していることを指摘し、敦賀県の禁令でも水の汚染による病気の発生を恐れている。

次に近世の例をあげると、摂津国の猪名川では古来より鮎漁が盛んで、川筋の村々には早くから毒流しを禁じる高札が立てられていたという。しかし禁をやぶって毒を流して密漁するものがおり、緑礬（硫酸第一鉄）を含んだ土を川に流し込む毒流しが行なわれ、その悪水が村々の田地に入り込み、農作物に被害が及んだことが指摘されている。[11]

さかのぼって中世前期の鎌倉時代、鎌倉幕府の正史吾妻鏡文治四年六月十九日条でも毒流しが禁止されている。[12]

c．十九日癸未、二季彼岸放生会之間、於二東国一可レ被レ禁二断殺生一、其上、如二焼狩毒流之類一、向後可二停止一之由、

被レ定訖、可レ被レ　宣二下諸国一之旨、可レ被レ経二　奏聞一云々、

ここでは春秋二季の放生会に期間中、東国においては殺生禁断とし、さらに焼狩と毒流しを今後禁止しようとしている。禁止の理由は仏教の殺生禁断思想に基づいており、野の焼狩、川の毒流しは、目的外の動植物をも殺してしまうという無益な殺生を伴う猟法・漁法として禁止とされたのであろう。

さらにさかのぼって、平安時代にも毒流しを禁止する法令がだされていた。類聚三代格巻一九禁制事に次のような太政官符がある。[13]

d．太政官符

一応レ禁二流レ毒捕レ魚事　二箇条之第二

右権僧正法印大和尚位遍照奏状称、今聞、諸国百姓毎レ至二夏節一、剥二取諸毒木皮一搗砕散二於河上一、在二其下流一者魚虫大小挙レ種共死、尋二其元謀一所レ要在レ魚、至二于蟲介一無レ用二於人一、而徒非二其要一共委二泥沙一、人之不仁淫殺至レ此、夫先皇至徳永遺二放生之仁一、後主深仁盍レ除二流毒之害一、伏望、自今以後、特禁二一時之毒殺一、将レ救二群蟲之徒死一者、

以前条事如レ件、右大臣宣、奉　レ勅、依レ請、

元慶六年六月三日

この官符が毒流しの初見史料とされており、これによって日本において元慶六年（八八二）にはすでに毒流し漁が行なわれていたことが確実である。ここにみえる毒流しの方法、すなわち諸々の毒のある木の皮を剥ぎ取って搗き砕き、それを川の上流に散くというやり方は、先にみた民俗事例と同様であり、毒流しは古代以来近代までほとんど変わらない方法で行なわれていたことがわかる。官符によれば、「諸国百姓」とあることから、毒流し漁は古代におい

ても広い範囲で行なわれていたとみられる。この漁法の禁止を求めたのは、僧侶であり六歌仙の一人としても名高い遍照だが、彼は仏教の殺生禁断や儒教の仁・徳などの思想を根拠に天皇に毒流しの禁止を説いている。

このように毒流しは、古代における史料上の初見の段階から禁令の対象とされており、中世・近世・近代・現代と時代を通じて国家側・支配の側は原則的にはこの漁法を禁止していたのである。禁止する理由は、古代・中世では仏教的な殺生禁断思想に基づくが、近世以降は毒流しによる下流域での被害が問題とされている。そして現代では水産資源保護という環境保護、水産資源の保全が法的規制の根拠となっている。

しかしこうした権力側からの規制を受けつつも、毒流しは個人で、あるいは村落共同体レベルで行われ続け、伝統漁法の一つにも数えられるに至っているのである。

## 三　雨乞い儀礼と毒流し

毒流しが、単に魚の捕獲の目的としてだけでなく、雨乞いのために行なわれるという事例が報告されている。

オ．奈良県大塔村の惣谷地区の雨乞いは、部落の男女すべてが女滝・男滝の二つの滝に赴いて滝壷に石を投げこみ、さらに山椒の皮の粉を入れるという方法で行なわれた。そして、浮いてくるアマゴや鮎などを獲り、全員に平等にわけた(14)。

カ．奈良県十津川村の内原では、大旱魃の年には大字中が集まってオニドコロの揉み汁を流したという。これを雨乞い流しといった(15)。

キ．沖縄県名護市の底仁屋では、夏になると、日照りが続き農作物への被害が及ぶこともあったが、そんな折、雨乞いをするためイジュの樹皮を剥ぎ臼に砕き、それを川や海の魚巣やヒシのクムイやラグーンに入れてふらふらと出てきたオオウナギや魚やタコを捕った。このような魚毒をササと呼び、それを使って魚などを捕ることをサキジュンあるいはササワインという。この雨乞いは子どもたちも総出で参加しウナギや魚を捕るのに嬉々とした。まる一日がかりに重労働も久しぶりの海の幸に舌鼓を打ちながら大地を潤す雨を乞うた。(16)

毒流しという漁撈行為がなぜ雨乞い儀礼として行なわれるのであろうか。雨乞いのための毒流しは、いったいいかなる神観念や信仰に基づいて行なわれたのであろうか。ここではこの問題を考えてみたい。

農耕に基盤をおく社会にとって、農作物の生育期における降雨はまさに死活問題であり、村落レベルでも国家レベルでも、古くから雨乞いの行事が行なわれている。その方法はきわめて多種多様であるが、『日本民俗大辞典』（吉川弘文館刊）の「雨乞い」の頃（小嶋博巳執筆）には、民間で行なわれた雨乞い儀礼の代表的なものとして次の一二例が紹介されている。(17)

① 村人が山または神社に篭って祈願する
② 作り物の竜や神輿・仏像を水辺に遷して祈る
③ 特別の面（雨乞い面）を出して祈る
④ 大勢で千回・一万回の水垢離をとる
⑤ 水神のすむという池などをさらって水替えをする
⑥ 水神の池や淵の水をかき回す
⑦ 水神の池や淵に牛馬の首など不浄なものを投げ込む、あるいは汚物を洗う
⑧ 地蔵を水に漬ける

⑨　釣り鐘を川や池に沈める
⑩　太鼓を打って総出で雨乞い踊りを踊る
⑪　特定の聖地から代参が水種を受けてきて川や田に注ぐ
⑫　山に上がって大火を焚く

また関敬吾はこうした雨乞いの方法を次の四つに分類している。(18)

Ⅰ　村の神社に篭り、または参拝して祈願するもの
Ⅱ　神社から水種をもらってくるもの
Ⅲ　神を怒らすもの
Ⅳ　山頂で大火を焚くもの

『日本民俗大辞典』の挙げる一二例のうち⑤～⑦は、関の分類Ⅲの神を怒らすタイプのものとみることができよう。すなわちこのタイプの雨乞い儀礼では、池や川の淵などに水神が棲み、その水神が神威を発動すると雨が降ると信仰されており、水神の好まない何らかの行為を行なうことによって、水神を怒らせてその神威を発動させようという観念が認められるのである。毒流しによる雨乞いもこのタイプに分類できる。

毒流しと雨乞いの関係を解く手がかりは、民間伝承のなかに見出だすことができる。

毒流しは民間伝承のなかでも多く語られており、とくに柳田国男が魚王行乞譚と命名した系統の伝承に毒流しがよくみられる。柳田の取り上げている事例を二つみてみよう。(19)

ク．（岩手県）盛岡の町から近い滝沢という村で、これも七月盆の頃に、若い者が集まって臼で辛皮を舂いている処へ、一人の汚い旅僧が来てそれを何にするかときいた。細谷地の沼さ持って行って打ってみるというと、悲し

そうな顔をして、そうか、その粉で揉まれたら大きな魚も小さいのも、あれなかれみな死ぬべ。小魚など膳の物にもなるまいし、思い止まりもせといった。若者等は口を揃えて、なにこの乞食坊主が小言をぬかせや。きょうは盆の一三日だ。赤飯をけるからどれでも食らって早く行けというと、旅僧は何もいわずに、その小豆飯を食って立ち去った。それから沼へ辛皮を入れて揉むと、やがて多くの魚が浮いて来て、そのなかの大きな鰻の、体はごまぼろになっているのが出た。それを捕ってづぶ切りに切って煮ようとすると、腹のなかから赤飯が出たので、先刻の旅僧は池の主であったことを知った。

ケ．（岐阜県）恵那の山村では山稼ぎの若者ども、あたりの谷川に魚多きをみて、今日は一つ昼休みの毒揉みをして、晩の肴を捕ってやろうと、朝からその支度をしていた。その辺でも辛皮と称して山椒の樹の皮を使うが、これに石灰と木灰を混じて煎じつめ、小さな団子に丸めて水底に投げる。わずか二粒か三粒もあれば、淵にいる魚のかぎりはみな死ぬという。ただし小便をしこむとその毒が一時に消えてしまうなどともいっている。さていよいよ用意も整って、一同が集まって昼食をしていると、何処からともなく一人の僧がやって来た。御前たちは毒揉みをするらしいが、これは無体な事だ。他のことで魚を捕るのはともあれ、毒揉みだけはするものではないといった。いかにも仰せの通りよくない事かも知れません、以来は止めましょうと挨拶をするとかの坊主、毒揉みばかりは魚としては遁れようもなく、誠に根絶やしとなる罪の深い所業じゃ。もうふっつりと止めたほうがよいと、なお念を入れて教訓をするので、連中も少しは薄気味悪くなり、もう慎みましょうといいながら食事をしていたが、その僧は直ぐにも立ち去らず、側にたたずんでいるので、折柄人々は団子を食っていたのを、これ参らぬかと進めると旨そうに食べた。それから飯も出し汁も沢山あるので、汁掛飯にして与えると少し食べにくい様子であったが、残らず食べてしまってそのうちに出て行った。あとで一同顔を見合わせ、あれはどういう人であろう。この山奥は出家の来べき処でない。山の神の御諌めか、または弘法大師ではなかろうか。どうだ、もう毒揉みはとめようではないかという者もあった。しかし気の強い人々は承知せず、山の神や天狗が怖ろしくば、始めから山稼ぎなどはせぬがよいのだ、心の臆した者はどうともせよ。おれたちばかりでやってのけると、屈強の二三名が先に立って、とうとうその日毒揉みをした。果たして獲物の多かったなかに、岩魚の大きさ六尺余もあるのがまじっていた。坊主の意見を聴いていたら、このような魚は得られまいなどと、悦んで村へもち還って多くの見物の前で、その大魚の料理に取りかかると、こは如何に昼間の旅僧に与えた団子をはじめ、飯などもそのまま岩魚の腹のなかから現れた。これには最前の元気な男どもも、流石に気おくれがしてその魚は食わずにしまったそうである。

ここでは毒流しの事例をあげたが、魚王行乞譚は、毒流しの他にも川干しや堀の水抜き等水域の全ての魚を捕り尽くす漁法の計画を話の発端として展開する。その基本的なモチーフは次のとおりである。

（ア）　毒流し等の魚の計画
（イ）　そこに来訪者（多くの事例で僧侶）が来て漁を止めるよう忠告
（ウ）　来訪者に食べ物を与え、来訪者はそれを食べる
（エ）　漁が実施され多くの獲物、そのなかに特別大きな魚
（オ）　その大魚の腹から先の来訪者に与えた食べ物、来訪者がその水域の主であったことを知る

このように魚王行乞譚は、毒流しのような一定の水域全ての魚を捕り尽くす漁の実施をその水域の主が止めさせようとする話なのであるが、その背景には、水域の主として大魚が存在すること、その主は漁が実施されることを嫌うことが観念されている。そして柳田国男は、その水域の主が水神として信仰されていることを指摘している。魚王行

乞譚では、（ウ）の来訪者に食べ物を与えるというモチーフが必要不可欠な要素であるが、ここで与えられる食べ物は、多くの事例で日常の食事ではなく儀礼食（ハレの食べ物）である。上記の二例も赤飯と団子であり、それに相当する。柳田はこれを水神への供物であったという。その水神が止めろと忠告する毒流しが結局強行され、これによって水神を怒らせてその神威を発動させて雨を降らせようとするのが雨乞い儀礼として毒流しを行なうことの意義なのである。

次にあげる沖縄の事例では、こうした毒流しと降雨の因果関係がよく説明されている。

コ．雨乞い異聞。話を聞いただけで実際には、みたことはない。

川のすぐ側に、木の枝を山積みして、それに火を放つ。ぼうぼうと火が燃えさかったら、所々水をかける。その水が地をはって、川にそそぎ込む。そうしたら、枝の樹液の毒にあたって魚がもがき苦しむのである。それを、魚の出世頭、大親方の龍がみて「何だあれは、我が輩のかわいい手下共が苦しんでいるではないか。ん？　原因はあの火か」と思って、それを消すために、雨を降らすのである。[20]

この事例の分類は、『日本民俗大辞典』の例示の⑫、関の分類ではⅣの山上で火を焚くタイプに該当するといえるかもしれない。しかしここでは火を焚くことが中心ではなく、燃え盛る木に水をかけてその水を川に注ぎ込むことが主眼であり、そのために実態として毒流しが行なわれている。その結果、魚たちの大親方である龍を怒らせて雨を降らせるのである。すなわち、関の分類ではⅢにあたる。この事例では、発端に火を焚くというモチーフがあることから、その火を消すために龍が雨を降らせるという結末が導かれており、毒流しというモチーフだけではわかりにくい行為と結果の関係、すなわち毒流しによってどのような効果があって雨が降るかという説明が明確に述べられている。[21]

以上のように、民間伝承の魚王行乞譚の分析やこの沖縄の事例などを参照することによって、毒流しが雨乞い儀礼として行なわれることの意味が理解できるのである。

## 四　古代王権の祈雨祭祀と毒流し—神武天皇即位前紀戊午年九月戊辰条の考察—

雨乞い、祈雨の儀礼は民間だけでなく、王権・国家レベルでも行なわれている。[22]

稲作農耕社会を基盤とする日本古代の王権・国家にとって、旱魃による農作物の被害はその存立を揺るがす大事であり、祈雨の祭祀は支配の根幹に関わる重要な意味を有していた。

日本書紀皇極天皇元年条には、この年に大旱魃があり民間でも様々な雨乞い儀礼が行なわれたが、大臣蘇我蝦夷と皇極天皇もそれぞれ祈雨の儀式を行なったとされている。天武・持統朝以降の律令国家の時代になると、国史に「名山大川」「諸社」への遣使・奉幣による祈雨の記事が頻出し、また延喜臨時祭式には、祈雨の神の祭に奉幣される畿内の八五座の神社が列記されている。[23]こうした律令国家の祈雨祭祀のなかで、とくに重視された神社が大和国吉野郡の丹生川上社と山城国愛宕郡の貴布祢社であり、国家は旱魃の時にはこの両社に馬を奉って雨を祈った。[24]このうち貴布祢社が祈雨の対象社とされるのは平安遷都後の弘仁年間からと比較的新しく、丹生川上社が古い時代からの代表的な祈雨対象社であった。

丹生川上社は律令国家以前のヤマト王権の時代から王権の祈雨対象社とされていた。[25]ヤマト王権は狭義のヤマトにあたる三輪山周辺地域を本拠地としていたが、その地に所在した王権直属の田地である倭屯田の稲作に稔りをもたらすための祈雨の聖地が大和盆地の南、吉野の山中の吉野川上流の丹生の川上であった。倭屯田を管掌したのは倭国造である倭直氏であったが、同氏が丹生川上の祭祀を担っていたとみられる。延喜臨時祭式27丹生川上神条に「凡そ幣を丹生川上の神に奉らんには、大和社の神主、使に随いて社に向かいて奉れ」とあるが、大和神社は倭直氏の奉斎社であり、その神主は同氏の後裔である大倭忌寸氏の氏上が司るとされていた[26]。このように令制下で大和社の神主が丹生川上社の奉幣を掌るのは、令制前代からの倭直氏の職掌が引き継がれているからである。

この丹生川上社祭祀の起源伝承が日本書紀神武天皇即位前紀戊午年九月戊辰条（以下本条と記す）にみえる。本節ではこの記事を考察してみたい。実はここに王権による毒流しが内在しているのである。

本条は、紀伊の熊野を経由して大和に入った神武が、大和盆地の土着勢力と対戦するにあたって、夢で天神の訓えを仰ぎ、その訓示に従って天香具山の埴土で祭器を造り天神地祇を祭るという内容であるが、その天神地祇の祭りの行なわれる場が丹生川上なのである。ここではこの丹生川上の祭祀が祈雨を目的としたものであるとは具体的には述べられていない。しかし、本条において中心的な活躍をみせるシイネツヒコに注目すると、この人物は倭国造である倭直氏の始祖であり、先にみたように、令制下の丹生川上社への祈雨奉幣は同氏後裔の大倭忌寸氏の氏上が大和社の神主として行なうこととなっていた。すなわち、本条におけるシイネツヒコの活躍は、倭直氏の丹生川上社の祈雨祭祀への参与を反映したものであり、本条は倭直氏の王権の祈雨祭祀への奉仕起源伝承に基づいて作られたとみられるのである。したがってこの本文中に祈雨の祭祀であるという記述がなくとも、本条の丹生川上社の祭祀はまちがいなく初代天皇となるべき神武による祈雨の祭祀であったとみてよい。

このように、本条の丹生川上祭祀を祈雨の祭祀であるとする観点から、あらためて本条を読み直してみると、興味深い点がみえてくる。

本条の丹生川上祭祀に関わる部分の内容は、次のとおりである。

神武は天神の夢の訓示に従ってシイネツヒコとオトウカシを遣わして、天香具山の埴土を取ってこさせ、その埴土で「八十平瓮・天手抉八十枚・厳瓮」という祭器を造って丹生川上にのぼり、これらを用いて天神地祇を祭るのであるが、それに際してこれら祭器を用いた二つの「祈い」（ウケイ）が、次のように行なわれる。

A　天皇、又因りて祈ひて曰はく、「吾今当に八十平瓮を以て、水無しに飴を造らむ。飴成らば、吾必ず鋒刀の威を仮らずして、坐ながら天下を平けむ」とのたまふ。乃ち飴を造りたまふ。飴即ち自づからに成りぬ。

B　又祈ひて曰はく、「吾今当に厳瓮を以て、丹生川上に沈めむ。如し魚大きなり小しと無く、悉に酔ひて流れむこと、譬へば柀の葉の浮き流るるが猶くあらば、吾必ず能く此の国を定めてむ。如し其れ爾らずは、終して成る所無けむ」とのたまひて、乃ち瓮を川に沈む。その口、下に向けり。頃ありて、魚皆浮き出でて、水の随に噞喁ふ。

このウケイの結果をシイネツヒコが神武に奏上すると、神武はたいへん喜んで、丹生川上の「五百箇の真坂樹」を根ごと取って諸神を祭ったというのである。

ここにみえるウケイとは古代の呪術的な占いの一つで、ある行為Xに対してその結果がYとなれば吉、ならなければ凶ということをあらかじめ口頭で明らかにした上で行為Xに及び、その結果によって吉凶が判定される。本条では上述のように、丹生川上の祭祀にあたって天香具山の埴土で造られた祭器を用いた二つの「祈い」が行なわれているが、ここではBに注目したい。

Bのウケイは、行為として天香具山の埴土で造られた厳瓮を丹生之川に沈めた場合、その結果として大小すべての魚が酔ったように浮かび上がれば吉――この場合大和の平定が実現する――ということが口頭で宣せられ、それが実行された。すなわち瓮が川に沈められた。その結果、すべての魚が浮き出てきて水面で苦しがって口をパクパクさせたのである。この行為は毒流しに他ならない。この場合は毒物ではなく、天香具山の埴土で造られた厳瓮を川に投げ込んで、その呪力で水域のすべての魚を麻痺させたのである。(27)

この毒流しが、丹生川上の祭祀のなかで行なわれていることは注目すべきである。前節でみたように、毒流しは雨乞い儀礼として行なわれることがあったが、本条において王権の祈雨儀礼である丹生川上祭祀に関わる記事のなかに毒流しがみえることは、けっして偶然のことではないのである。

以上のように、本条のBのウケイが毒流しを表現しているとすると、毒流しについて次の点を指摘することができる。

まず、本条によって、日本において毒流しという漁法が遅くとも日本書紀成立の八世紀にはすでに行なわれていたことがわかる。これまで毒流しに関する史料として最も古い時期のものは、先にみた類聚三代格の元慶六年六月三日太政官符（史料ｄ）であったが、それよりも百年以上さかのぼって史料的に確認できるのである。(28)

また、八世紀の段階ですでに毒流しが雨乞い（祈雨）儀礼として行なわれていることが、本条によって明らかとなった。この漁法の魚の捕獲という経済的側面とは別の一面である、儀礼的・呪術的側面が古代にまでさかのぼるのである。なお、前節で紹介した雨乞い儀礼として行なわれる毒流しの事例オとカは奈良県南部の山間地域の事例であるが、丹生川上社の所在地も同地域であることからすると、この地域での毒流しによる雨乞いは古代以来のものであった可能性も考えられる。

本条は、前章で詳しく論じたように倭屯田における王権の祈年祭を反映する伝承であった。倭屯田の祈年祭では倭国造である倭直氏によって倭屯田の所在するヤマトの地の地霊神と司水神が祭られ、その水霊の祭祀として丹生川上神の祭祀が行なわれたのであるが、本条の内容が祭儀の実態を反映したものであったとすると、王権の祈年祭の一環として、倭直氏が丹生川上において毒流しを模した儀礼的行為を行なっていた可能性も考えられる。本条でシイネツヒコは天香具山の埴土で造られた厳瓮を丹生川上に沈めて毒流しを行なっているが、この点についても実態の反映であったとすると、天香具山の埴土はヤマトの国霊（地霊）を象徴するものであり、丹生川上における司水神の祭祀が天香具山の埴土に象徴されるヤマトの地霊の霊威によって行なわれていたことを示している。本条は倭直氏の丹生川上祭祀の奉仕起源伝承であるが、そのなかでヤマトの地霊の祭祀を司るという同氏の呪能をもってヤマトの水霊の祭祀を司ることが物語られているのである。

本章では、これまで主に民俗学や文化人類学が研究対象としてきた毒流し漁の研究成果を踏まえて、歴史学が研究対象とする古代王権の祈雨祭祀の史料を検討し、そこから毒流しの要素を析出して、内在する問題点を指摘した。

現在日本では毒流し漁は法律で禁止されており、これを行なうことは犯罪である。しかし実際には、今日もなお青酸カリ等を使用した毒流しが各地で密かに行なわれており、内水域における漁業関係者や釣り愛好家を悩ませている。このように今日では反社会的な違法行為でしかない毒流し漁であるが、その歴史的系譜の一端が古代王権の祈雨祭祀、祈年祭にも連なることを本章では明らかにした。

註

（1）海外の事例による文化人類学的研究としては松原正毅「焼畑農耕民とウキとなれずし」（『季刊人類学』一―三、一九七〇年）、南真木人「魚毒漁の社会生態」（『国立民族博物館　研究報告』十八―三、一九九三年）等がある。

（2）鎌田幸男・斎藤寿胤「秋田県の漁業・諸職」（『東北の生業』二、明玄書房、一九八一年）。

（3）松村義也「長野県の漁業・諸職」（『南中部の生業』二、明玄書房、一九八一年）。
（4）湯浅照広「岡山県の漁業・諸職」（『中国の生業』二、明玄書房、一九八一年）。
（5）田口洋美『マタギ—森と狩人の記録—』（慶友社、一九九九年）。
（6）野本寛一「生態伝説と民俗モラル」（『生態民俗学序説』白水社、一九八七年）。
（7）野本前掲註（6）論文。
（8）第三節の事例ク参照。
（9）インターネットの渓流釣り愛好家のホームページに、毒流しによる被害が数多く報告されていることからも、密漁者による毒流しが今日もなお横行している現実がうかがわれる。
（10）『日本庶民生活史料集成』二一（三一書房、一九七九年）。
（11）『川西市史』二、一九七六年。
（12）新訂増補国史大系『吾妻鏡』（第一、吉川弘文館、一九六八年）による。
（13）新訂増補国史大系『類聚三代格』（後篇、吉川弘文館、一九七二年）による。
（14）野本前掲註（6）論文。
（15）林宏『十津川郷採訪録』五（十津川村教育委員会、一九九六年）。
（16）『がじまる』五九（名護市立中央図書館、一九九九年）。この事例は、島袋正敏同館館長（当時）の幼少期の体験によるものである。
（17）小嶋正巳「雨乞い」（『日本民俗大辞典』上、吉川弘文館、一九九九年）。
（18）関敬吾「雨乞」（『日本社会民俗辞典』一、誠文堂新光社、一九三二年）。
（19）柳田国男「魚王行乞譚」（『定本柳田国男集』五、筑摩書房、一九六八年）。以下の柳田の説はこれによる。
（20）高良通鈍ホームページ『スタジオ８９９２２１４』。高良通鈍は沖縄県のタクシードライバー。同ホームページには高良が見聞し体験した数々のことが紹介されており、そのなかには民俗事例や伝承も多く含まれているが、現在は閉鎖されている。

(21)　沖縄県石垣島の白保地区にも毒流しによる雨乞いの事例があり、瀬名波長宣『八重山小話』（沖縄春秋社、一九七二年）に次のような報告がある。白保部落では「モッコク」（方言・イージョウ）の皮や、「リュウキュウサボテン」（方言・フクルンギー）などをつき砕いて轟川の上流に投入し（俗にスサ入れ）て、川魚や鰻などを毒死せしめ、汚水を海中に注がせることによって海神のたたりがあり（日本本土に於ける神を怒らせるに同じ）雨を降らせると信じられている。この報告においても、毒流しを行ない神を怒らせることによって雨を降らせるという手段と効果の関係が認められる。

(22)　本章では雨乞いと祈雨の語を同義に使用する。祈雨の訓みは「あまごい」である。

(23)　古代の祈雨祭祀については三宅和朗「日本古代の『名山大川』祭祀」（『古代国家の神祇と祭祀』吉川弘文館、一九九五年）、並木和子「平安時代の祈雨奉幣」（二十二社研究会編『平安時代の神社と祭祀』国書刊行会、一九八六年）等を参照。

(24)　丹生川上社と貴布祢社には祈雨だけでなく、止雨を祈願するときも奉幣が行なわれた。その際祈雨の時は黒馬、止雨の時は白馬が奉られた（延喜臨時祭式26祈雨神祭条）。

(25)　本書第十章。

(26)　続日本紀和銅七年二月丁酉条に「従五位下大倭忌寸五百足を氏上として、神祭を主らしむ。」（新日本古典文学大系『続日本紀』岩波書店、一九八九年）とあり、この「神祭を主」るのが大和社の神主に相当する（同書、四三一頁、補注）。

(27)　この呪力は厳瓮の胎土である天香具山の埴土の霊力に由来するものである。崇神紀十年条にみえる武埴安彦の反乱伝承で、武埴安彦が密かに天香具山の埴土を取って「是れ　倭国の物実」と呪言する行為によってヤマト（この場合狭義）の支配権を奪取しようとしているように、天香具山の埴土にはそれを司るものがヤマトの支配者（王）としての資格を得るという観念があった。

(28)　日本書紀仲哀天皇二年六月条にも神功皇后による毒流しを表現した記事がみえる。

# 第Ⅳ部　出雲国造神賀詞奏上儀礼をめぐって

# 第十二章　出雲国造神賀詞奏上儀礼の意義

律令制下において、出雲国造は代替わりごとに都に上り、神賀詞を奏上する儀礼を行なうことになっていた。律令国家の下でこのような儀礼を行なうのは出雲国造だけである。

この儀礼の意義について、通説的な理解では、律令国家成立以前の出雲に強大な勢力が存在し、ヤマト王権がその勢力を制圧した史実が国譲り神話に反映されており、神賀詞奏上儀礼は出雲側の王権への服属儀礼であるとみられている。(1) しかし、そのような理解は、出雲に他の地域とは異なった特殊な性格があるという先験的な認識に基づくものであろう。

日本古代史における出雲の特殊性は、ヤマト王権や律令国家の宗教的・神話的世界観のなかでの出雲の特別な位置づけにあり、その世界観に基づく祭儀や神話に出雲の特殊性が表れているのである。(2) 出雲はその世界観のなかで特定の性格が付与され、出雲国造はそれにそった役割を負わされているのである。神賀詞奏上儀礼はヤマト王権の宗教的世界観に従って演出されたものである。本章では、このような視点から、出雲国造の神賀詞奏上儀礼の意義を検討してみたい。

## 一　神賀詞奏上儀礼の概要

延喜臨時祭式35負幸物条によると、神賀詞奏上儀礼は次のように行なわれる。新任された国造は上京し、まず負幸物という天皇からの下賜品を賜り、出雲に帰って一年間の潔斎を行なう。それが終わると国造は、国内諸社の祝部や一族の者とともに国司に引率されて上京し、あらかじめ卜定された吉日に大極殿に天皇が出御して神賀詞儀礼が行なわれ、この儀礼のなかで出雲国造は天皇に神宝を献上し、神賀詞を奏上した。その後国造は帰国して、再度一年間の潔斎を行ない、あらためて上京して同様の儀礼を行なった。

出雲国造から天皇に献上されるものは、臨時祭式36神寿詞条によれば次のような内容である。

玉六十八枚〈赤水精八枚、白水精十六枚、青石玉四十四枚〉

金銀装横刀一口〈長二尺六寸五分〉

鏡一面〈径七寸七分〉

倭文二端〈長各一丈四尺、広二尺二寸、並置㆑案〉

白眼鴾毛馬一疋、

白鵠二翼〈乗㆑軒〉

御贄五十舁〈舁別盛㆓十籠㆒〉

また奏上される神賀詞は、延喜祝詞式にみえ、その構成と内容は次のように大きく三段にわかれる。

［第一段］

国造が、熊野・杵築をはじめ出雲国内一八六社を斎祭した上で、賀詞を奏上することを述べる。

[第二段]

A　タカミムスヒの命により、アメノホヒ・アメノヒナトリが天降って「天下大八島国」を平定したこと、

B　それをうけてオオナムチが、自身の和魂とその子の神々を「皇孫命の近き守り神」として鎮祭する由来、

C　カムロキ・カムロミの命令によって神宝献上が行なわれる由来を述べる。

[第三段]

献上される神宝の品々にたとえて、神々の言寿ぎの詞章を奏上する。

[第一段]は口上的な序段である。[第二段]では神宝献上に至る経緯が神話によって語られている。とくにAの内容は国譲り神話であり、タカミムスヒの命を受けた出雲国造の祖神アメノホヒが、その子アメノヒナトリにフツヌシを副えて天降らせて、オオナムチから地上世界の支配権を譲り受けたとされている。そして[第三段]が寿詞（賀詞）に相当する部分である。神賀詞の中心はこの部分にある。[第三段]は次のような詞章である。(3)

白玉の大御白髪まし、赤玉の御赤らびまし、青玉の水の江の玉の行相に、明つ御神と大八島国知ろしめす、天皇命の手長の大御世を、御横刀広らにうち堅め、白御馬の前足の爪・後足の爪、踏み立つる事は、大宮の内外の御門の柱を、上つ石ねに踏み堅め、下つ石ねに踏み凝らし、振り立つる耳のいや高に、天の下を知りしめさむ事の志のため、白鵠の生御調の玩物と、倭文の大御心もたしに、彼方の古川岸、此方の古川岸に生ひ立つ若水沼間の、いや若えに御若えまし、すすぎ振るをどみの水の、いやをちに御をちまし、まそひの大御鏡の面をおしはるかして見そなはす事の如く、明つ御神の大八島国を、天地月日と共に、安らけく平らけく知ろしめさむ事の志のためと、御寿の神宝を擎げ持ちて、神の礼じろ・臣の礼じろと、恐み恐みも、天つ次の神宝の吉詞白したまはく

と奏す。

このように出雲国造が献上する神宝――白玉・赤玉・青玉・横刀・白馬・白鵠・鏡――一つひとつに祝意をこめて天皇の繁栄を寿ぐ詞章となっているのであるが、ここで明らかなことは、神賀詞奏上儀礼の中心となる神宝献上と神賀詞奏上は別個のものではないということである。神宝は単なる財宝ではなく、それぞれに呪術的な霊威が託されて出雲国造から天皇に献上されている。ヨゴト（賀詞・寿詞）は相手を祝福する言語呪術であり、言葉の力によって相手に幸福をもたらすという呪的効果を期待するものであるが、[4]神賀詞の奏上は、神宝の献上とともにその品々にちなんだ祝福の詞章を奏上することによって、神宝にこめられた霊威を効果的に天皇に付与するという意義があったのである。

このように考えるならば、神賀詞奏上儀礼の中心は神賀詞の奏上にではなく、神宝の献上にあったとみるべきであろう。とすると、神賀詞奏上儀礼の意義を明らかにするには、この神宝献上の意義が明らかにされなければならないということになる。これまでの神賀詞奏上儀礼に関する研究は、主として神賀詞の詞章の分析・検討を中心に行なわれており、儀礼の成立についての議論も詞章の成立の問題と混同される傾向にあった。[5]そこで本章では、神宝の検討をとおして神賀詞奏上儀礼の意義の解明にアプローチしていきたい。

## 二　神宝献上記事の検討

神宝の具体的な品目や数量は、先のように臨時祭式に記載されており、それらが神賀詞の詞章にも読み込まれていることも先にみたとおりである。ただし、御贄は神賀詞の詞章にはみえない。

祝詞式所載の神賀詞の詞章は、成立時期の異なる複数の要素から成っていることが明らかにされており、［第二段］Aの国譲り神話は記紀よりも古い様相を伝えていること、(6)［第二段］のBの部分が後の追加挿入によるものであること、(7)そしてこのBの部分の成立が飛鳥京ないし藤原京の時代の七世紀後半から八世紀初頭の時期であること、(8)さらに［第三段］が最も古い部分であることが(9)指摘されている。このような指摘を総合すると、［第三段］の神宝に託して寿詞を述べた詞章は七世紀後半には成立しており、このことは、臨時祭式にみられるような神宝の献上がこの時期からすでに行なわれていたことを示している。

しかし、神賀詞儀礼の史料上の初見は続日本紀霊亀二年二月丁巳条である。それ以降、六国史には出雲国造の神賀詞奏上の記事がしばしば記録されているが、神宝の内容に関する具体的な記事としては次の三例がみられる。

（1）　神亀三年二月辛亥条（続日本紀）

辛亥、出雲国造従六位上出雲臣広嶋斎事畢、献二神社剣鏡幷白馬・鵠等一。広嶋幷祝二人並進二位階一。賜二広嶋絁廿疋、綿五十屯、布六十端一、自余祝部一百九十四人禄各有レ差。

（2）　天長七年四月乙巳（類聚国史）

皇帝御二大極殿一。覧二出雲国々造出雲臣豊持所レ献五種神宝。兼所レ出雑物一。還レ宮授二豊持従六位下一。

（3）　天長十年四月壬午条（続日本後紀）

壬午、出雲国司率二国造出雲豊持等一奏二神寿一。幷献二白馬一疋、生鵠一翼、高机四前、倉代物五十荷一。天皇御二大極殿一、受二其神寿一。授二国造豊持外従五位下一。

これらを臨時祭式にみえる神宝の品目と比べてみると、次のような点が指摘できる。

まず（1）をみると、剣・鏡・白馬・鵠が具体的な品目としてあがっている。剣、白馬はそれぞれ臨時祭式の金銀装横刀・白眼鴾毛馬に相当するものである。玉・倭文・御贄はみえないが、「等」に含まれている可能性は考えられる。また剣・鏡と白馬・鵠が「幷」字を挟んで列記されていることは、剣・鏡という器物と馬・鵠という動物が異なる性格のものとして扱われていたことを示している。

なお「神祉剣鏡」の部分について、今日流布している続日本紀の諸テキストをみると、新訂増補国史大系本・朝日新聞社本は「神社剣鏡」と校訂し、東洋文庫本では、ここを「[熊野]神社の剣と鏡」と解釈している。しかし続日本紀の諸写本でこの部分を[10]「神社」とするのは、国史大系本の底本となった谷森本の系統のものに限られ、その他は谷森本と兄弟本の系統にあたる卜部本系の諸本も「神祉」としており、何より谷森本も原文が「祉」とあるところを後で「社」と修正している。[11]したがってここを「神社」とするのは谷森本の解釈にすぎないのである。ここは多くの写本のとおり「神祉」のままでよい。また新古典文学大系本は「神祉」と校訂しながら、これを「かむやしろ」と訓読し、意味的には神社と理解しているようである。しかし、これも谷森本や国史大系本の校訂に引きずられた解釈であろう。ここは「祉」字の意味を素直に解釈すればよい。「祉」には〝神の賜与〟〝神よりさずかる幸福〟の意味があり、[12]「神祉」は「神寿」「神賀」に等しい言葉である。したがって、ここの剣や鏡は特定の神社のものと考える必要はなく、「御祷の神宝」としての剣・鏡と理解することができるのである。

次の（2）には具体的な品目名は記されてはいないが、ここでは献上物が「献ずる所の五種神宝」と「出す所の雑物」とに区分されている。先に指摘したように、神賀詞の詞章の「御祷の神宝」のなかに臨時祭式所載の神宝類のうち「御贄」が含まれていないことを想起するならば、「雑物」は臨時祭式の「御贄」に相当するものではなかろうか。とすると「五種神宝」はそれ以外の玉・剣・鏡・倭文・白馬・白鵠ということになるが、これでは六種となってしまう。「五種」の具体的な内容は明らかではないが、あるいは倭文も「雑物」に含め、それ以外の五種であるかもしれない。

また（3）では白馬・生鵠が具体的な品目としてみえ、他は「高机四前」「倉代物五十荷」と記されている。臨時祭式では白鵠の数量は「二翼」とされるが、ここで献上されているのは「一翼」である。「倉代物」は、臨時祭式の「御贄五十舁」と数量が一致することから、御贄に相当する可能性がある。そうすると「高机四前」の内容は、玉・剣・鏡・倭文が高机に別々に置かれて献上されたとみることができる。このように理解すると、献上物は動物・器物・御贄に分類されているといえる。

以上の検討をまとめると、①御贄は神宝として神賀詞の詞章に読みこまれておらず、献上記事のなかでも神宝とは区別されているとみられ、神宝ではないこと、②神宝は剣・鏡・玉等の器物と白馬・白鵠の動物とにはっきりと区別されて扱われていることが指摘できる。しかし、神宝の性格や献上の意義についての直接的な手がかりをここから見出すことはできない。

そこで、視点を記紀の記事に向けてみたい。記紀には神賀詞儀礼そのものの記事はないが、その伝承のなかに神賀詞儀礼の神宝に関わると思われるものがみられるのである。以下、それらの検討をとおして神宝の性格やその献上の意義を明らかにしていきたい。

## 三　崇神六十年紀の伝承と神賀詞奏上儀礼

日本書紀の崇神六十年紀の記事に、神賀詞奏上儀礼との関連で注目される次の伝承がある。

［第一段］

（1）天皇が群臣に、「出雲大神の宮に所蔵されているタケヒナテル（またはタケヒナトリ、アメノヒナトリ）の天より将来した神宝を見たい」といった。そこで矢田部造の遠祖タケモロスミが出雲に派遣された。

（2）この時、出雲臣の遠祖フルネがその神宝を管掌していたが、ちょうどフルネは筑紫にでかけていたために、天皇の使者と応対することができず、その弟イイイリネが天皇の命を受けて、神宝を弟のウマシカラヒサと子のウカヅクヌに付して天皇に献上した。

［第二段］

（3）その後フルネは筑紫より戻り、神宝が朝廷に献上されてしまったことをきき、弟のイイイリネを責めて、「なぜ数日またなかった。何を恐れて簡単に神宝を献上してしまったのだ。」と怒った。

（4）フルネは年月がたっても、なお恨みをいだき、弟イイイリネを殺そうと思った。そこで弟をだまして、「このごろ止屋の淵に萎《も》がたくさんはえている。一緒に見よう。」と誘った。イイイリネは兄について行った。

（5）兄はあらかじめ密かに形を真刀に似せた木刀を作り、それを自分で佩いた。弟は真刀を佩いていた。止屋の淵の辺に着き、兄は弟に「淵の水は清く冷たい。一緒に水沐しよう。」といった。弟は兄の言葉に従い、両者ともに佩いていた刀を解いて、淵の辺に置いて水沐した。兄は先に陸に上がって、弟の真刀を取って佩き、弟は驚いて、後から兄の木刀を取って撃ち合ったが、弟は木刀を抜くことができず、兄は弟を撃ち殺した。時の人は次のような歌をよんだ。

や雲立つ　出雲梟師《たける》が　佩《は》ける太刀　黒葛《つづら》多巻《さはま》き　さ身無しに　あはれ

（6）ウマシカラヒサ・ウカヅクヌは朝廷に参向し、詳細にその事情を訴えた。そこで朝廷はキビツヒコとタケヌナカワワケを派遣して、フルネを誅殺した。そのため出雲臣等は、このことに恐れ畏んで、しばらく大神の祭祀を行なわなかった。

［第三段］

（7）ある時丹波の氷上の人で、名をヒカトべという者が、皇太子イクメノミコトに次のように申し上げた。「私の子に小児がいるのですが、その子が自然に次のようにいい出しました。

玉萎鎮石《たまものしずし》　出雲人の祭る　真種《またね》の甘美《うまし》鏡《かがみ》　押し羽振る　甘美御神《うましみかみ》　底宝御宝主《そこたからみたからぬし》　山河の水泳《みく》る御魂　静挂《しづか》かる　甘美御神　底宝御宝主

これは小児の言葉とは思えません。あるいは神が憑いていうのであるかもしれません。」皇太子はこのことを天皇に報告した。天皇は勅して出雲大神の祭祀を行なわせた。

内容は右のように三段にわかれている。［第一段］は天皇の命令による出雲の神宝献上のこと、［第二段］は、フルネによるイイイリネの殺害と朝廷によるフルネの誅殺、それに伴う出雲大神の祭祀の中断のこと、［第三段］は出雲大神の託宣により、天皇の勅で大神の祭祀が再開されたことをそれぞれ物語っている。

まず［第一段］をみると、出雲国造をつとめる氏族である出雲臣によって出雲大神の宮に納められている神宝が天皇に献上されており、その神宝をもたらしたタケヒナテルのまたの名はアメノヒナトリで、この神は神賀詞にみえ、アメノホヒの子で中ツ国の平定を行なった神であることから、この部分が神賀詞奏上儀礼と関係することは明らかである。

［第二段］以下は［第一段］の後日談となっている。［第二段］では出雲臣のフルネとイイイリネ兄弟の争いが物語的に描かれており、これを出雲における地域的な内紛の史実の反映とみなし、それに大和朝廷が介入して出雲を制圧

したとする見方もある。(13) しかし、こうした伝承から史実を導くのはたいへん危険である。ここは［第一段］が神賀詞奏上儀礼に関わる内容をもっているように、［第二段］以下も神賀詞奏上儀礼との関係で理解できるのではなかろうか。

このような視点から［第二段］をみると、止屋の淵での水沐が注目される。神賀詞奏上儀礼の際、出雲国造は都から出雲に戻って一年間の厳しい潔斎を行なうが、出雲国風土記の仁多郡三津郷の記事によって、この間国内でミソギを行なっていることがわかる。この止屋の淵の水沐も、国造が神賀詞儀礼の潔斎期間中に行なうミソギと関係するのではなかろうか。

またフルネという名前に注目すると、この名前はフル＋ネと分解される。ネは、ヒやチなどと同じく神霊を意味し、アメノコヤネ・アジスキタカヒコネなどのネと同義である。したがって、この名前の語幹はフルであり、このフルは、石上神宮を延喜神名式で石上坐布留御魂神社と記し、先代旧事本紀で石上布都大神と記すように、フツと同義である。フツは、国譲り神話で中ツ国の平定に活躍し、神賀詞の神話でもアメノヒナトリとともに活躍したフツヌシの名に表れており、このフツヌシは、石上神宮の祭神である霊剣フツノミタマの神格化であった。このように、フツは刀剣の霊威を表現した語で、それはフルにも通じる意味があった。こうしてみると、［第二段］は刀剣が重要なモチーフになっていることがわかる。主人公フルネは刀剣の霊威にちなんだ名前であり、ストーリーも刀剣をめぐって展開している。このモチーフの背後に神宝としての剣の存在が意識されていたとみられる。

［第三段］についても、神賀詞奏上の神宝との関係が考えられる。出雲大神が丹波国氷上の小児に憑依して述べた内容は、神宝のことであろう。

神託の詞章は、次のような構造になっている。

玉萋鎮石　出雲人の祭る

真種の甘美鏡　押し羽振る

山河の水泳る御魂　静挂かる

甘美御神　底宝御宝主

「玉萋鎮石」はここでは出雲にかかる枕詞のように使われているが、「出雲人の祭る」神宝の総称であろう。その具体的な物が「真種の甘美鏡」と「山河の水泳る御魂」であり、それぞれを「甘美御神　底宝御宝主」と賛めたたえている詞章と解釈できる。とすると、ここで具体的にみえる神宝は「甘美鏡」と「水泳る御魂」であり鏡と玉であろう。

ところで［第一段］では、イイイリネが天皇に神宝を献上した際、神宝をウマシカラヒサとウカズクヌに付して奉献したとされているが、このウマシカラヒサとウカズクヌという名前は、［第三段］の神託にみえる甘美鏡と水泳る御玉と同じ名義なのではないかという印象がもたれる。

まず、ウカズクヌの神名を検討すると、この神名は、ウ（鵜）＋カヅク（潜く）＋ヌと分解できる。ヌは玉のことである[14]。とするとこの名義は、鵜が水中に潜って水底よりもたらした玉ということになる。

古事記の神話に、オオクニヌシが越のヌナカワヒメのもとに妻訪いする物語がある。このヌナカワは地名で、和名抄にみえる越後国頸城郡沼川郷に比定され、同地には式内社の奴奈川神社があった。この付近からは、玉の材料となるヒスイが産出することから、ヌナカワはヌの川、すなわち玉の川の意と考えられる。そして万葉集に「ヌナカワの底なる玉」という歌があり（三二四七）、川の水底に神聖な玉があるという信仰の存在をうかがい知ることができる。

また日本書紀允恭天皇十四年九月条には、淡路島の神に捧げる玉（真珠）を、阿波の白水郎が海の底に潜って取ってくる記事がみえる。また記紀の海神宮訪問神話で、ホオリ（山幸彦）が海中の海神宮を訪れて得たものは、水を自在にあやつる呪力がある塩盈玉《しおみつたま》・塩乾玉《しおひるたま》という玉であった。以上のように、神聖な玉が水底にあり、それが神への捧げ物や王の呪物とされるという信仰が古代にあったことがわかる。

また、古事記の国譲り神話の最後の部分で、高天原の使者の食膳を奉仕するクシヤタマの神は、鵜となって水底に潜り、底の土を取って祭具を作っている。ここでは玉を取っているわけではないが、その神の名が玉を帯している。

以上の事例を参考にすると、イイイリネの子とされるウカヅクヌという神名は、古代の玉の信仰に即した名義であり、さらに、［第三段］の神託の「山河の水泳る御魂」も水底のミタマ＝玉とみられ、両者は同種の神宝を意味していると理解できる。

次に、ウマシカラヒサ（甘美韓日狭）の神名についてみると、名義の構成は、ウマシ＋カラ＋ヒサとなる。ウマシ（甘美）は素晴らしいという意味の美称、カラ（韓）は朝鮮を意味し、したがって語幹はヒサである。［第三段］の神託の甘美鏡と対照すると、美称の甘美は共通することから、問題は鏡とカラヒサが共通するかということになる。

カラ（韓）が朝鮮舶来の先進性を表現することから、ヒサがもし鏡であれば、カラヒサは朝鮮舶来の鏡、渡来人の先進技術によって鋳造された鏡を意味することになる。ヒサの語義については不明であり、断定はできないが、フルネが刀剣、ウカズクヌが玉に関わる以上、ウマシカラヒサも鏡に因んだ名前であった可能性は高い。

このように推測の域を出ないが、イイイリネの弟ウマシカラヒサの名義も［第三段］の神託にみえる甘美鏡と同種の神宝を意味するものととりあえず理解しておきたい。

以上、［第一段］で出雲臣イイイリネが神宝献上のために差し向けたという弟ウマシカラヒサと子ウカヅクヌの神名を検討したが、これらの名は本来神宝の名称であり、伝承形成の過程で献上される神宝が人格化されたのではないかと考えられる。このように理解すると、〔第一段〕において出雲から天皇に献上されたのは、鏡と玉の二種の神宝であったということになる。

またこのようにみると、〔第二段〕のフルネについても、先に指摘したように、その名義には刀剣の霊威を示す意味があり、神宝としての刀剣を象徴した人格ではないかと考えられる。

以上の考察により、日本書紀崇神六十年紀の記事は神賀詞奏上儀礼と関連し、なかでもそこで献上される鏡・玉・刀の三種の神宝にまつわる伝承であったということができる。それでは、神賀詞奏上儀礼において、この三種の献上にはどのような意義があったのであろうか。

## 四　剣・鏡・玉献上の意義

日本書紀の垂仁二十六年八月条にも出雲の神宝に関する記事がみえる。ここでは前章の崇神紀の伝承に続く内容が物語られている。

> 天皇、物部十千根大連に勅して曰はく、「屢《しばしば》使者を出雲国に遣して、其の国の神宝を検校《かむが》へしむと雖も、分明《わきわき》しく申《まう》言す者も無し。汝親ら出雲に行《まか》りて、検校へ定むべし」とのたまふ。則ち十千根大連、神宝を校《かむが》へ定めて、分明しく奏言す。仍りて神宝を掌《つかさど》らしむ。

このように、崇神紀で問題となっていた出雲の神宝――具体的には先に考察したように剣・鏡・玉――は、垂仁天皇の命により物部十千根が検校し、最終的に十千根が管掌するところとなった。ここにみえる物部十千根は、同じ垂仁紀八十七年二月条で、石上神宮の神宝を掌ることとなった人物である。物部氏の石上神宮の奉仕は、同氏がヤマト王権のなかで担っていた重要な分掌の一つであり、十千根はその奉斎起源伝承に登場する人物であった。出雲の神宝がこのような性格の人物の検校を受け管掌されていることは、出雲の神宝の性格を明らかにする手がかりとなる。すなわち、出雲の神宝の性格には石上神宮の神宝の性格との共通性が考えられるのである。

石上神宮には二つの機能がある。一つは、ヤマト王権の遠征軍の武器庫としての機能（以下、機能Ⅰと称す）で、ここに収められた武器は、信仰上、祭神で王権の武力の象徴であるフツノミタマの分霊とみなされ、王権の軍隊はその武器をもって遠征した。もう一つは、神宝の収納庫としての機能（以下、機能Ⅱと称す）で、遠征軍が地方征服の時に服属地の国魂のこもった神宝を服従のしるしに没収し、それをフツノミタマの霊威のもとで抑えこむことによって大王が全国の国魂を支配するという意味がこめられた[15]。

石上神宮のこのような機能を踏まえて、垂仁二十六年紀の伝承を解釈してみよう。まず、機能Ⅱとの関係で理解すると、出雲の神宝は、出雲勢力の天皇への服属の証として献上されて石上神宮に納められたことを意味する伝承ではないかとみることができる。日本書紀の同じく垂仁紀には、丹波国桑田村の八尺瓊勾玉や新羅の王子天日槍の将来した神宝[16]が献上されて石上神宮に納められている記事があり、垂仁二十六年紀の記事もこれらと同じ性格の記事とみることもできる。とくに天日槍の神宝[17]は剣（刀）・鏡・玉を主たる内容としており[18]、出雲の神宝と共通しているのである。

また日本書紀や風土記などに、地方の豪族が来訪した天皇に剣・鏡・玉等を捧げて服属の意を表すという伝承がみられ[19]、こうした宝器の献上が地方豪族の天皇への服属を示す行為であることは明らかである。

しかし、垂仁紀の物部氏による出雲の神宝の検校・管掌を、そのような服属の証としての献上、石上神宮への収納と考えるべきではない。

崇神六十年紀によれば、出雲の神宝は「武日照命の天より将《も》ち来《きた》れる神宝」であったという。タケヒナテルは紀の割注に記すようにアメノヒナトリであり、神賀詞の神話のなかでは、国譲りのために天降ってオオナムチを鎮定するという重要な役割を担った神である。そして出雲の神宝は、この出雲国造の祖神であるアメノヒナトリが国譲りのために高天原より中ツ国に遣わされた時に携えてきた神宝なのである。アメノヒナトリの中ツ国派遣は、高天原の最高神タカミムスヒの命令に基づくものであり、そのような使者が携えた神宝はあくまで王権の側の宝器であり、地方豪族の服属の証として献上する宝器とは性格が異なるものである。

このような出雲の神宝の性格を考える上で、次に示す景行四十年紀のヤマトタケルによる蝦夷征討の際の伝承が参考となる。

爰に日本武尊、則ち上総より転《うつ》りて、陸奥国に入りたまふ。時に大きなる鏡を王船に懸けて、海路より葦浦に廻る。横に玉浦を渡りて、蝦夷の境に至る。蝦夷の賊首、嶋津神・国津神等、竹水門に屯《いは》みて距《ふせ》かむとす。然るに遙に王船を視《おせ》りて、予め其の威勢を怖ぢて、心の裏にえ勝ちまつるまじきことを知りて、悉に弓矢を捨て、望み拝みて曰さく、「仰ぎて君が容を視れば、人倫に秀れたまへり。若《けだ》し神か。姓名を知らむ」とまうす。王、対へて曰はく、「吾は是、現人神の子なり」とのたまふ。

ヤマトタケルは船に大きな鏡を懸けて蝦夷の国境に向かい、迎え討つ蝦夷の賊首等がそれをみて、その威勢におじけづいて武器を捨てて屈服したとするが、この鏡はヤマトタケルの霊威を示す呪具であり、ヤマトタケルはその霊威の呪力によって蝦夷を制圧したのである。(20)

アメノヒナトリ（＝タケヒナテル）が天より将来したという出雲の神宝も、タカミムスヒの命に基づいて葦原の中ツ国を支配するオオナムチを制圧するための、天ツ神の霊威を示す呪具であろう。

それでは、そのような性格の出雲の神宝が、物部氏によって検校され管掌されることをどのように理解したらいいのであろうか。

神賀詞の国譲り神話では、「己命（アメノホヒ）の児アメノヒナトリノ命にフツヌシノ命を副へて、天降し遣はして、荒ぶる神等を撥ひ平け、国作らしし大神をも媚び鎮めて……」とあるように、アメノヒナトリとともにフツヌシが天降ってオオナムチ鎮定にあたっている。フツヌシは、石上神宮の祭神で王権の武力の象徴であるフツノミタマを人格神化した神であり、物部氏によって奉斎される神であった。石上神宮の性格として機能Iがあるように、ヤマト王権の遠征軍は王権の武威の神霊であるフツノミタマの霊威で地方の豪族を制圧したのであるが、アメノヒナトリにフツヌシが副えられて国譲りに派遣されたとしているのは、アメノヒナトリがフツノミタマの霊威でオオナムチを鎮定したことを表しているのであろう。

このように解釈すると、アメノヒナトリのもっていたとする神宝とフツノミタマの機能は、共通する性格のものであったと理解できる。剣・鏡・玉からなるアメノヒナトリの神宝が宗教的・祭祀的な性格であるのに対し、刀剣によって象徴されるフツノミタマには軍事的・武力的な性格があるという違いはあるものの、ともに天ツ神の霊威によって荒ぶる神やオオナムチを鎮定する機能を有していたのである。

垂仁二十六年紀の物部十千根による出雲の神宝の検校・管掌は、このような出雲の神宝と物部氏の奉斎するフツノミタマとの共通性に基づくものであった。

出雲の神宝が以上のような性格のものであったとすると、それが天皇に献上されることにはどのような意義があったのであろうか。

この問題については、記紀の神武天皇の段にみえる次のようなフツノミタマの霊能が参考になるであろう。難波から迂回して紀伊の熊野にまわった神武一行は、その地で神の毒気にあてられて神武はじめ全軍が気を失って倒れてしまった。この時、熊野のタカクラジなる人物のもとに、天上のアマテラスより、かつて葦原中国を平定する際に用いられた剣フツノミタマが届けられ、タカクラジはそれを神武に献上し、それによって神武は勢力を盛り返した。

このようにフツノミタマは、仮死状態に陥った神武の霊力を復活させて、神武の軍勢の武力を回復させたのである。神武はこの勢いで大和入りし、大和の土豪を倒して初代天皇として即位したのであった。フツノミタマが神武に献上されたことの意義は、神話の世界で葦原中国を平定した剣の霊威が神武に付与されることによって、神武による中ツ国の支配が保障されたということであろう。フツノミタマの献上は、そのような霊威の付与＝タマフリ（鎮魂）であった。

出雲の神宝も、このようなフツノミタマと性格を共通するものとみるならば、その天皇への献上についてもフツノミタマと同様の意義が考えられるであろう。すなわち、神話の世界において、アメノヒナトリが葦原中国の支配者オオナムチを鎮定した霊威を有する呪具としての神宝（剣・鏡・玉）を天皇に献上することによって、天皇に中ツ国を納める呪術的な霊威が付与されるというタマフリ的な意義があったのである。そしてこのことは、神賀詞奏上儀礼における剣・鏡・玉献上の意義にもあてはまり、さらには神賀詞奏上儀礼そのものの意義にも通じるといえよう。

神賀詞奏上儀礼は、通説的に理解されているような服属儀礼ではなく、天皇に霊威を付与するタマフリ儀礼であったと考えられる。

王権の儀礼は、その宗教的世界観に基づいて行なわれ、それが神話に反映されている。神賀詞奏上儀礼における出雲の位置づけも、古代王権の宗教的な世界観のなかで考えなければならない。

神賀詞奏上儀礼を反映する神話は、岡田精司が指摘するように、国譲り神話である[21]。この神話に描かれた王権の宗教的世界観は、天上世界の高天原に王権の権威と権力の根源を置き、地上世界の葦原中国（豊葦原水穂国）を王権が支配すべき世界と位置づけており、高天原の主神がアマテラス・タカミムスヒ、中ツ国の主神がオオナムチ（オオクニヌシ）であった。葦原中国は、天皇によって支配されるべき国土の神話的な表現であり、この主神であるオオナムチを制圧することによって、天皇の国土支配が保障されるという意義があった。神賀詞の詞章にみえる国譲り神話に即していえば、このオオナムチを制圧したのがアメノホヒならびにアメノヒナトリであり、これらの神がオオナムチを制圧していることによって、天皇の国土支配が宗教的に保障されるということになった。

神賀詞奏上儀礼は、以上のような王権の宗教的世界観に基づいて展開されるのである。高天原の主神アマテラスの鎮座地が伊勢に設定されているのに対し、中ツ国の主神オオナムチの鎮座地は出雲に設定された。オオナムチは出雲の土着神ではなく、王権の宗教的世界観に従って出雲に祭られたのである（それはアマテラスが伊勢の土着神でないことと全く同様である）。そしてオオナムチはアメノホヒ・アメノヒナトリを祖とする出雲国造によって祭られたが、出雲国造にこのような系譜を与えてオオナムチの祭祀をさせているのは王権の要請に他ならず、出雲国造が主体的に行なっているのではない。神賀詞奏上儀礼には、出雲国造に祖神のアメノヒナトリがオオナムチを制圧した神宝を献上させることによって、天皇に中ツ国の主神オオナムチを威圧した霊威を付与して、天皇の国土支配が宗教的に保障されるという意義があったのである。

神賀詞奏上儀礼の意義を以上のように理解すると、この儀礼の本質は剣・鏡・玉の献上にあったとみることができるであろう。

なお、神賀詞儀礼に先だって、出雲国造は上京して就任式を行なった後、天皇より「負幸物」といわれる下賜品を受けていた。その中心は「金装横刀一口」であった。この横刀の下賜は、神話でアメノホヒが中ツ国平定の命令を受けることに対応し、就任した出雲国造にオオナムチの制圧を命じる節刀のような意味をもっていたと解釈できる。このように、出雲国造の就任から神賀詞奏上儀礼に至る一連の儀礼は、国譲り神話に反映されている王権の宗教的世界観に従って演出されていたのである。

## 五　ホムツワケ皇子の物語と白鳥献上の意義

次に、記紀の垂仁天皇の段（紀は垂仁二十三年十月八日条）にみえるホムツワケ皇子（記はホムチワケ）[22]の物語を検討したい。この物語は、神賀詞奏上儀礼における鵠（白鳥）の献上の意義を考える上で重要な手がかりとなる。まず、記紀それぞれの物語をみてみよう。

［古事記］

（1）ホムチワケは二俣小舟を倭の市師池、軽池に浮かべて遊びをしたが、顎髭が胸前に至るほどに成長しても、言葉を話さなかった。

（2）その皇子が空を飛ぶ鵠（＝白鳥）の鳴く声を聞いてはじめて片言の言葉を発した。

（3）そこで山辺オオタカを遣わしてその鵠の捕獲を命じた。

（4）オオタカは紀伊→播磨→因幡→丹波→但馬→近江→美濃→尾張→信濃と鵠を追い巡り、遂に越国の和那美の水門で捕獲して献上したが、皇子は何ものをいわなかった。

(5) 天皇の夢に出雲大神が現れ、皇子が言葉を話せないのは大神の祟りであると判明した。
(6) 皇子に曙立王と菟上王を同伴させて出雲に向かわせた。
(7) 出雲に到着して大神を参拝し、その帰りに出雲国造の祖キヒサツミの食膳奉仕を受けた時、皇子は言葉を発した。
(8) 皇子はヒナガヒメとの聖婚を行なったが、密かにヒメをみると蛇だったので、あわてて逃げた。
(9) 皇子が言葉を得たことが天皇に報告され、天皇は喜んで菟上王を出雲に引き返させて、出雲大神の宮を造らせた。

[日本書紀]

① ホムツワケ皇子は年三十、立派に顎髭がはえそろうほどになっても子どものように泣いてばかりいて、言葉を話さなかった。
② 天皇に侍して大殿の前に立っていたとき、空を飛ぶ鵠をみて、はじめて言葉を発した。
③ 天皇は鳥取造の祖ユカワタナにその鵠の捕獲を命じた。
④ ユカワタナは鵠の飛び去った方角に向かって追い尋ね、出雲で捕獲して献上した。それによって皇子は遂にものを言うことができるようになった。(別伝によれば但馬で捕獲されたともいう。)

このようにホムツワケの物語は記と紀でストーリーの展開が異なるが[23]、ものいわぬ皇子が言葉を得たのは、記では出雲大神の参拝と国造の食膳奉仕、紀では出雲で捕獲された鵠＝白鳥の献上によるものであり、これら出雲大神、出雲国造、白鳥の献上という要素は神賀詞奏上儀礼を構成する内容と一致し、この物語が同儀礼と関係の深いものであることは明らかである。とくに白鳥献上というモチーフは記紀両方にみえており、神賀詞奏上儀礼において白鳥が神宝として献上されることの意義は、この物語の分析によって解明されることと思われる。

なお、ホムツワケは紀では捕獲された白鳥の献上によって言葉を得るのに対し、記では白鳥献上によってもなお言葉が得られなかったとしている点に若干問題があるので、この点についてふれておきたい。

記は、白鳥献上の物語（1）〜（4）と、出雲への旅の物語（5）〜（9）という全く内容の異なる二つの物語からなっている。ここでは（4）の白鳥献上では決着せず、その結果（5）以下に展開するが、紀のような白鳥献上によって完結する伝承が存在することを踏まえて考えるならば、（1）〜（4）も本来は紀と同じように白鳥の献上で皇子がものをいえるようになって完結する伝承であったとみるべきであろう。それが後に（5）〜（9）と接続される際に（4）の部分が否定的に改変されて記のような形になったと考えられる。すなわち、記の（1）〜（4）には原伝承が存在し、その伝承はものいわぬ皇子が白鳥の献上によって言葉を得るという紀の物語と共通のモチーフをもった物語であり、記の（5）〜（9）のホムチワケが出雲へ旅する物語とは本来性格の異なる別個の伝承であったが、両者を接続する都合上、白鳥による効果が否定されたのである。

神賀詞奏上儀礼における白鳥献上の意義を考えようとする本節では、紀の伝承および想定される記の（1）〜（4）の原伝承を以下の考察の対象として論を進めることとしたい。

このホムツワケというものいわぬ皇子の性格については、吉井巌の研究に詳しい。吉井は、記紀の天皇系譜を分析してその形成のプロセスや改変の意図を考察したが、そのなかで、正妃所生の皇子でしかも記紀にこれほどの物語を載せながら後裔系譜をもたず、天皇にもならないというホムツワケの系譜上の特異な位置に着目し、詳細な検討を行なった。その結果、ホムツワケが古い王権の系譜の始祖的な天皇（大王）であり、記紀のなかでも始祖的な天皇像として描かれている応神天皇（ホムタワケ）と同一の性格をもつ皇子であったことを明らかにした(24)。

本書でも第四章で、船遊び伝承を手がかりに、ホムチワケは本来倭王讃の名であり、一系的な王統譜が形成されていく中で応神の名に移され、さらに垂仁の皇子の位置に加上されたこと、ホムチワケの伝承が王権始祖伝承であることを明らかにしている。(25)

このようにホムツワケは、本来天皇（大王）になるべき皇子であり、その原伝承には王権始祖伝承という性格があったことをまず確認しておきたい。

この物語の重要なモチーフは、皇子が成人してもなお言葉を話さないことと、白鳥によって言葉を得ることの二点である。このモチーフは王権始祖伝承としてのこの物語のなかでどのような意味をもっていたのであろうか。

物語のなかでの皇子は「八拳《やつか》鬚心《ひげむね》の前に至るまでまこととはず」（記）、「生年既に三十、八掬髯鬚《やつかひげ》むすまでに、猶泣《いさ》つること児の如し。常にまこととはざること、何由ぞ。」（紀）と説明されている。ここでは、皇子が立派な鬚をたくわえていることで、肉体的・外面的には立派な成人であることを表現している。それに対して、言葉が話せないことは人格的・精神的・内面的な部分が未成熟であることを表現したものである。ホムツワケがこのように描かれているのは、彼が王となるべき皇子であることを踏まえると、王としての霊威が備わっていないことの物語的な表現と解釈できる。そしてホムツワケは最後には言葉を得ることになるが、それは彼が王としての霊威を身につけ、王としての資格を得たことを表現しているのである。

以上の理解によれば、ホムツワケが白鳥の献上によって言葉を得たことは、その白鳥によって皇子に王として備えるべき霊威が付与されたことを表現しているといえる。このことの意味については、鳥、とくに白鳥を霊魂を運搬する使者、あるいは霊魂そのものとみる古代の信仰を理解しなくてはならない。(26)ヤマトタケルの霊魂が白鳥となって飛び去ったという記紀の伝承は、この信仰を端的に表現している。また風土記には、餅が白鳥と化して飛び去っていく伝承がみえるが、(27) ここでの餅は稲霊の象徴物であり、稲霊が白鳥となって異界からこの世にもたらされるという信仰がこの伝承の背景にある。(28) その他にも、白鳥と霊魂の密接な関係を示す事例は、古代の史料のなかに数多く見出だすことができる。(29)

ホムツワケへの白鳥の献上も、このような信仰に基づくものである。ホムツワケは献上された白鳥のもたらした霊魂を身につけて言葉を得ることができ、そのことは、すなわち王としての霊威の獲得を意味したのであった。

こうした外部からもたらされる強力な霊魂を身体に付着させる行為は、タマフリ（鎮魂）である。ホムツワケの物語における白鳥の献上にはこうしたタマフリの意義があった。そして、白鳥の貢納をとおしてもたらされる霊魂は王（天皇）が備えるべき霊威であったということになるのである。

それでは、白鳥のもたらす霊魂と王が備えるべき霊威には、どのような関わりがあったのであろうか。

ホムツワケの名義はホ（穂）＋ムツ（＝ムチ、貴・霊）＋ワケ（御子）であり「稲霊の御子」を意味し、ホムツワケ皇子は稲霊を象徴化した存在であった。(30) 王権の始祖となるべきホムツワケ皇子のこのような性格は、記紀神話において天皇に連なる神々が、オシホミミ→ホノニニギ→ヒコホホデミ→ウガヤフキアエズ→ワカミケヌあるいはサヌ（＝神武天皇）と稲穂や稲霊を象徴する神格として表現されていることと同様に、王の霊威と稲霊とを同質のものと信仰する王権の霊魂観に基づいている。一方、風土記等からうかがわれるような、白鳥が稲霊をもたらすという信仰が存在し、「稲霊の御子」ホムツワケの王としての人格を完全なものとするために、白鳥の貢納によって稲霊が付与されたと理解できる。

ところで、このような白鳥によるタマフリは、単に物語・伝承としてのみ存在したのではなく、実際に王権による祭儀として白鳥の献上とそれによるタマフリの儀礼が行なわれていたと考えられる。

記の（1）には、「其の御子を率て遊びし状は、尾張の相津に在る二俣榲《ふたまたすぎ》を二俣小舟に作りて、持ち上り来て、倭《やまと》の市師《いちし》池、軽池に浮かべて、其の御子を率て遊びき。」とあり、ホムチワケは倭の市師池・軽池に二俣小舟を浮かべて遊んだという。このような舟遊びは、履仲三年紀にもみえており、そこでは天皇が「磐余の市磯池」（＝市師池）に「両枝船」（＝二俣小舟）を浮かべて遊宴を行なっている。両者は二俣小舟、市師池と共通の要素をもち、この背景には共通する信仰に基づく祭儀が行なわれていたことがうかがわれる。

この船遊びの実態を理解する手がかりとなるのが雄略十年紀の記事である。それによると、呉（中国）から献上された鵝鳥が筑紫に到着した時、これを水間君の犬が噛み殺してしまうが、水間君は「鴻十隻」と「養鳥人」を天皇に献上し贖罪の意を表して許され、この時献上された養鳥人らは「軽村」と「磐余村」に置かれたという。この軽村と磐余村は、ホムツワケが舟遊びをした軽池と市師池（履仲紀で磐余の市磯池）の所在地であったと考えられ、とすると水間君から献上された鴻はこれらの池に放たれて飼養されたということになる。鴻は鵠と同じく白鳥とみてよい。この軽池・市師池は、各地から王権に貢納される水鳥（とくに白鳥）を飼養する池であったと考えられる。ここで天皇に献上された「養鳥人」が、部民制の鳥飼部に先行する人制によることからすると、ここにみられるような白鳥の貢納は五世紀にさかのぼるとみられる(31)。

以上のことから、市師池・軽池での船遊びは、各地から貢納された白鳥が放たれている池を王（または王となるべき王子）が二俣小舟に乗り、巡ってまわるという形で行なわれたと推察される。それによって白鳥のもたらす霊魂が未成熟な皇子に付与されて王としての資格が備わるという呪的な意味があったのであろう。こうした呪的な船遊びが、王権の儀礼として行なわれていたと考えられる。大王が、各地の白鳥の貢納をとおしてもたらされた霊を付着させることによって、大王としての霊威を身につけるという性格の船遊びがあり、それが王位就任の時には即位儀礼的な意味ももっていたのであろう。この船遊びは、第四章で詳しく論じたように、水平的他界観の新嘗を基盤とする王の霊威再生儀礼であった。(32)

古代における「遊び」という語は、鎮魂の意味で用いられており、その内容は外来魂を付着させるタマフリのことである。(33) ホムチワケの二俣小舟での「遊び」もまさにそうした呪術的な意義のあるものであった。(34)

一方、紀では、「天皇、大殿の前に立ちたまへり。誉津別皇子侍り。」という場面でホムツワケが空を飛ぶ白鳥をみて言葉を話すという設定になっている。このような、ホムツワケが大殿の前に天皇とともに侍すという情景には、儀式の場を背景とした伝承という印象を受ける。白鳥を献上する儀式を反映するものとみられる。この点は、呪的な船遊び儀礼を背景とする記とは伝承としての性格が異なるといえるが、紀においても、ホムツワケが献上された白鳥を「弄びて」遂に言葉を得たとしており、単に白鳥の献上によるだけでなく、皇子の直接的な行為によってタマフリが行なわれて言葉が得られたとするのは、記の背後に存在する「遊び」の信仰と同様であろう。

以上のように、記紀の白鳥献上の物語の背景には、王権のタマフリの祭儀や儀式が存在していたのである。

それでは、このような白鳥献上儀はいかなる王権の宗教的世界観に基づいて行われたのであろうか。またそれが神賀詞奏上儀礼とどのように関係するのであろうか。

記のホムチワケ伝承では、捕獲を命じられたオオタカなる人物が諸国を追い巡り、越国で捕獲して献上したという。越国からの白鳥貢納については、仲哀元年紀に四隻の白鳥が献上されたという記事もある。また先にみた雄略紀には、筑紫の水間君が鴻を献上した記事がある。このように、白鳥の献上はとくに出雲からに限られたものではない。それが紀のホムツワケ伝承では、鳥取造の祖ユカワタナが捕獲の命を受けて出雲で捕獲し献上したとされている。しかし、ここで白鳥を献上するのは鳥取氏の祖であり、出雲国造ではない。またここでは、出雲ではなく但馬で捕獲されたという別伝があることも見落とすべきではない（紀の④）。但馬国には延喜神名式の養父郡に和奈美神社、城崎郡に久久比神社があるが、和奈美は記で山辺オオタカが白鳥を捕獲した場所のワナミと同名であり、久久比は鵠のことであって、両社にも白鳥貢進に関わる歴史のあったこと、すなわち但馬からの献上という別伝にも一定の裏づけがあったことは明らかである。要するに、紀の所伝においても、律令制下の神賀詞奏上儀礼のように、出雲は白鳥貢進地として必ずしも絶対的に位置づけられているとはいえないのである。

記紀の所伝から、白鳥の献上は、かつては出雲だけでなく各地から行なわれていたことがうかがわれる。記で山辺オオタカが巡り歩いた国々として列挙されている諸国は、ある時期白鳥を献上していた地域であったという解釈もある。[35]しかも、紀の伝承が鳥取氏の家伝に基づくものであることは、新撰姓氏録にみえる鳥取連の始祖伝承がこの垂仁紀の内容とほぼ同じであることからみて誤りなく、[36]鳥取氏の管掌する鳥取部が出雲だけでなく各地に分布することからも、[37]白鳥の献上は出雲からの貢納に限られていたわけではなかったことがわかる。しかし、鳥取氏の伝承は、白鳥の捕獲地を出雲としているのである。このことは、王権の信仰・祭儀のなかで、出雲から献上される白鳥が特別な意味をもっていたこと、すなわち、王権の宗教的な世界観のなかで、出雲が特別な位置づけをもっていたことによるものであろう。

ヤマト王権の宗教的世界観については、第五章で考察したように、五世紀段階では王の霊威を保証する他界を海上彼方に求める水平的他界観であった。それが六世紀中葉の欽明朝に垂直的他界観に転換し、地上世界を王が支配する現世とし、天上世界を王の霊威を保証する他界とする世界観が形成され、現世と他界との結節点に出雲を位置づける世界観が成立した。白鳥が稲霊を運ぶという信仰は、水平的他界観に基づく観念である。白鳥は稲霊の霊力再生の季節である冬に飛来するが、白鳥は稲霊、あるいは稲霊の霊力を生成・再生する他界の霊威をもって飛来し、王はそれと交接することにより稲霊に象徴される王としての霊威を再生させたのである。それが垂直的世界観の成立とともに出雲が他界との結節点となる。記紀の神話的世界の構造は天上（高天原）―地上（葦原中国）の垂直的世界観とあわせて、地上（葦原中国）―海上他界（常世国、根国など）という古いタイプの水平的他界観も併存し、出雲を結節点として現世と他界とがつながっている[38]。このような構造の宗教的世界観においては、白鳥がもたらす稲霊（を再生させる霊力）は、水平彼方の他界→出雲→ヤマトと出雲を経由して王のもとに届けられることになる。実際には白鳥の貢進は各地から行なわれていたが、宗教的世界観に基づく神話等の言説では、白鳥は出雲から貢進されるということになり、そしてその世界観に基づいて、出雲から白鳥が献上されて王権のタマフリの呪儀が行なわれていたとみられる。

先に考察したように、剣・鏡・玉の神宝献上は、王権が高天原の権威・権力によって葦原中国支配を獲得する、国譲り神話に反映されている世界観を基調として行なわれる儀礼であるが、この世界観は垂直的世界観であり、六世紀中葉に成立する。一方、出雲からの白鳥献上儀は、前代の水平的世界観を継承しており、神宝献上儀とは別の儀礼であった。しかし、その成立は、王権の宗教的世界観のなかで出雲が現世と他界との結節点に位置づけられる六世紀中葉であり、両儀の成立は同時期であったとみられる。

神宝の献上には物部氏の関与があったということは日本書紀の記事からうかがわれ、次章で検討するが、白鳥の献上にも物部氏の関与が考えられる。用明天皇二年（五八七）、物部氏は蘇我氏と戦い、敗れて本宗家は滅亡するが、その戦いのなかで物部守屋の従者に捕鳥部万がみえる。補鳥部は鳥取部であり、両者は緊密な関係にあった。また、出雲において鳥取部姓の居住がみられる神門郡・出雲郡は出雲西部にあたり、六世紀段階には物部氏が進出していたことから[39]、鳥取氏を介した出雲からの白鳥献上には物部氏が関与した可能性が高い。

すなわち剣・鏡・玉という神宝献上にも白鳥の献上にも物部氏が関与していたのであるが、物部氏は用明天皇二年に本宗家が滅び、後に両者を出雲国造が引き継いでいくものと考えられる。延喜式にみえるような令制下の神賀詞奏上儀礼では、神宝の献上と白鳥等動物の献上は同時に行なわれているが、このような形態には前史があったのである。

出雲国造神賀詞奏上儀礼は、通説的に理解されているようなヤマト王権あるいは律令国家に対する出雲勢力の服属儀礼ではなく、国譲り神話に反映される古代王権の宗教的世界観に基づいて行なわれた、天皇の国土支配を保障する霊威を付与するタマフリ的な儀礼であった。儀礼の本質は、寿詞の奏上よりも神宝の献上にあり、寿詞は神宝の霊威を天皇に付与する手段として奏上されたのである。神宝の中心は玉・剣・鏡の宝器類であり、これらは出雲国造の祖神が葦原中国の神を鎮め祭る呪具であり、その霊力が天皇に付与されることにより天皇の（神話的には葦原中国に象徴される）国土支配が宗教的に保障されるという意義があった。

また、同儀礼のなかにみられる白鳥の献上の淵源は、五世紀の王権の白鳥が他界からもたらす稲霊（または稲霊を再生させる他界の霊力）を王（または王となるべき王子）が取り入れて、霊威を生成・再生するという呪術的な儀礼にあったとみられ、六世紀中葉、王権の宗教的世界観が改まって出雲が他界と現世との結節点となると、他界からの白鳥が出雲経由で大王のもとに届けられることになり、それが後に（恐らくは七世紀後半）神宝献上儀と統合されているのである。ここでは考察できなかったが、白馬についても令制前代に同様の呪儀が存在したと考えられる。

本章の考察により、神賀詞奏上儀礼には、その成立までにかなり複雑な前史の存在が明らかとなった。その解明が次の課題となる。

## 註

（1）神賀詞奏上儀礼に関する研究史は武広亮平「『出雲国造神賀詞』研究小史」（『出雲古代史研究』二、一九九二年）を参照。

（2）記紀神話が王権祭祀と有機的に関係した祭儀神話であることは、松村武雄『日本神話の研究』（培風館、一九五四年）、松前健『古代伝承と宮廷祭祀』（塙書房、一九七四年）、岡田精司「記紀神話の成立」（『岩波講座 日本歴史』二、一九七五年）などに詳しい。

（3）訓読は訳注日本史料『延喜式』上（集英社、二〇〇〇年）による。

（4）土橋寛「寿詞と祝詞」（『講座日本の古代信仰』四、学生社、一九七九年）。

（5）武広前掲註（1）論文を参照。

（6）岡田精司「河内大王家の成立」（『古代王権の祭祀と神話』塙書房、一九七〇年）。

（7）岡田前掲註（6）論文。

（8）武田祐吉「解説」（日本古典文学大系『古事記・祝詞』岩波書店、一九五八年）。

（9）松前健「天穂日命の神話と出雲国造家」（『日本神話の形成』塙書房、一九七〇年）。

（10）続日本紀の写本の系統については、新日本古典文学大系『続日本紀』一（岩波書店、一九八九年）五三七頁の系統図を参照。

（11）谷森本（宮内庁書陵部所蔵）をみると、「祉」のつくりの「止」の三画目の縦棒を擦り消して、二画目の横棒を左に延ばして「土」に改めて「社」に修正している。

（12）諸橋轍次『大漢和辞典』八（大修館、一九五八年）、貝塚茂樹・藤野岩友・小野忍編『漢和中辞典』（角川書店、一九五九年）。

（13）井上光貞「国造制の成立」（『史学雑誌』六〇―一一、一九五一年）、原島礼二「古代出雲服属に関する一考察」（『歴史学研究』二四九、一九六一年）等。

（14）日本書紀神代上第四段本文に「天之瓊《ぬ》矛《ほこ》」の注として「瓊は玉なり、此をば努《ぬ》と云ふ。」とある。

(15) 岡田精司『神社の古代史』(大阪書籍、一九八五年)。
(16) 垂仁八七年紀二月辛卯条。
(17) 垂仁八八年紀七月戊午条。
(18) 天日槍の神宝の内容は、羽太の玉・足高の玉・鵜鹿鹿の赤石の玉・日鏡・出石の小刀・出石の桙・熊の神籬の七種。
(19) 仲哀八年紀正月条では、天皇の九州巡幸の際、地方の豪族が剣・鏡・玉等を捧げて来訪した天皇に服属の意を表している。また筑前国風土記怡土郡条(釈日本紀所引)にも同じ内容の伝承がみえる。
(20) 三谷栄一「神話と穀霊信仰」(『日本文学の民俗学的研究』有精堂、一九六〇年)。
(21) 岡田精司「出雲神話の神々」(『新版　古代の日本』四、角川書店、一九九二年)。本書第九章で論じたように、国譲り神話はヤマト王権の祈年祭の祭儀神話でもあった。神賀詞奏上儀礼と祈年祭との関係については、終章で明らかにする。
(22) 皇子の名は、紀ではホムツワケ、記ではホムチワケとされている。厳密には記紀の両伝承は区別して考察される必要があるが、ここではとりあえず一括して扱い、皇子の名については、混乱をさけるため、記の伝承に関わって論及する場合のみホムチワケとし、その他はホムツワケに統一する。
(23) 以下本章では鵠について、対象のイメージを明確にするため、その実態である白鳥と記す。
(24) 吉井巌「ホムツワケ王」(『天皇の系譜と神話』二、塙書房、一九七六年)。
(25) 本書第四章。
(26) 折口信夫「万葉集研究」(『古代研究』国文学篇、『折口信夫全集』一、中央公論社、一九七五年)、西村亨「鳥のあそび考」(『芸文研究』三一、一九七三年)等を参照。
(27) 豊後国風土記速見郡条。
(28) 三谷前掲註(20)論文。
(29) 西村前掲註(26)論文。
(30) 三品彰英「大嘗祭」(『古代祭政と穀霊信仰』平凡社、一九七三年)。

(31) 直木孝次郎「人制の研究」(『日本古代国家の構造』塙書房、一九五八年)。
(32) 本書第四章で詳述しているように、この船遊び儀礼は、観念的には稲霊を体現した王(王子)が船で他界へ赴き、そこで霊威を再生することを演ずるものであるが、実態的には他界から稲霊を運んできた白鳥が放たれた池を王が船遊びすることによって稲霊を取り込んで、霊威の再生が行なわれたのであろう。船遊びによる霊威再生と白鳥による霊威再生は、本来は別々のタマフリ儀礼であったとみられるが、それが一体となったものである。
(33) 折口信夫「即位御前記」(『折口信夫全集』二〇、中央公論社、一九七六年)、西村前掲註(26)論文等を参照。
(34) 西村前掲註(26)論文。
(35) 志田諄一「鳥取造」(『古代氏族の性格と伝承』雄山閣出版、一九八五年)。
(36) 吉井巌「応神天皇の周辺」(『天皇の系譜と神話』塙書房、一九六七年)。
(37) 志田前掲註(35)論文。
(38) 本書第八章。
(39) 平石充「出雲西部地域の権力構造と物部氏」(『古代文化研究』一二、島根県古代文化センター、二〇〇四年)。

# 第十三章　出雲大神の祭祀と物部氏のタマフリ儀礼
## ―神賀詞奏上儀礼成立前史の一考察―

出雲国造神賀詞奏上儀礼については、この儀礼の意義・成立・変遷等をめぐって、多くの議論が近年も活発に展開されている。(1)

神賀詞奏上儀礼は王権の宗教的世界観に基づいて行なわれる儀礼であり、その世界観のなかでの出雲の位置づけや出雲国造の役割が十分に理解されなければ、同儀礼の性格や意義を正しくとらえることはできない。しかし、その上で問題となるのが、律令期の王権の宗教的世界観、そのなかでの出雲の位置づけや出雲国造の役割が歴史的に形成されてきたという視点である。王権の宗教的世界観のなかでの出雲の特殊な位置づけは、けっして律令時代になってからではなく、令制前代からヤマト王権と出雲との関係のなかで形成されたものである。しかもその位置づけのあり方や関係する氏族、祭られる神も、王権の発展や律令国家形成に向けての歴史的展開に伴う王権の宗教的世界観の転回によって変遷し、その結果として律令時代の出雲国造、杵築大社（出雲大社）、出雲神話そして神賀詞奏上儀礼が存在しているのである。(2)

本章では、このような視点に基づき、律令国家の下で行なわれる神賀詞奏上儀礼成立前史の一端を明らかにしてみたいと思う。

## 一　崇神六十年紀にみえる出雲の神宝献上記事について

日本書紀崇神六十年七月己酉条（以下本条と記す）には、出雲大神の宮に所蔵される神宝の献上をめぐる出雲臣の内部分裂、それに伴う朝廷による軍事介入、その後の出雲大神の祭祀について詳細な記述があり、出雲における在地勢力の動向やヤマト王権の出雲への進出、出雲国造の成立などを検討する重要な手がかりとして注目されてきた。(3)

確かに本条の中心的テーマは出雲臣の内紛とその後の展開にあるが、その内紛勃発の契機は神宝献上問題であった。しかし、本条冒頭にみえるその出雲の神宝献上の問題については、これまであまり考察が深められていないように思われる。そこでここではこの部分に注目してみたい。

本条の冒頭部分は次のとおりである。

群臣に詔して曰はく、「武日照命〈一に云はく、武夷鳥という。又云はく、天夷鳥といふ。〉の天より将ち来れる神宝を、出雲大神の宮に蔵む。是を見欲し」とのたまふ。則ち矢田部造の遠祖武諸隅〈一書に云はく、一名は大母隅といふ。〉を遣して献らしむ。是の時に当りて、出雲臣の遠祖出雲振根、神宝を主れり。是に筑紫国に往りて、遇はず。其の弟飯入根、則ち皇命を被りて、神宝を以て、弟甘美韓日狭と子鸕濡渟とに付けて貢り上ぐ。

……

崇神天皇が出雲大神の宮に所蔵された神宝をみたいというので、武諸隅を出雲に派遣して献上させた。当時神宝を主管していたのは出雲振根であったが、たまたま不在であり、その弟飯入根の判断で神宝を献上したという内容である。

ここにみえる神宝の献上には、神賀詞奏上儀礼や神賀詞の詞章の構成要素と共通あるいは関連する点がみられる。なによりも出雲から神宝が献上されるというモチーフが共通する。そしてその神宝は「武日照命〈一に云はく、武夷鳥という。又云はく、天夷鳥といふ。〉の天より将ち来れる神宝」であったというが、この「武日照命」は神賀詞詞章では、天より遣わされて荒ぶる神を平定し、「国作らしし大神」を媚び鎮めた「天夷鳥」のことであった。また神宝は出雲臣氏が管理していたとするが、同氏はいうまでもなく出雲国造を出す一族であった。

このような共通点からみても、本条冒頭の出雲神宝献上が、神賀詞奏上儀礼と関連することはまちがいない。しかし、それらの共通点も含めてあらためて両者を比べてみると、いくつかの相違点が認められる。

第一に、本条では神宝が「武日照命（天夷鳥）」の天から将来したものであるとしているが、神賀詞では、天夷鳥がそのような神宝を携えて天より派遣されたとは述べられておらず、神宝の由緒にはふれていない。第二に、本条では出雲の神を「出雲大神」と称しており、神賀詞に「国作らしし大神」「国作りましし大なもちの命」とあるのとは異なる。そして第三に、神賀詞奏上儀礼では、神宝の献上は出雲国造自身が主体的に行なっているが、本条では天皇の命を受けて中央から派遣された「矢田部造の遠祖武諸隅」が出雲臣に命じて出雲の神宝を献上させているのである。

以上を勘案すると、本条冒頭にみえる出雲の神宝献上記事は、神賀詞奏上儀礼との関係はあるものの、延喜式や六国史によって一般に知られている律令時代の神賀詞奏上儀礼をそのまま反映するものではないとみられる。

上記の相違点のなかで最も大きな違いは、第三の、神宝献上に「矢田部造の遠祖武諸隅」が関与していることである。矢田部造は、天武十二年九月に矢田部連に改姓しているが、新撰姓氏録左京神別によれば、矢田部連は「伊香我色乎命之後也」とあり、物部氏と同族であった。そして、武諸隅については、先代旧事本紀の天孫本紀に饒速日命の八世孫に「物部武諸隅」がみえ、伊香我色雄の孫で大新河命の子とあり、武諸隅の孫の大別連が仁徳朝に矢田部連になったという。すなわち、本条で神宝献上に関与している武諸隅は物部氏の祖先なのである。本条冒頭部分は物部氏の傍流氏族である矢田部氏の家記に基づいた記事であろう。

令制の神賀詞奏上儀礼に物部氏の関与はない。しかし、垂仁二十六年八月庚辰条に、物部十千根が天皇の命令によって出雲に派遣されて出雲の神宝を検校し掌握したという記事があり、物部氏は出雲神宝に関与する伝承を有している。このような伝承を物部氏が伝えているのは、かつて物部氏が出雲の神宝に関与した史実に基づくものであろう。

それでは、物部氏の出雲神宝への関与と令制の神賀詞奏上儀礼における神宝献上との間には、いかなる関係があったのであろうか。令制の神賀詞奏上儀礼に物部氏の関与はみられないこと、物部氏が王権内部で勢力を誇っていたのは蘇我氏と対立して本宗家が滅亡する五八七年以前の六世紀代であったことを考えると、物部氏の出雲神宝への関与は令制以前にさかのぼるのではないかと思われる。このような推測にあやまりがなければ、令制の神賀詞奏上儀礼に連なる出雲からの神宝献上儀礼が令制前代、六世紀から行なわれていたということになる。そしてその儀礼には物部氏が中心的な役割を担って行なわれていたものと推察されるのである。

## 二　物部氏の祖先伝承とタマフリ儀礼

それでは、物部氏はなぜ出雲の神宝の献上に関与したのであろうか。そもそも出雲の神宝にはどのような性格があり、その献上にはいかなる意味があったのであろうか。記紀の神武天皇東征伝承のなかに、物部氏の祖先が天皇に宝器・武器を献上する説話がみえる。それらを手がかりに検討を行なってみたい。

## 1　ニギハヤヒのアマツシルシ献上

物部氏の始祖はニギハヤヒ（記では邇藝速日命、紀では饒速日命）とされている。ニギハヤヒは記紀の神武東征伝承のなかで、イワレヒコ（神武）が大和を平定するにあたって重要な役割を担っている。

大和平定を目指すイワレヒコは大和の盆地内部の様々な在地の先住勢力の抵抗にあうが、なかでも最大の抵抗勢力はナガスネヒコであった。イワレヒコは当初河内平野から大和入りを目指したが、ナガスネヒコに阻まれたことにより、紀伊半島沿岸を南下して熊野にまわり、吉野の山中を経て南から大和入りして多くの土着勢力を駆逐し、最後にナガスネヒコと対峙する。この時、ナガスネヒコのもとには天より降ってきたというニギハヤヒがおり、ナガスネヒコの妹と結婚しウマシマジという子をもうけていたが、ニギハヤヒは舅であるナガスネヒコを殺してイワレヒコに帰順し、これによって大和の平定が完了することとなった。この時、ニギハヤヒはイワレヒコに天上の神から授けられたアマツシルシ（天津瑞）を献上する。古事記ではこの献上のあと、ニギハヤヒの子ウマシマジが荒ぶる神たちを平定してイワレヒコが即位して初代の天皇となる。(4)

神武伝承における物部氏始祖ニギハヤヒの活躍、とりわけアマツシルシ献上にはいかなる意義があったのであろうか。

ニギハヤヒは、イワレヒコの大和入りよりも以前に天降ってきた天神の子であり、日本書紀では、ニギハヤヒが天神の子である証としてアマツシルシ（天表）の「天羽羽矢」と「歩靫」をもっていたというのであるが、ここにみえるモチーフは、国譲り神話の前段に登場するアメワカヒコの物語と一致し、ニギハヤヒも本来はアメワカヒコと同じ役割を担っていたものとみられる[5]。アメワカヒコは、ニニギの降臨に先立って（葦原中つ国）を平定するためにタカミムスヒによって派遣され、その際「天鹿児弓」と「天羽羽矢」とが渡されている。アメワカヒコが地上の支配者であるウツシクニタマ（オオナムチの別名）の娘と結婚するモチーフも、ニギハヤヒとナガスネヒコの娘との結婚と一致する。

以上からすると、ニギハヤヒが天上から地上に派遣された本来の使命はナガスネヒコの制圧であり、天神の証であるアマツシルシも地上を平定するための武力的霊威を象徴するものであったと考えられ、ニギハヤヒはアマツシルシの武力的霊威でナガスネヒコを討ち倒したということができる。

イワレヒコが目的とした大和の平定は、こうしてニギハヤヒによってナガスネヒコが制圧されたことで達成されたのであるが、その制圧の根源的霊威がアマツシルシである。ニギハヤヒは、ナガスネヒコを制圧するとそのアマツシルシをイワレヒコに献上するが、これによってイワレヒコの大和の支配が保障されるのである。古事記では、イワレヒコはアマツシルシの献上を受けて初代天皇として即位することとなるが、ニギハヤヒによるアマツシルシ献上には初代天皇となるべきイワレヒコに大和支配の霊威を付与するタマフリの意義があったということができる[6]。

## 2　タカクラジのフツノミタマ献上

イワレヒコの大和平定伝承には、もう一箇所物部氏祖先による呪具の献上がみえる。ナガスネヒコに敗れたイワレヒコは紀伊半島沿岸を南下して熊野へと迂回するが、イワレヒコの一行はその熊野で神の毒気により、仮死状態となる。この時タカクラジなる人物の夢にアマテラスが現れ、かつてタケミカヅチが葦原中つ国を平定した時に用いた剣を降ろすのでイワレヒコに献上するようにと指示し、それによって意識を失っていたイワレヒコは復活し、大和に向けての本格的な進攻が開始されていった。この時、アマテラスがタカクラジを通じてイワレヒコに授けた剣はフツノミタマと称される霊剣であり、古事記によれば、この霊剣フツノミタマは物部氏が奉斎していた石上神宮に納められているという。また先代旧事本紀では、タカクラジはニギハヤヒの子天香語山命の亦の名であるといい、熊野におけるイワレヒコの「死」と「再生」を物語る霊剣フツノミタマ献上の伝承が物部氏と関わることを示唆する。

ここにみえる霊剣フツノミタマは、神代史の国譲りの神話を踏まえている。同神話は、天上世界（高天原）の主神タカミムスヒ・アマテラスが地上世界（葦原中国）を平定するために使者を派遣し、オオナムチ（大国主）から葦原中国の支配権を譲り受けるという内容であるが、この神話は、古事記や日本書紀の本文・一書の間で使者を派遣する指令神や使者のあり方にちがいがある（表5）。この異伝間の新旧については先学によって指摘されているように、タカミムスヒを指令神とするものが古く（書紀本文・同第二の一書）、その神話はいずれもフツヌシを使者の代表としていることがわかる[7]。すなわち、国譲り神話は、タカミムスヒの指令によりフツヌシが使者となつて葦原中つ国を平定するというのが本来の伝承であったとみられる。フツヌシは物部氏の奉じる霊剣フツノミタマの神格化であり、フツヌシによる葦原中つ国の平定は霊剣フツノミタマの霊威による平定を意味しているのである[8]。それが後に物部氏の勢力後退や中臣氏の台頭等に伴い、アマテラスが指令神、タケミカヅチが使者の中心と

**表5　古事記・日本書紀の国譲り神話の使者**

| 書　名 | | 指令神 | 使　者※ | 復命する神 |
|---|---|---|---|---|
| 古事記 | | アマテラス・タカミムスヒ | （主）タケミカヅチ　（従）アメノトリフネ | タケミカヅチ |
| 日本書紀 | 本文 | タカミムスヒ | （主）フツヌシ　（従）タケミカヅチ | 二神 |
| | 第一 | アマテラス | （1）タケミカヅチ　（2）フツヌシ | 二神 |
| | 第二 | タカミムスヒ | （1）フツヌシ　（2）タケミカヅチ | フツヌシ |

※（主）（従）は（主）が中心、（従）が補佐、（1）（2）は記載順（主従の記載なし）

なり、フツヌシは副次的とされていくのである。

あらためて神武記・神武紀のタカクラジへの夢告に注目すると、ここでは記紀ともにアマテラスとタケミカヅチの登場する新しいタイプの国譲り神話を基調としているにもかかわらず、タケミカヅチは自ら平定には向かわず、かつて葦原中国を平定した時に用いた剣（横刀）＝フツノミタマだけを降ろしている。この行動はいかにも不自然である。この部分においても、上述のように国譲り神話の指令神・使者の改変は行なわれたものの、核心となるフツノミタマが降ろされるというモチーフは改めることができず、このような形となったのであろう。本来は、タカミムスヒがフツヌシを派遣して霊剣フツノミタマがタカクラジのもとに届けられるような内容であったと考えられる。

それでは、霊剣フツノミタマのイワレヒコへの献上にはどのような意味があったのであろうか。国譲り神話（の原形）によれば葦原中つ国の平定はフツノミタマを神格化したフツヌシよって行なわれたとされており、すなわちフツノミタマは葦原中国平定の武力的霊威をもつ霊剣であった。大和平定に向かう道半ばで威力を失い仮死状態にあったイワレヒコはこの霊剣の献上を受けて復活する。このフツノミタマ献上は、イワレヒコに葦原中国平定の武力的霊威を付与するタマフリの意義があったということができる。

以上のように、記紀の神武天皇大和平定伝承にはニギハヤヒ・タカクラジという二人の物部氏の祖先の活躍がみえており、両者とも初代天皇となるべきイワレヒコに宝器や呪具を献上している。その宝器・呪具は天皇が支配すべき土地の先住勢力を駆逐する霊威を有しており、物部氏祖先はそれをイワレヒコに献上することによって支配者としての霊威を付与しているのである。すなわち、ニギハヤヒは大和の先住勢力ナガスネヒコを制圧した神宝アマツシルシを献上してイワレヒコの大和支配を保障し、タカクラジは葦原中国を平定した霊剣フツノミタマを献上してイワレヒコの葦原中つ国の支配を保障したのである。

## 三　物部氏の職掌とタマフリの意義

神武伝承は、まさに王権始祖伝承としての性格を有するが、そのようなかに物部氏の奉仕伝承が位置づけられているということは、その内容が物部氏の職掌に関わり、とくにその職掌に伴って行なわれる祭祀を反映するものではないかと考えられる。

物部氏はヤマト王権の軍事担当氏族であり、物部氏の率いる王権の軍事力によって地方豪族が平定されて、ヤマト王権の全国支配が実現した。(9) 物部氏の軍事力は、王権の権能の一部を分掌しているのであり、王権から独立しているものではない。その軍事力の宗教的な表象が霊剣フツノミタマであり、王権の武力的霊威（武威）を象徴するものであった。フツノミタマは石上神宮に祭られていたが、同神宮には、日本書紀垂仁三十九年十月条に垂仁天皇の皇子イニシキの作った剣一千口が納められたという伝承がみえ、石上神宮には実際に多くの武器が保管されていた。それらは物部氏率いる軍隊が地方平定に出征する際に用いられた兵器であり、一つ一つの武具が宗教的にはフツノミタマ（王権の武威）の分霊であった。ヤマト王権の軍隊は、こうしてフツノミタマの霊威によって地方を平定していったのである。

石上神宮にはもう一つの側面があった。それは、軍事的に制圧した地方豪族の奉じる神宝を差し出させて保管するという機能である。(10) それらの神宝をフツノミタマの霊威で押さえ込むことにより、大王が全国の国魂を支配することになるのである。

一方、物部氏は制圧した地方にも拠点的にフツノミタマを祭ったものとみられる。そこに王権の支配に服した豪族たちの奉斎する神の分霊を納めて、フツノミタマの霊威で押さえ込んだのである。延喜神名式には、各地に多くの物部神社や布都神社をみることができるが、それらはこうした物部氏によるフツノミタマ祭祀拠点の系譜をひく神社であろう。(11)

このように、物部氏によって地方の国々が軍事的に平定されて、大王が全国の支配者として君臨するのであるが、その際、フツノミタマの霊威が大王に付与されることによって、大王の全国支配は宗教的に保障された。おそらく物部氏によってフツノミタマ（王権の武威）の霊力を大王に付与するタマフリの儀式が行なわれていたのであろう。神武即位前紀にみえるニギハヤヒやタカクラジの行動はこのようなタマフリ儀礼の反映とみることができる。

そのような物部氏によるタマフリ儀礼は、六世紀末葉に同氏本宗が滅亡することにより、令制の祭儀には引き継がれておらず、具体的にどのような祭儀であったかは明らかでない。しかし、そのタマフリ儀礼が崇神六十年紀の冒頭部分にみえる出雲神宝献上に反映されているのではないかと考えられるのである。

## 四　ヤマト王権の全国支配に伴う宗教的世界観と祭祀

ヤマト王権の発展プロセスのなかで、六世紀中葉は大きな画期となる。物部氏は、蘇我氏とともに政権の中枢にあったのであるが、この時期に世襲王権が形成され、国造制・部民制・屯倉制による地方支配も進展し、ヤマト王権による全国支配体制は飛躍的に整備されていった。このような変革のなかで、宗教的な側面でも大きな改変が行なわれ、(12)王権の宗教的世界観がそれまでの水平的他界観から垂直的他界観に転換されたと考えられる。その宗教的世界観とは、王権の権威の根源を天上世界（高天原）に求め、地上世界（葦原中国）を王権の支配すべき国土ととらえる世界観である。

この垂直的な宗教的世界観に基づいて、大王の葦原中国支配の正統性を物語る神話が国譲り神話であり、この世界観と神話は、王権の全国支配の実態を象徴するものであった。この世界観における天上世界の主神はタカミムスヒであり[13]、同神は葦原中国平定のために使者を派遣する。前節で述べたように、その使者は原形においては物部氏は奉斎する霊剣フツノミタマを神格化したフツヌシであった。この神話には、物部氏の率いるヤマト王権の軍事力によって列島各地域の勢力を王権に服属させていく状況が反映されている。すなわち、ヤマト王権はこの時期地方豪族を国造に任命する形で全国支配を展開していくが、その中心的な役割を担ったのが物部氏であったのである。

またこの宗教的世界観においては、地上世界である葦原中つ国を代表する地が出雲とされた。出雲がそのように位置づけられることになった理由については、本書第五章で論じたように、この時期の諸々の変革のなかで王権の玉作体制に大きな変化があり、出雲が列島の唯一の玉作の拠点となったことで、王権にとって宗教的に特別な地域となったことによるものと考えられる。国譲り神話においても、出雲が天上からの使者と中ツ国の代表者との交渉の場となっている。記紀の神話によれば、出雲には葦原中国の国作りを行なったオオナムチ（オオクニヌシ）がおり、天上（高天原）からの使者は出雲でオオナムチと国譲りの交渉を行ない、オオナムチは中ツ国の支配権を譲渡して、出雲に隠棲の場所が与えられることになる。後述するように、葦原中国の主神がオオナムチとされるのは七世紀以降と考えられるが、この世界観が形成された当初から、中ツ国の主神が出雲に存在するというモチーフはあったとみられ、その神は出雲大神またはアシハラシコオと称されていたと思われる。

この出雲大神は、列島各地のヤマト王権に服属した豪族たちの奉斎神を統合した神格ということができる。そしてそのような神が、実際に出雲に祭られていたのであろう。すなわち、王権はその宗教的世界観に基づいた祭儀を実践するために、葦原中国の主神を出雲に鎮座させたのである。具体的には、全国各地域に設けたフツノミタマ祭祀拠点（後の物部神社等）を統合した神格であり、その祭祀では物部氏の霊剣フツノミタマの霊威によって出雲大神の神威が封じ込められることを表現する儀が行なわれ、それによって列島各地域の豪族たちの奉斎神の宗教的制圧が達成されたのである。フツヌシが派遣される国譲り神話は、この祭儀神話であったと考えられる(14)。そして物部氏はその出雲大神の神威を封じ込めた霊威を有するフツノミタマを大王に献上することにより、大王にその霊威を付与し、それによって大王は出雲大神に象徴される全国の地方豪族の奉斎する神々の神威を封じ込める霊力を獲得し、全国支配が宗教的に保障されることとなったのである(15)。

## 五　出雲大神の祭祀と出雲神宝献上儀礼

以上のように、出雲大神の祭祀とフツノミタマの献上儀礼が六世紀に行なわれていたことを想定したが、次に、その祭儀が具体的にどのように行なわれていたのかを考えてみたい。先に述べたように、この祭儀は崇神六十年七月己酉条（本条）の冒頭部分に反映されており、六世紀代に物部氏によって執行されていたものと思われる。そこで本条を手がかりに六世紀代の出雲大神の祭祀とフツノミタマ献上儀礼を復元してみたい。

王権の宗教的世界観に基づいた祭儀を実践するために、出雲に地方豪族の奉斎する神を統合した神が祭られることになったが、本条にみえる「出雲大神」がそれに相当する。出雲大神の名は古事記の垂仁天皇段のホムチワケ伝承にもみられ、そのなかで同神が「葦原色許男大神」とも称されている。この神格が後にオオナムチ（オオクニヌシ）にとってかわられていき、アシハラシコオもオオクニヌシの別名の一つとされていくことになる。したがって、本条で神宝が所蔵されたという「出雲大神の宮」は杵築大社（出雲大社）のことではなく、その前身といえる。本条は出雲西部を舞台としており、古事記のホムチワケ伝承の舞台も同じく出雲西部である。後の杵築大社も出雲西部に造営されていることから、出雲大神の宮も出雲西部に存在したであろう。

それでは、出雲大神を祭ったのは誰であったか。本条では、神宝を主管したのは「出雲振根」であったという。この振根＝フルネという名前に注目したい。この名の語幹はフルであるが、フルはフツノミタマのフツと同義である(16)。このことは、フツノミタマを祭る石上神宮が布留（フル）社と称されることからも納得されよう。この出雲振根という人物は、その名前そのものがフツノミタマを体現しており、この人物が出雲大神の宮に所蔵された神宝を管理していたということは、フツノミタマの霊威で出雲大神の神威を封じ込めていることに他ならないのである。

この「出雲振根」は本条には「出雲臣の遠祖」とあり、日本書紀では出雲国造と同祖とされている。しかし、これはあくまで書紀編纂時の八世紀の出雲臣（出雲国造）からみた系譜関係（同属関係）であろう。この「出雲振根」は、出雲国風土記出雲郡健部郷条にみえる「神門臣古祢」と同一人物と考えられる。神門臣は、新撰姓氏録右京神別上によれば出雲臣と同族とされており、本条はそうした後世の観念に基づいて「出雲臣の遠祖」としているのである。

六世紀の出雲は、東部地域に後の意宇郡を拠点とし、盟主墳として山城二子塚古墳に代表される大首長オウ氏が君臨し、西部地域に後の神門郡を拠点とし、盟主墳として今市大念寺古墳に代表される大首長カンド氏が君臨するという状況にあった(17)。この西部地域に君臨する大首長カンド氏の後裔が神門臣である。物部氏はこのカンド氏を配下に掌握し、出雲大神の宮を造らせて出雲大神を祭らせたとみられる。

出雲西部地域に六世紀代、物部氏が勢力を伸ばしていたことについては平石充の指摘がある(18)。平石は「出雲国大税賑給歴名帳」や出雲国風土記にみえる氏族名・部姓・カバネの分析を行ない、出雲西部地域に物部氏の関係氏族や部民が分布すること、同地域に物部氏が進出したのは同氏の滅亡以前の六世紀であることを明らかにした。さらに、出雲西部地域の氏族構成・地域権力構造の分析を行ない、同地域には大首長（カンド氏）—中小首長の階層構造が認められ、物部氏関係氏族・部民の分布が中小首長の支配領域にのみみえることに注目する。平石はこの状況を、大首長である神門臣が独力で地域権力を掌握したのではなく、中央の「大伴造」である物部氏との結びつきによって下位の首長を掌握していったとみる。

このように、出雲西部地域に君臨する大首長カンド氏の地域権力の確立・維持には、物部氏との関係が不可欠だったのであり、両者の関係は密接であった。このような関係を踏まえるならば、カンド氏が物部氏の命によって出雲大神の祭祀を担うことはありえるのである。カンド氏も当初は物部氏の同族とされていた可能性もある(19)。

ところで、出雲大神の宮に所蔵されている神宝がフツノミタマであるということについては、これまで自明のことのように論じてきたが、あらためて本条に基づき明らかにしておきたい。

この神宝は、本条では「武日照命〈一に云はく、武夷鳥といふ。又云はく、天夷鳥といふ。〉の天より将ち来れる神宝」とあり、この「武日照命」の又の名「天夷鳥」が、神賀詞詞章にみえる国譲り神話で地上世界平定の使者として派遣された神なのである。すなわち、神賀詞では、タカミムスヒから「天下大八島国」「豊葦原水穂国」の視察を命じられた出雲臣の遠祖アメノホヒが、同国が荒ぶる国であるということで、自身の子であるアメノヒナトリ（天夷鳥）を派遣して荒ぶる神を平定し「国作らしし大神」を媚び鎮めたというのである。神賀詞には、同神が神宝を将来したことは述べられていない。しかしその派遣の部分には、

己命の児天の夷鳥の命にふつぬしの命を副えて、天降し遣はして、荒ぶる神等を撥ひ平け、国作らしし大神をも

媚び鎮めて、大八島国の現つ事・顕しき事事避さしめき。

とあるように、天夷鳥とともにフツヌシも平定の使者として派遣されている。フツヌシはフツノミタマの神格化であり、天夷鳥が霊剣フツノミタマを携えて地上の荒ぶる神の平定を行なったことの神話的表現と読みとることができる。このように、神賀詞においてもフツノミタマの武威による中国平定のモチーフの痕跡が認められるのである(20)。これを踏まえて、本条の「武日照命〈一に云はく、武夷鳥といふ。又云はく、天夷鳥といふ。〉の天より将ち来れる神宝」を理解するならば、武日照命（天夷鳥）が天より携えてきた物はフツノミタマであり、その「神宝」とはフツノミタマに他ならないのである。

以上を整理すると、次のようになる。六世紀中葉、ヤマト王権は国造制による全国支配とともに垂直的な宗教的世界観を形成し、その世界観のなかで王権が支配すべき地上世界を代表するとされた出雲の地に葦原中国の主神出雲大神を祭った。出雲大神の宮は出雲西部地域に設けられ、同地域の大首長であるカンド氏に祭祀が委託された。カンド氏は王権の軍事担当氏族である物部氏の配下にあったが、物部氏より王権の武威の象徴である霊剣フツノミタマを預かり、その霊威により、全国の地方豪族の奉斎神を統合した神格を有する出雲大神の神威を封じ込め、これによって王権の全国支配が宗教的に保障されることになった。

こうして、出雲大神の宮に所蔵された霊剣フツノミタマは出雲の神宝と称され、定期的に、または必要に応じて大和の大王のもとに献上されて、その霊威が大王に付与されたのであろう。このタマフリ（霊威付与）儀礼が出雲神宝献上儀礼であったのである。これを行なったのはフツノミタマを奉斎する物部氏であった。

## 六　物部氏滅亡の影響

五八七年の物部氏本宗家の滅亡が出雲大神の祭祀に与えた影響は、甚大であったと思われる。平石充の論考によれば、物部氏を介して王権中枢との関係を有して出雲西部地域に君臨していたカンド氏の勢力は、物部氏滅亡を契機に低下し、それに対して出雲東部勢力の影響が西部地域に及ぶようになり、カンド氏は出雲東部勢力の傘下に組み込まれる形で西部地域での大首長としての地位を存続させていったという[21]。

崇神六十年紀（本条）の記事全体にみられる出雲大神の祭祀をめぐる混乱は、そのような物部氏滅亡に伴って、それまで出雲大神を祭っていたカンド氏の地位に変化がおこり、出雲大神の祭祀のあり方にも影響が及んだことを反映するものであろう。

本条は冒頭部のあと、次のように展開する。出雲振根が主管していた神宝を、弟の飯入根が無断で天皇に献上してしまい、それを恨んだ出雲振根は飯入根を殺害する。このことを飯入根の子鸕濡渟らが朝廷に訴えると、朝廷側は吉備津彦・武渟河別を派遣して出雲振根を誅殺し、それによって出雲臣等はこれを畏れてしばらく出雲大神を祭らなかった。その後丹波の氷香戸辺なる人の子の発した童謡が皇太子に報告され、これを出雲大神の祭祀要求ととらえて天皇は出雲大神を祭らせたという。

この記事によれば、それまで神宝を管理して出雲大神を祭っていた出雲振根は、朝廷の差し向けた武力によって殺され、その後出雲大神の祭祀は中断したという。この出雲振根の殺害と出雲大神の祭祀の中断は、本章のこれまでの考察によれば、カンド氏による出雲大神の祭祀が行なわれなくなったことを意味するものと理解できる。

このなかで、出雲振根の行状を朝廷に訴えた鸕濡渟の存在が注目される。本条では、殺害された飯入根の子とされているが、この鸕濡渟は後の出雲国造家となる出雲臣の始祖的な人物である。たとえば、新撰姓氏録では右京神別上に「出雲臣　天穂日命十二世孫鸕濡渟命之後也」とみえ、また「国造北島氏系譜」などの出雲国造系図では鸕濡渟は「氏祖命」と記されており、(22)特別な系譜的位置にあることがわかる。

本条においては、出雲振根の行状を朝廷に訴えた後の鸕濡渟の動向についての記述はないが、おそらく本条の原伝承では、朝廷によって滅ぼされた出雲振根にかわって鸕濡渟が出雲大神の祭祀を担うことになったとされていたのではなかろうか。

平石が指摘するように、六世紀末の物部氏滅亡後、出雲西部地域には東部地域の大首長の権力が及んでいく。(23)この東部地域の大首長がオウ氏であり、後の出雲臣に他ならない。おそらく、出雲大神の祭祀は東部地域の大首長オウ氏に引き継がれることになったのであろう。神門臣が後世出雲臣と同族とされるようになるのも、オウ氏によってカンド氏の出雲大神祭祀が引き継がれたことによるものと思われる。オウ氏はこうして出雲大神の祭祀を継承し、後に出雲臣となり出雲国造に任じられていくのである。

以上、本章では、日本書紀崇神六十年七月己酉条の出雲の神宝献上をめぐる記事を手がかりに、神賀詞奏上儀礼に連なる王権の祭儀が六世紀に存在したことを想定し、物部氏の関与の下でカンド氏が王権の武力的霊威フツノミタマを神宝として出雲大神を祭り、その神宝を物部氏が大王に献上して葦原中国支配の霊威を付与するという祭儀を復元した。

日本書紀垂仁二十三年十月壬申条、十一月乙未条にみえるホムツワケ皇子への白鵠献上、古事記垂仁天皇段にみえるホムツワケ皇子の出雲大神への参拝も、この段階、すなわち物部氏が出雲大神の祭祀に関与していた六世紀段階の祭儀と関わる祭儀伝承であろうと思われる[24]。また物部氏の滅亡後、出雲大神の祭祀は出雲東部地域のオウ氏に引き継がれるが、オウ氏は、六世紀中葉以降列島内で唯一玉作の行なわれていた出雲で玉生産に関与した豪族であり、王権への玉の進上に関わっていた[25]。そのようなオウ氏が出雲大神の祭祀に関与することになり、玉が神宝に加わった可能性も考えられる[26]。

神賀詞奏上儀礼では、天皇に玉・横刀・鏡・倭文・白馬・白鵠・御贄が献上されるが、ここにみえる物品のうち、横刀・玉・白鵠は上述の令制前代のヤマト王権と出雲との間で行なわれた祭儀の系譜をひくものであろう。それらを献上する呪術的・宗教的な意義が前代と令制下で同じであったかどうかは別として、律令国家のもとで行なわれた神賀詞奏上儀礼のなかに前代の祭儀の要素が引き継がれている点に注目しておきたい。

王権の宗教的世界観は、七世紀中葉の孝徳朝期の大化改新による国造制から評制への移行、さらにその後の律令制的中央集権体制の成立に伴い、それぞれの段階で改変がおこり、そのなかでの出雲の位置づけや性格も改められていく。斉明五年の杵築大社（出雲大社）の創建は評制への移行に伴う宗教的世界観の改変と並行するものである[27]。祭られる神もそれまでの出雲大神（アシハラシコオ）ではなく、国作りの神オオナムチとなり、葦原中国における出雲の性格も改められていく。こうした前史を経て記紀にみられるような出雲神話、律令国家の下での杵築大社、出雲国造そして神賀詞奏上儀礼が成立しているのである。

**註**

（1）　近年の主な研究としては篠川賢「出雲国造神賀詞奏上儀礼小考」（『日本常民文化紀要』二三、二〇〇三年）、和田萃「出雲国造と変若水」(『国立歴史民俗博物館研究報告』一一二、二〇〇四年)、瀧音能之「出雲国造神賀詞奏上儀礼の始原とその背景」(『出雲古代史研究』一五、二〇〇五年)、前田晴人「出雲国造と儀礼」(『古代出雲』吉川弘文館、二〇〇六年)、大川原竜一「律令制下の神賀詞奏上儀礼についての基礎的考察」(『ヒストリア』二一一、二〇〇八年)、水林彪「古代天皇制における出雲関連諸儀式と出雲神話」(『国立歴史民俗博物館研究報告』一五二、二〇〇九年)などがある。

(2)　これまでの研究でこのような視角から神賀詞奏上儀礼を考察しているものとして水林前掲註(1)論文がある。しかし水林は出雲が王権神話のなかで特殊な位置をしめるようになるのは天武朝からとしており、令制前代の考察には及んでいない。令制下の神賀詞奏上儀礼の成立に至る歴史的な展開を考察している論考としては前田前掲註(1)論文がある。

(3)　井上光貞「国造制の成立」(『史学雑誌』六〇—一一、一九五一年)、原島礼二「古代出雲服属に関する一考察」(『歴史学研究』二四九、一九六一年)、門脇禎二『出雲の古代史』(日本放送出版協会、一九七六年)、八木充「古代出雲の杵築と意宇」(『日本書紀研究』一五、一九八七年)、高嶋弘志「出雲国造の成立と展開」(古代王権と交流七『出雲世界と古代の山陰』名著出版社、一九九五年)、前田晴人「出雲国造の勢威と系譜」(『古代出雲』吉川弘文館、二〇〇六年)など。

(4)　先代旧事本紀にはウマシマジが「天璽(アマツシルシ)の瑞宝(ミズタカラ)十種」を献上し、さらに海内を平定してイワレヒコが即位し、その後天璽瑞宝を用いて鎮魂祭を行なったとみえる。

(5)　アメワカヒコについては本書第二章で論じたように、その本質は稲霊である。ここで取り上げてニギハヤヒと比較しているのはそのような原神話のアメワカヒコではなく、記紀の文脈通りの国譲りの使者としてのアメワカヒコである。

(6)　ここではタマフリを「霊威の付与」の意味で用いる。

(7)　松前健「鎮魂祭の原像と形成」(『古代伝承と宮廷祭祀』塙書房、一九七四年)、三宅和朗「国譲り神話(Ⅰ)」(『記紀神話の成立』吉川弘文館、一九八四年)。

(8)　松前前掲註(7)論文。

(9)　岡田精司「王権の軍神—石上神宮—」(『神社の古代史』大阪書籍、一九八五年)。以下物部氏、石上神宮の祭祀についてはこの論考による。

(10) 日本書紀には地方豪族の神宝類が石上神宮に収納される記事がみえる（垂仁八七年条。同八八年条のアメノヒボコの神宝が収容される「神府」も石上神宮の神庫のことと理解されている）。これらの神宝は後に持ち主の子孫に返却されている（日本書紀天武三年八月条）。
(11) 延喜神名式には物部神社一四社（伊勢2、尾張2、甲斐、美濃、越中、越後2、佐渡、丹後、但馬、石見、播磨）、嶋物部神社（丹波）、物部天神社（武蔵）、物部布都神社（壱岐）、布都神社（伊予）、多祁伊奈太伎佐耶布都神社（備後）、建布都神社（阿波）、佐肆布都神社（壱岐）、石上布都之魂神社（備前）各一社がみえる。
(12) この時期、祭官制と称せられる新たな王権祭祀体制がつくられた（上田正昭「祭官制の成立」『日本古代国家論究』塙書房、一九六八年、岡田精司「日奉部と神祇官先行宮司」『古代王権の祭祀と神話』塙書房、一九七〇年）。
(13) 溝口睦子「天孫降臨神話の二元構造」（『王権神話の二元構造—タカミムスヒとアマテラス』吉川弘文館、二〇〇〇年）。
(14) 日本書紀神代上第八段第二の一書にスサノオが蛇（八岐大蛇）を斬殺した剣「蛇の麁正」が石上神宮に保管されているとあるが、本章の理解に即してみれば、八岐大蛇は王権の制圧対象となる地方豪族を象徴し、それを斬殺した「蛇の麁正」なる剣はフツノミタマ的霊剣であったということになる。天から降った神が出雲においてフツノミタマ的な剣で邪悪な神を制圧し秩序を作りあげたというモチーフは国譲り神話と同じである。
(15) 出雲大神は王権の宗教的世界観を具現化するために創出された神であるが、石上神宮に保管された服属した豪族の差し出した神宝の総体と同一の神格とみることができる。石上神宮に保管された神宝は、天武三年、律令国家への移行に伴い地方豪族たちに返却されることになるが（日本書紀天武三年八月条）、石上神宮の摂社である出雲建雄神社はかつてそれらの神宝を保管した神庫の系譜を引くものではなかろうか。このような解釈によって石上神宮に出雲を冠する神社が存在することの意味が理解できる。
(16) 松前前掲註（7）論文。
(17) 渡辺貞幸「古墳からみた出雲国の成立」（『出雲古代史の諸問題』古代史サマーセミナー事務局、一九八七年）、森公章「出雲地域とヤマト王権」（『新版日本の古代四　中国・四国』角川書店、一九九二年）、武広亮平「額田部臣と部民制」（『出雲世界と古代の山陰』古代王権と交流七、名著出版社、一九九五年)。なお「オウ氏」「カンド氏」の称は、それぞれ後の「出雲臣」「神門臣」と区別するため便宜的に用いる。

(18) 平石充「出雲西部地域の権力構造と物部氏」(島根県古代文化センター『古代文化研究』一二、二〇〇四年)。

(19) 平石前掲註(18)論文は、神門臣がある時点で物部姓であった可能性について否定はできないが、出雲東部地域の最高首長である出雲臣が蘇我氏との関係が深いとされるにもかかわらず、蘇我氏との間に系譜上の関係がみられないことから、中央の交渉担当氏族と地域の最高首長の間に同族関係が結ばれることはなく、同族関係が結ばれるのは周辺中小首長の関係だけであったと想定する。

(20) 天日鳥は古事記の国譲り神話にみえるアメノトリフネ(天鳥船)にも通じる神格である。古事記ではタケミカヅチの従者として地上に派遣されるが、これは主神タケミカヅチの乗り物の神格化とみられる。天日鳥も本来はフツヌシが地上に降りる際の乗り物が神格化された神であろう。後に物部氏が滅亡し主神フツヌシが後景に退くことにより、乗り物であった天日鳥に武神的な性格が付与されて「武日鳥」となり、それが転訛して本条にみえる「武日照」となったのであろう。日本書紀神武即位前紀にみえるニギハヤヒは天より「天磐船(アメノイワフネ)」に乗って飛び降ってきたというが、アメノトリフネはこの天磐船のようなフツヌシの乗り物が神格化されたものだろう。なお、天日鳥の「天日」、武日照の「日照」には神宝としての鏡が意識されているとみることもできる。

(21) 平石前掲註(18)論文。

(22) 出雲国造系図については高嶋弘志「『出雲国造系図』成立考」(『日本海地域史研究』七、一九八五年)等高嶋氏の一連の研究、鈴木正信「出雲国造の系譜史料とその諸本」(『日本古代氏族系譜の基礎的研究』東京堂出版、二〇一二年)などを参照。

(23) 平石前掲(18)論文。

(24) 日本書紀のホムツワケ伝承は鳥取部設置の起源説話となっているが、鳥取部は物部氏の所管する部民であり、出雲国西部地域に多く分布している(平石前掲註(19)論文参照)。

(25) 米田克彦「出雲における古墳時代の玉生産の展開と独自性」(『玉文化』二、二〇〇五年)。
(26) 出雲における古墳時代的な玉生産は七世紀前半で終焉をむかえる(米田克彦「考古学から見た出雲玉作の系譜」『出雲古代史研究』一九、二〇〇九年)。この現象とオウ氏の出雲大神祭祀への関与、さらに杵築大社成立の時期が並行する。このことの意味も今後検討していかねばならない。
(27) 日本書紀斉明五年是歳条に「出雲国造に命せて、神の宮を修厳はしむ」という記事がみえる。日本古典文学大系本『日本書紀』下の頭注(三四〇頁)はこの「神の宮」を意宇郡の熊野大社のこととし、この説を支持する論者も多い。しかし筆者はこれを杵築大社の創建に関わる記事として理解している。

# 終章　出雲国造神賀詞奏上儀礼と祈年祭

本書で縷々述べてきたように、日本古代史における出雲の特殊な位置づけは、王権の宗教的世界観のなかでの出雲の位置づけによるものである。王権は天上世界（高天原）に王権支配の正統性を保証する絶対的な権威を設定し、現世である地上世界（葦原中国）を王権が支配すべき世界とする垂直的な宗教的世界観を構築し、その地上世界を代表する地として出雲が位置づけられたのである。

出雲国造神賀詞奏上儀礼は、こうした王権の宗教的世界観に基づく演出である。すなわち、葦原中国の支配権を譲渡（国譲り）して出雲に隠棲したオオナムチを祭る出雲国造が、オオナムチを制圧する呪力を有する神宝を天皇に献上することにより、天皇の葦原中国の支配権が保障されるという意義を有する儀礼である。

神賀詞の詞章には、出雲国造が神宝を献上し神賀詞を奏上する経緯が神話として語られているが、その神話は国譲り神話に他ならない。ただし、古事記や日本書紀の国譲り神話とはやや内容の異なる神話である。

このように国譲り神話が神賀詞奏上儀礼と密接に関わる一方、筆者は国譲り神話に王権の祈年祭の祭儀神話としての性格があることを指摘してきた。(1)

近年、神賀詞奏上儀礼と祈年祭との密接な関係を説く見解が提示されているが、(2)両者が関係するものであるならば、その関係にはどのような意味があるのか、またその関係はどのような歴史的な経緯によって形成されたのかが明

表６　国史の神賀詞奏上儀礼の記事

| | 年 | 西暦 | 月　日 | 国造名 | 出　典 | 祝部参加状況 |
|---|---|---|---|---|---|---|
| ① | 霊亀２ | 716 | ２月10日 | 果安 | 続日本紀 | 果安～祝部110余人 |
| ② | 神亀元 | 724 | １月27日 | 広島 | 続日本紀 | |
| ③ | 神亀３ | 726 | ２月２日 | 広島 | 続日本紀 | 祝部197人 |
| ④ | 天平勝宝２ | 750 | ２月４日 | 弟山 | 続日本紀 | |
| ⑤ | 天平勝宝３ | 751 | ２月22日 | 弟山 | 続日本紀 | |
| ⑥ | 神護景雲元 | 767 | ２月14日 | 益方 | 続日本紀 | |
| ⑦ | 神護景雲２ | 768 | ２月５日 | 益方 | 続日本紀 | 祝部男女159人 |
| ⑧ | 延暦４ | 785 | ２月18日 | 国成 | 続日本紀 | |
| ⑨ | 延暦５ | 786 | ２月９日 | 国成 | 続日本紀 | |
| ⑩ | 延暦14 | 795 | ２月26日 | 人長 | 類聚国史 | |
| ⑪ | 延暦20 | 801 | 閏１月15日 | (不明) | 類聚国史 | |
| ⑫ | 弘仁２ | 811 | ３月27日 | 旅人 | 日本後紀 | |
| ⑬ | 弘仁３ | 812 | ３月15日 | 旅人 | 日本後紀 | |
| ⑭ | 天長７ | 830 | ４月２日 | 豊持 | 類聚国史 | |
| ⑮ | 天長10 | 833 | ４月25日 | 豊持 | 続日本後紀 | |

らかにされなければならない。

## 一　神賀詞奏上儀礼の実施状況

神賀詞奏上儀礼の実施状況は、続日本紀をはじめとする国史の記事からうかがい知ることができる。

表６は国史にみえる神賀詞奏上儀礼に関する記事の一覧である。記事の日付は必ずしもすべてが神賀詞の奏上の行なわれた当日ではないが、奏上儀礼がこの日付の付近で実施されたことは疑いない。これをみてまず気がつくことは、神賀詞奏上儀礼は二月に実施される事例が多いということである。八世紀の事例をみると、例外は②の一月二十七日のみである。しかし②は一月の月末であり二月に近く、八世紀の段階では、神賀詞奏上儀礼は二月に実施することが原則であったとみることができる。⑪は、九世紀初頭の延暦二十（八〇一）年の閏一月十六日であるが、閏一月はその年の二か月目であり、これも神賀詞奏上儀礼を二月に実施する原則に基づく事例とみることに問題はない。⑫以降の九世紀の事例は三

月・四月に記事がみえ、二月には行われていないが、二月を大きく離れた時期ではない。

また神賀詞奏上儀礼では、出雲国造とともに出雲国内の官社の祝部も同行することになっているが（臨時祭式36神寿詞条）、このことは国史にみえる事例においても確認することができる。表6の①では国造の果安以下祝部の一一〇余人、③では祝部一九七人、⑦では祝部男女一五九人が上京している。

出雲国の官社の数は、天平五年（七三三）に撰録された出雲国風土記には一八四社、延喜式所載の神賀詞詞章には一八六社、延喜神名式には一八七社とされているが、出雲国風土記成立の段階で神名式にみえる官社のほとんどが官社となっていたことがわかる。表6で確認できる神賀詞奏上儀礼の際に上京した祝部の数をみると、出雲国内のかなりの数の官社の祝部が出雲国造の神賀詞奏上儀礼の際に上京していたことがわかる。③では出雲国内の全官社の祝部が上京した可能性もある。

以上のように、国史にみえる神賀詞奏上儀礼の実施状況から、同儀礼が二月に行なわれることを原則とし、国造とともに出雲国内のかなりの数の官社の祝部が上京していることがわかったが、それでは同儀礼はなぜ二月に実施され、またなぜ国造とともに国内の官社の祝部も上京したのであろうか。

二月には神祇官において祈年祭が行なわれた。祈年祭には全国の官社の祝部が上京し、神祇官西院に参集して忌部の頒かつ幣帛を受け取り、その国家の幣帛をもち帰って神に供えることになっていた。神賀詞奏上儀礼が行なわれる二月には、このような祈年祭が行なわれるのであるが、この時国造とともに官社の祝部も一緒に上京している。この祝部が祈年祭に参列しないはずはなかろう。

そうであったとすると、神賀詞奏上儀礼が二月に行なわれるのは、祈年祭に参列する祝部の上京の時期に合わせた結果なのであろうか。それとも同儀礼が祈年祭と同じ二月に行なわれる必然性があったのであろうか、あるいは同儀礼と祈年祭に何らかの関係があり、それに基づいて神賀詞奏上儀礼は祈年祭の行なわれる二月に実施されたのであろうか。

## 二　祈年祭について

律令国家によって行なわれる祈年祭は、神祇令に「仲春」すなわち二月に執行されることが規定され、祭日、祭祀対象、幣物の内容、祭儀の参列者やその儀式次第等については、延喜四時祭式上3祈年祭条・4祈年祭官幣条・5祈年祭国幣条や儀式巻一に詳細な規定がみられる。

「祈年」は「としごい」と訓み、「年」は「稔《みのり》」を意味する。すなわち、祈年祭とは稲の稔り・豊穣を祈請することを目的とした稲作農耕儀礼に基づく祭儀である。

祈年祭の意義については、稲作農耕に先立って当年の豊穣を神に祈請する予祝の祭ととらえ、収穫感謝祭としての新嘗祭と対応するとみる理解が一般的である。しかし、そのような祈年祭の理解には問題があることを筆者はこれまで指摘してきた(3)。

祈年祭の本義は稲霊信仰に基づいて理解されるべきである。稲霊信仰とは、稲に内在する稲霊の霊威の発現により稲が生長し豊穣がもたらされるという信仰である。稲霊は他界から現世に来訪し、現世の地霊（土地や水の霊力）に育まれてその霊威を発現させる。稲霊は豊穣をもたらすと霊力を使い果たし「死」の状態となり、冬の間他界に帰って霊威を「再生」し、翌春また現世に来訪する。

稲作農耕に伴う祭祀もこのような観念に基づいて行なわれる。そのなかで春、播種に先立って地霊を祭る祭儀が祈年祭である。現世において稲霊の霊力を発現させる外在的エネルギーとなる地霊を祭ることによって、稲作の豊穣を祈請するのである。その上で、稲霊に地霊を交接させて稲霊の霊力が発現していくのである。これに対して、豊穣をもたらして霊力を使い果たして「死」の状態となった稲霊が他界の「再生」のパワーによって霊威を回復する祭儀が新嘗祭である。新嘗祭は通説的には当年の新穀を神に供えて感謝する秋の収穫感謝祭と理解されているが、天皇の行なう新嘗祭（大嘗祭）は「仲冬」＝十一月という冬の祭儀であり、冬至に近い時期である。

このように稲作農耕儀礼は稲霊信仰に基づいて理解することにより、本質的な意義が明らかとなる。祈年祭は、単なる豊穣祈願の予祝祭ではなく、稲霊を育む地霊を対象とする祭祀なのである。

ところで、神祇令に規定された律令国家の祭祀において、祈年祭は恒例の祭祀のなかで唯一全国のすべての官社に幣帛が頒たれる最大規模の祭祀であり、律令国家の支配の根幹に位置づけられていることはまちがいない。しかし、祈年祭については未だ十分に解明されていない問題が多い。恒例の最大規模の国家祭祀でありながら天皇が出御しないのはなぜか、月次祭や新嘗祭という他の恒例の班幣祭祀には天皇の神事が伴うのに祈年祭にそれがないのはなぜか、祈年祭だけ全官社に幣帛が供えられるのはなぜか、祝詞の詞章の内容と祭儀の内容が必ずしも一致しないのはなぜか、祝詞の詞章が月次祭の祝詞とはほぼ同文なのはなぜか、そもそも祈年祭という祭儀が律令国家の恒例の最大規模の祭祀として扱われるのはなぜなのか……等々、未解明な問題が多く残されている。(4)

このように、令制祈年祭について未だ十分な理解が得られてこないことの原因の一端は、上述のように祈年祭の本質が稲霊信仰の観点から理解されていない点にあるとみられる。それとともに、これまでの研究には律令国家の祈年祭が令制前代のヤマト王権の祈年祭を引く祭儀であるという視点が欠如している点にも問題がある。井上光貞が指摘しているように、令制祈年祭は古くからある「祈年」と「幣帛制」を結合させて作られた祭儀である。(5)この視点は重要であり継承されるべきである。ところが、これまでの研究では令制前代のヤマト王権の祈年の祭儀についての理解は不十分であり、また令制祈年祭との関係も明らかにされてこなかった。律令制祭祀のなかで天皇の新嘗（大嘗）とともに祈年祭が大きな位置を占めているのは、ヤマト王権の王権祭祀においても祈年祭が重視されていたからである。

本書では以上の点を踏まえて、ヤマト王権の祈年祭についての考察を行ない、ヤマト王権の祈年祭は、王権の新嘗用斎田の地霊神祭祀であることを明らかにした(6)。

ヤマト王権の最高首長である大王の霊威は、王権始祖神話である天孫降臨神話においてその始祖ホノニニギが稲霊の神格として表現されているように、稲霊を体現するものであり、王位の就任や霊威の更新（再生）は新嘗の祭儀によって行なわれた。大王の霊威を再生するための新嘗に用いる稲は、王権の直轄地である屯田のなかに卜定された斎田で栽培された。王権の新嘗に用いる稲を栽培する斎田においても、その地霊神を祭る祈年祭は行なわれており、それは大王の霊威を体現する稲霊を育む外在的な霊力に対する祭儀であることにより、王権祭祀として重要な意義を有していた。その祭祀対象は斎田の所在する屯田の地霊神である。王権直轄地の屯田は畿内の各所に所在したが、そのなかで最も代表的な屯田は、倭屯田と葛城屯田である。倭屯田は大和盆地の東南の城上・城下・十市郡をまたいだ位置に所在し、その地霊神は三輪山の神であるオオモノヌシ、あるいは倭大国魂であった(7)。また葛城屯田は大和盆地の西南部の葛城に位置し、その地霊神はアジスキタカヒコネあるいはコトシロヌシであった。すなわち、王権の祈年祭の祭祀対象はオオモノヌシやアジスキタカヒコネ・コトシロヌシなど三輪の神と葛城の神だったのである。

記紀神話では、オオモノヌシ・コトシロヌシは国譲り神話に登場し、地上世界の支配権を天上世界に基盤を置く王権に譲渡する主体として描かれているが、そのような国譲り神話こそヤマト王権の祈年祭の祭儀神話に他ならない(8)。

神武天皇の正妃であるイスズヒメの父神を、日本書紀ではコトシロヌシ、古事記ではオオモノヌシとするが、この結婚は神武の稲霊的神格とコトシロヌシ・オオモノヌシの地霊神的神格の交接を表現しており、王権の祈年祭を背景とするものである(9)。

このような、ヤマト王権の祈年祭の祭祀対象であるオオモノヌシやコトシロヌシ・アジスキタカヒコネが、神賀詞詞章にも登場することに注目してみたい。

## 三　神賀詞詞章の大和の神々をめぐって

出雲国造神賀詞の詞章の構成は、内容的にみると、〔第一段〕口上、〔第二段〕国譲り神話、〔第三段〕寿詞の三段から成り、その〔第二段〕は三つの部分（A～C）から成り立っている。

〔第一段〕では、出雲国造が熊野・杵築をはじめ出雲国内一八六社を斎祭して神賀詞を奏上することを述べる。

〔第二段〕では、Aタカミムスヒの命によりアメノホヒが「天下大八島国」の平定を命じられ、アメノヒナトリとフツヌシを遣わして荒ぶる神を平定して国作りの神オオナムチを鎮定し、Bそれを受けてオオナムチは、天皇が居所とする大和国に自身の和魂と御子の神々を「皇孫命の近き守り神」として置き、自身は杵築の宮に鎮まり、Cカムロキ・カムロミがアメノホヒに天皇の御世を寿ぐことを命じ、この命令によってアメノホヒの後裔である出雲国造が神宝の献上を行なう旨を述べる。

〔第三段〕は、献上される神宝の品々に因んだ寿ぎの詞章である。

すなわち〔第三段〕が神賀詞であり、〔第二段〕は出雲国造による神賀詞奏上の由来を神話に基づいて説明しているのである。

ここで問題にしたいのは〔第二段〕である。その詞章は次のとおりである。

A　高天の神王、高御魂命の、皇御孫の命に天の下大八島国を事避り奉りし時、出雲の臣らが遠つ祖天穂比命を、国体見に遣わしし時に、天の八重雲を押し別けて、天翔り国翔りて、天の下を見廻りて、返り事申し給わく、豊葦原の水穂の国は、昼は五月蠅なす水沸き、夜は火瓫なす光く神あり。石根・木の立ち・青水沫も事問いて、荒ぶる国あり。然れども鎮め平けて、皇御孫の命に安国と平らけく知ろし坐さしめむと申して、己れ命の児天夷鳥命に布都怒志命を副えて天降し遣わして、荒ぶる神たちを撥い平け、国作らしし大神をも媚び鎮めて、大八島国の現事・顕事、事避らしめき。

B　すなわち大穴持命の申し給わく、皇御孫の命の静まり坐さむ大倭の国と申して、己れ命の和魂を八咫の鏡に取り託けて、倭の大物主櫛𤭖玉命と名を称えて、大御和の神奈備に坐せ、己れ命の御子阿遅須伎高孫根の命の御魂を葛木の鴨の神奈備に坐せ、事代主命の御魂を宇奈堤に坐せ、賀夜奈流美命の御魂を飛鳥の神奈備に坐せて、皇孫命の近き守り神と貢り置きて、八百丹杵築宮に静まり坐しき。

C　ここに親神魯伎・神魯美の命の宣わく、「汝天穂比命は、天皇命の手長の大御世を、堅石に常石にいわい奉り、いかしの御世にさきわえ奉れ」と仰せ賜いし次の随に、供斎〈もし後の斎いの時には、後の字を加えよ〉仕え奉りて、朝日の豊栄登りに、神の礼白・臣の礼白と、御祷の神宝献らくと奏す。

この段では、出雲国造の始祖であるアメノホヒの活躍に基づいて、出雲国造が神宝献上を行なうことの由緒が語られているが、このうちBの部分は前後のA・Cと文脈が整合せず、不自然さが感じられる。たとえばAでは「国作らしし大神」と表記される神がBでは「大穴持命」と表記されていること、Bは大和国内の神のことが語られているが、この部分は神宝献上・神賀詞奏上と直接関わるものではなく、神宝献上の由来を説明するという〔第二段〕の本旨にそぐわないこと等の問題がある。Bの部分はなくても文意は通じるのであり、この部分は後からの挿入と考えられる。(10)

Bの部分では、国譲りによって「皇御孫の命」の鎮まるところとなった「大倭国」に、オオナムチが自身の和魂や御子神などの神を祭り、「皇御孫命の近き守り神」としたとするが、これらはどのような神なのであろうか。

Bでオオナムチによって大和国内に祭られたとされるのは、オオモノヌシ（倭の大物主櫛𤭖玉命）・アジスキタカヒコネ（阿遅須伎高孫根の命）・コトシロヌシ（事代主命）・カヤナルミ（賀夜奈流美命）である。

神賀詞詞章によれば、オオモノヌシは自身の和魂であるオオモノヌシを「大御和の神奈備」に、御子であるアジスキタカヒネコを「葛木の鴨の神奈備」に、コトシロヌシを「宇奈提」に、カヤナルミを「飛鳥の神奈備」に鎮座させて天皇の近き守りとしたという。オオナムチとコトシロヌシおよびカヤナルミとの関係は直接には書かれていないが、アジスキタカヒコネにかかる「己れ命の御子」の語はコトシロヌシ・カヤナルミにもかかるとみるべきで、したがってアジスキタカヒコネだけでなく、コトシロヌシ・カヤナルミもオオナムチの御子として位置づけられている。

オオモノヌシは三輪山の神であり、城上郡の大神神社の祭神である。アジスキタカヒコネは葛上郡の高鴨神社に祭られている。コトシロヌシの鎮座地のみ単に「宇奈提」とあり「○○乃神奈備」とはない。コトシロヌシを祭る神社には、神名式に葛上郡の鴨都波八重事代主命神社と高市郡の高市御県坐鴨事代主神社があり、このどちらかに相当すると思われる。コトシロヌシの本来の鎮座地は前者であり、後者は「鴨」のコトシロヌシとあるように前者の分祀であって社格は前者が高い。しかし、高市郡に雲梯《うなて》の地名があり、後者がこの地に鎮座していたと考えられ、神賀詞のコトシロヌシは後者にあたるとみられる。

以上のように、オオモノヌシとアジスキタカヒコネ・コトシロヌシは三輪の神と葛城の神であり、前節で述べたようにヤマト王権の祈年祭の祭祀対象であった。「飛鳥の神奈備」に祭られたとするカヤナルミは高市郡の加夜奈留美命神社に関係するが、この神は記紀の神話にはみえず、その神格は不明である。しかし、飛鳥の神奈備は橘寺の南側に位置する飛鳥のミワ山に相当するとみられており、(11)そうであったとすると、三輪山のオオモノヌシと信仰は同源ということになり、カヤナルミも王権の祈年祭の祭祀対象の範疇に加えても差し支えないと考えられる。

以上のように、神賀詞詞章の〔第二段〕に後から挿入されたとみられるBの部分の神々は、王権の祈年祭の祭祀対象であった。神賀詞奏上儀礼の本質は、国譲り神話で語られているオオナムチの服属を踏まえ、その鎮定を行なった出雲国造の祖であるアメノホヒが、オオナムチを鎮め祭る神宝を天皇に献上することにより、天皇の葦原中国の支配権を保障するタマフリ儀礼である。本来の神賀詞の儀礼は祈年祭と関係はない。

それでは、なぜ神賀詞の詞章に祈年祭の祭祀対象の神々の鎮座のことが挿入されることになったのであろうか。

## 四　ヤマト王権と出雲の関係の展開と神賀詞奏上儀礼

神賀詞奏上儀礼の史料的な初見は、続日本紀の霊亀二年二月丁巳（十日）条であるが、この儀礼の成立をこの時点とみるか、それともこれ以前にすでに成立していたとみるかについては意見がわかれている。(12)

神賀詞奏上儀礼の儀式次第や祝詞は延喜式に詳細に規定されており、一般的に同儀礼の理解はこの延喜式の記載に基づいている。(13)その内容は、新任の出雲国造が一年間の潔斎を行なったあと上京して、天皇の玉・鏡・剣の神宝、白鳥、白馬などを献上しその際に神賀詞を奏上するというものであるが、神賀詞奏上儀礼とは律令国家のもとで行なわれるこのような内容を骨子とする儀礼であると定義すれば、同儀礼の成立を史料上初見の霊亀二年二月とみることもできる。

しかし神賀詞奏上儀礼の意義は、律令国家段階の内容のみから理解できるものではなく、律令制以前の王権と出雲との関係、王権の宗教的（神話的）世界観の変遷を踏まえての理解が必要であり、さらに律令国家の諸制度、とくに神祇祭祀体系の構築のなかでそのような宗教的世界観や出雲の位相がどのように再編成されて神賀詞奏上儀礼が成立するのかという視点が必要である。

神賀詞の詞章に王権祈年祭の祭祀対象が挿入されていることの意義も、このような理解や視点を踏まえて検討されなければならない。

本書では、こうした立場から神賀詞奏上儀礼の前史に関わる論点を提示し、検討を行なってきたが、その成果に依拠して神賀詞奏上儀礼と祈年祭の関係について考えてみたい。

神賀詞奏上儀礼は天皇に神宝や動物等を献上する儀式であり、その際献上される物品の一つひとつに因んだ祝意の詞章（賀詞・寿詞）を読み上げることによって、それらの品々の有する呪術的な霊力が天皇に付与（タマフリ）された。このように、神賀詞奏上儀礼における神宝等の献上と寿詞の奏上は一体となって意味を成しており、その本質は天皇に霊力を付与するタマフリの儀礼であった(14)。そうであるならば、神賀詞奏上儀礼の場合、どのような霊力が付与されるのか、その霊力の付与をなぜ出雲国造が行なうかということが問題となり、これを歴史的に明らかにしていかなければならない。

神賀詞奏上儀礼は、基本的には記紀神話、とくに天孫降臨神話に示されているような、天上世界（高天原）に皇祖神の住まう王権支配の根源があり、現世である地上世界（葦原中国）を王権が支配すべき世界とし、葦原中国の国作りの神オオナムチからその支配権を譲り受けて（国譲り）、皇御孫命（天皇）が地上世界の王者として君臨するという神話的世界観に基づいて行なわれるものである。オオナムチは国譲りのあと杵築大社（出雲大社）に祭られ、その祭祀を司ったのが出雲国造であったが、神賀詞章の国譲りによれば、出雲国造の始祖アメノホヒは地上の荒ぶる神やオオナムチを平定してオオナムチの祭祀を命じられたとされる。このような神話的世界観に基づいて出雲国造は杵築大社の祭祀を行なったのであるが、神賀詞奏上儀礼で献上される神宝はオオナムチを鎮め祭る呪具であり、出雲国造はそれを天皇に献上し、かつての葦原中国の支配者オオナムチを鎮め祭る呪術的霊力を天皇に付与することによって、天皇が葦原中国の支配権を掌握するという宗教的な意義があったと考えられる。律令国家の段階における神賀詞奏上儀礼の意義を、筆者はこのように理解している(15)。

それではこのような儀礼は、歴史的にどのように形成されてきたのであろうか。

## 1　物部氏のタマフリ儀礼から出雲国造の神賀詞奏上儀礼へ

神賀詞奏上儀礼の原形は、前章で述べたように、六世紀段階に物部氏によって行なわれたタマフリ儀礼であったとみられる。

六世紀のヤマト王権において、王権を支える群臣（大夫）層の中心的な氏族であった物部氏は、王権の武威（軍事力の霊威）の象徴であるフツノミタマを祭る石上神宮の祭祀を司っていた。六世紀には、国造制に基づく地方支配の進展によりヤマト王権の地方支配が拡大するが、こうしたなかで王権の武威の神による支配に服する側の奉斎神への威圧が行なわれ、地方豪族は王権に服属したと考えられる(16)。こうしたフツノミタマによる地方神の威圧が各地で行なわれる一方、物部氏はフツノミタマの霊威を大王に付与し、それによって大王の地方支配が宗教的に保障されると観念された。この、物部氏が王権の武威の象徴フツノミタマの霊威を大王に付与するタマフリの儀式が、神賀詞奏上儀礼の原形である(17)。

そのような儀礼が行なわれたことを示す直接的な史料はない。しかし、初代天皇となるイワレヒコ（神武天皇）の大和入りの記事のなかに、物部氏によるタマフリ儀礼の反映とみることのできる伝承が二つある。一つは熊野におけるタカクラジによる霊剣フツノミタマの献上、もう一つはニギハヤヒによるアマツシルシの神宝の献上である。ニギハヤヒは物部氏の祖神であり、タカクラジはニギハヤヒの子孫とされている。

タカクラジのフツノミタマの献上には、葦原中国を平定したフツノミタマの神威をイワレヒコに付与（タマフリ）することによってイワレヒコの葦原中国支配を保障する意味があった。また、ニギハヤヒはイワレヒコに先立って天上世界から地上に降りて、地上（大和）の先住勢力を駆逐して天皇を迎えるという役割を果たしており、そのなかでのアマツシルシの神宝は、ニギハヤヒが地上に降りる時に天上の神から与えられたものであるが、ニギハヤヒはこの神宝の神威でナガスネヒコを制圧したのであり、それを天皇に献上することにより天皇の地上（大和）の支配が保障されたのである。

このような、神武記紀にみえる物部氏始祖や物部系人物による、天皇の支配すべき領域の先住勢力制圧に用いた呪物の天皇への献上という伝承の背景には、実際に物部氏による神宝献上儀礼が行なわれていたと考えられる。このような儀礼が行なわれていた時期は、国造制による地方支配の進展が六世紀であること、物部氏の本宗が六世紀後半の用明二年（五八七）に滅亡することから、六世紀段階であったとみられる。

六世紀段階では、天（アメ）—地（クニ）の垂直的他界観が成立しており(18)、王権の権威の根源が天上世界に設定されるとともに、現世である地上世界が葦原中国とされ、その中心を出雲とみる宗教的（神話的）世界が形成されていたと考えられる。王権はこの世界観を具現化するため、出雲に全国の地方豪族の奉斎神を象徴した出雲大神を祭り、物部氏がフツノミタマの神威で出雲大神を鎮祭するとともに、その神威を大王に付与して王権の全国支配が保障されるという宗教的な仕組を構築したのである。

なお出雲の在地にあっては、物部氏は出雲西部（神門郡、出雲郡、楯縫郡等）に基盤を有しており[19]、その地の有力勢力であるカンド氏と結んで出雲大神を祭ったとみられる。しかし、五八七年の物部氏本宗家滅亡後、物部氏による出雲大神の祭祀は中断し、後に（おそらく蘇我政権下の七世紀初頭に）、出雲東部（意宇郡、島根郡等）に勢力を有するオウ氏にその祭祀が委ねられるようになったのであろう[20]。このオウ氏が出雲国造となり、出雲大神の祭祀と神宝の献上を継承したとみられるのである。

## 2　出雲大神（アシハラシコオ）からオオナムチへ

王権の神話的世界観のなかで、葦原中国の中心として位置づけられた出雲に祭られた神は、上述のように、当初はオオナムチではなく出雲大神であり、おそらくはアシハラシコオと称されていたと思われる[21]。出雲大神は各地の国造等地方豪族の奉斎神を統合した神格であったが、これがオオナムチに切り替えられるのである。

オオナムチは、本来は風土記にみえるような地域社会で信仰された国作りの神であり、スクナヒコナと一対となって活動する神であった。その神格は、スクナヒコナが稲霊であるのに対してオオナムチは地霊であり、稲霊信仰によれば、スクナヒコナの稲霊の霊力を地霊としてのオオナムチが育んで稲作の豊穣がもたらされることになる。オオナムチとスクナヒコナの国造りの「国」とは、本来は稲作農耕社会を基盤とする地域社会あるいはその統合体のことであり、このようなオオナムチの信仰は列島各地に普遍的にみられるものであった[22]。

王権神話において、この国作りを葦原中国の国作りに読み替えることにより、王権が出雲に祭る神はそれまでの出雲大神からオオナムチに切り替わったのである。この変更は、大化改新による国造制から評造制への転換に伴うものであろう。そしてこれとともに杵築大社が成立するのである。日本書紀斉明五年是歳条の「命二出雲国造〈闕名〉一修二厳神之宮一」という記事は杵築大社成立の記事とみられるが、オオナムチを祭神とする杵築大社はこのように成立し、オウ氏が出雲国造としてオオナムチの祭祀にあたることになるのである[23]。

## 3　大嘗儀の成立とオオナムチの祈年祭祭神化

神賀詞詞章では、三輪の神オオモノヌシの神格が出雲のオオナムチの和魂とされ、葛城の神コトシロヌシ・アジスキタカヒコネがオオナムチの御子神とされている。これは記紀でも同様である。しかし、これらの大和の神々はオオナムチとは関係のない、三輪・葛城の地霊神であり王権祈年祭の祭祀対象であった。どのような経緯で王権祈年祭の祭祀対象の神々がオオナムチと関係づけられるようになるのであろうか。

縷々述べているように、ヤマト王権の最高首長である大王の霊威は、王権の直轄地である屯田に卜定された斎田で栽培される稲の稲霊の霊威と一体のものであり、大王はその斎田で収穫された稲による御酒・御饌を飲食して稲霊と一体化して、稲霊の死と再生の儀礼を行ない、王権新嘗の神であるタカミムスヒの霊力により霊威を更新する。これが王権の新嘗であり、王権祭祀としては最も重要視された祭儀であった[24]。そして、この王権新嘗のための斎田における稲作農耕開始に先立つ地霊神の祭祀、あるいは稲霊と地霊神との交接の祭祀が王権の祈年祭であり、記紀の神話・伝承のなかにその痕跡をみることができる[25]。

日本書紀の国譲り神話第二の一書では、オオナムチの服属とは別にコトシロヌシとオオモノヌシの服属を記すが、そのなかでタカミムスヒの娘ミホツヒメ（稲霊）とオオモノヌシ（地霊）との結婚が特筆されている。この神話は三輪山を東に仰ぐ位置に所在した倭屯田に設けられた新嘗斎田での祈年祭の祭儀神話であろう。三輪山の神オオモノヌシは倭屯田の地霊神であることにより王権祈年祭の祭祀対象であったのである。(26)

また、記紀の国譲り神話にはアメワカヒコの神話が挿入されている。この神話は異伝が多く、原形を探るのは難しいが、本来は葛城屯田における祈年祭～新嘗の祭儀神話であったと考えられる。(27)

日本書紀本文によると、タカミムスヒの命令で地上に降りたアメワカヒコ（稲霊）はウツシクニタマ（地霊）の娘シタテルヒメと結婚するが、この要素は祈年祭のモチーフに他ならない。この神話では、アメワカヒコとウツシクニタマの御子、アジスキタカヒコネとの親交の強さが重要なテーマとなっている。書紀では、ウツシクニタマはオオナムチと同一神とされており、すでにアジスキタカヒコネがオオナムチの御子神とされているが、本来は、ウツシクニタマでなく、アジスキタカヒコネがこの位置に存在していたのであろう。葛城の高鴨神社に祭られているアジスキタカヒコネは、古事記では「迦毛大御神」と称されている。古事記のなかで大御神と称されるのは皇祖神であるアマテラスとイザナキのみであり、アジスキタカヒコネはそれに準ずる扱いを受けていることになる。このような格式の高さは、王権祈年祭の祭神であったことによるものであろう。

葛城の地霊神には、アジスキタカヒコネの他にコトシロヌシがある。両者の関係については不明であり、今後の検討課題であるが、アジスキタカヒコネが古く、コトシロヌシが新しい葛城の地霊神とみられる。

神武天皇の正妃を古事記ではオオモノヌシの娘、日本書紀ではコトシロヌシの娘とするのも王権祈年祭の反映であることは前述した（本書第十章）。

以上のように、ヤマト王権の祈年祭は、具体的な祭儀として史料上に現われることはないが、祭儀神話・祭儀伝承として記紀の記事から読み解くことができ、そこではオオモノヌシ・アジスキタカヒコネ・コトシロヌシが祭祀対象とされているのである。

天武朝期は律令制祭祀の形成過程の重要な画期であり、後に神祇令に規定される祭祀のいくつかの初見記事を天武紀にみることができる。そのなかで注目したいのが新嘗についてである。

天武朝には二年に「大嘗」、五年と六年に「新嘗」が行なわれており、いずれにも畿外にユキ郡・スキ郡（天武朝段階では評）が設定されている(28)。すなわちユキ評・スキ評内の斎田から収穫された稲による新嘗が毎年行なわれていたとみられるのである。後の神祇令では畿外に斎田が設けられるのは即位後最初の新嘗儀のみで、通常の新嘗儀では、ヤマト王権時代と同様、畿内の屯田（官田）の稲が用いられていたのであるが、天武朝段階の新嘗儀は、毎年畿外にユキ・スキの斎評・斎田を設定して行なっていたのである(29)。

天武朝の新嘗儀のあり方の改変にはどのような意味があったのであろうか。

ヤマト王権の大王は王権の直轄地である畿内の屯田で稔った稲の稲霊と一体となって新嘗を行ない、大王としての霊威を身につけた。これに対して天武朝期の天皇の新嘗儀は、畿外のユキ・スキ斎評内の斎田で収穫された稲で行なわれている。大化改新以降、国造制が解体され全国に評が設定されていくが、理念的に評は王権の直轄地とみなされており、天皇は全国の評から卜定された斎評のなかに設けられた斎田で収穫された稲の稲霊と一体になって新嘗を行い天皇としての霊威を身につけるということになる。ヤマト王権の最高首長でなく、稲作農耕社会を基盤として成り立つ律令国家の最高支配者としての天皇の霊威獲得、霊威更新の儀礼ということになるのである。

このような天武朝に成立した天皇の大嘗に対応する祈年祭はどのように行なわれたのであろうか。

それまでのヤマト王権の大王の新嘗は畿内の屯田に斎田が設けられ、祈年祭では大和の地霊神であるオオモノヌシやコトシロヌシが祭祀対象とされていた。それが天武朝に成立した天皇の大嘗では、畿外に斎田が設けられ、その祈年祭では全国の地霊が祭祀対象とされることになる。その祭祀対象とされたのが葦原中国の国作りの神として出雲に祭られたオオナムチであろう。

オオナムチは、評制成立に伴って葦原中国の国作りの神として杵築大社に祭られたのであるが、このように天皇の大嘗の斎田の地霊神として祈年祭の祭祀対象とされることに伴ない、神格の改変が行なわれたとみられる。その合理化は、従来の王権の祈年祭の祭祀対象であるオオモノヌシやアジスキタカヒコネ・コトシロヌシを同一神化・御子神化することによって行なわれたのである。

なお第十章で述べたように、倭氏の奉斎する倭大国魂も倭屯田の地霊神であった。この神の神格は、古い三輪山の神の神格に内包されていた狭義のヤマトの地霊という側面が独立したものだが、この神も日本書紀ではオオナムチと同一神とされている。それとともに注目されるのが、日本書紀におけるこの神の表記である。ほとんどの表記は「倭大国魂」であるところ、崇神紀六年条に「日本大国魂」の表記がみえる。この表記の成立の背景には、天武朝期、ヤマト王権の大王の新嘗が律令国家の天皇の大嘗へと転換したのに伴い、ヤマトの地の地霊神として王権の祈年祭の祭祀対象であったその神格が、全国土（葦原中国）の地霊神に昇格したという、神格の変更があったのであろう。同神のオオナムチとの一体化はこうして行なわれたと考えられる。

仁徳即位前紀の倭屯田の記事（史料は一六一頁）によれば、倭屯田の屯田司を出雲臣の祖オウノスクネが務めている。なぜ出雲国造の一族である出雲臣の祖先が倭屯田の管理を行なったとされているのであろうか。この記事で倭屯田の由緒を語るのは倭氏の祖吾子籠であるように、本来の倭屯田の管掌者は、同地の地霊神ヤマトノオオクニタマを奉斎する倭氏であった。しかし大嘗の成立とともに同神の神格が出雲のオオナムチと同一化されたことにより、同神の祭祀に出雲国造が関与することとなり、その祖オウノスクネが新たに屯田の管掌者とされたのであろう。実態としては倭屯田の管理者に出雲臣の姓を与えて、出雲国造と同族化したとみられる。

## 4　天皇即位後の大嘗と出雲国造就任後の神賀詞奏上儀礼

天武朝には、それまでのヤマト王権の新嘗儀を全国化した大嘗儀が創出されるとともに、それと対応する祈年祭も考案されたが、それがそのまま令制祭祀として定着したわけではなかった。続く持統朝には、畿外にユキ・スキの斎郡（評）・斎田を卜定する大嘗儀は治世最初の新嘗でのみ行なわれ、それ以外の新嘗は畿内の屯田の稲が用いられたのである。一方、祈年祭も大きく形が変わる。国家が掌握した中央・地方の神社を官社とし、その祭祀担当者（祝部等）を上京させて祈年祭に参列させ、国家の幣帛を頒ち（班幣）、もち帰って供神させる祈年祭幣制が成立するのである。(30) 令制祭祀としての祈年祭は、狭義にはこの班幣儀を指している。しかし、祝詞式にみえる祈年祭祝詞の詞章には、伊勢のアマテラス大神をはじめタカミムスヒ以下の宮中の神々、大和の御県の神や水分の神などに称詞が述べられており、班幣儀とは別に特定の祭祀対象を祭る祭儀が行なわれていることがわかる。その祈年祭祝詞の冒頭に名前を挙げて称詞が述べられている神が御年神である。祈年祭祝詞の詞章は、月次祭のそれとほとんど同じであるが、唯一の違いは祈年祭祝詞に御年神への称辞があることであり、その点からも令制段階の祈年祭の最も中心的な祭祀対象は御年神であったとみることができる。

この御年神は神名式の大和国葛上郡の「葛木御歳神社」に相当するとみることもできる。しかし、神祇令祈年祭条集解の古記に祈年祭について「於二神祇官一、惣二祭天神地祇一、百官々人集、別葛木鴨名為二御年神一、祭日、白猪白鶏各一口」とあり、大宝令の注釈書である古記に祈年祭において御年神と称される神を「葛木鴨」の神としていることは興味深い。「葛木鴨」社は神名式上葛上郡の「鴨都波八重事代主命神社」のことであり(31)、この祭神はコトシロヌシである。この神は葛城屯田の地霊神であり、ヤマト王権の新嘗斎田の祈年祭の祭祀対象だった神である(32)。すなわち、令制祭祀の毎年の新嘗儀にヤマト王権の新嘗儀と同様の畿内の屯田の稲による新嘗の方式が採用されたのと対応して、毎年の祈年祭の中心的な祭祀対象は、ヤマト王権の祈年祭と同様に大和の地霊神とされたのである。

それでは、天武朝段階で構想されたオオナムチを祭祀対象とする祈年祭は、その後の律令国家の祭祀に継承されたのであろうか。筆者は出雲国造による神賀詞奏上儀礼こそが天武朝期の祈年祭を継承する祭儀であると理解している。

天武朝段階では、全国規模の天皇の大嘗は毎年行なわれ、これと対応するオオナムチを祭祀対象とする祈年祭も毎年行なわれたとみられる。それが次の持統朝の段階、おそらく飛鳥浄御原令の規定から全国規模の大嘗は即位後に一度となり、それに対応する祈年祭が出雲国造の新任にあたって行なわれる神賀詞奏上儀礼であったと考えられる。律令制祭祀体系のなかでの神賀詞奏上儀礼の成立は以上のようにとらえることができる。すなわち、令制祭儀としての出雲国造神賀詞奏上儀礼は、天皇の大嘗儀と一対の祭儀として成立したのである。

日本古代における出雲の特殊性は、ヤマト王権の宗教的世界観（神話的世界観）のなかでの出雲の位置づけに基づくものである。その世界観は、古代国家形成過程のそれぞれの段階において変遷するとともにそれに基づく神話や祭儀も合わせて変遷し、その結果として記紀の国譲り神話・出雲神話や延喜式に規定される神賀詞奏上儀礼が存在している。

神賀詞奏上儀礼には、そのような国家形成過程諸段階での王権と出雲との間で行われた祭儀の様々な要素が、重層的に組み込まれている(33)。

神賀詞奏上儀礼の中心である神宝献上は、六世紀の物部氏のタマフリ儀礼を淵源とする、天皇に葦原中国の支配を保障するタマフリ儀礼であった。それが天武朝期に畿外にユキ・スキ斎評を設けて行なう王権の新嘗儀が成立するのに伴い、出雲のオオナムチが祈年祭の祭祀対象とされることとなり、神賀詞奏上儀礼に祈年祭の要素が付加されたのである。持統朝以降、ユキ・スキ斎評（郡）を設ける新嘗儀は天皇の即位後最初の新嘗儀（＝大嘗祭）のみとなるが、それに伴い祈年祭の要素を付加した神賀詞奏上儀礼は出雲国造の就任の際にのみ行なわれるようになる。杵築大社に祭られたオオナムチと、大和の三輪・葛城の神でヤマト王権の祈年祭の祭祀対象であったオオモノヌシ・コトシロヌシ・アジスキタカヒコネは、本来は相互に無関係の神格であったが、オオナムチを祈年祭の祭祀対象とする際に同一神化（オオモノヌシ）または御子神化（コトシロヌシ・アジスキタカヒコネ）が行なわれ、それとともにこれらの神が神賀詞の詞章に加えられたのである。

神賀詞奏上儀礼が当初ほとんど二月に行なわれているのは、律令国家がこの儀礼を天皇の大嘗儀と対応する祈年祭として位置づけたからである。

祈年祭の本義は稲霊信仰に基づく春の地霊神祭祀であったが、神祇令に規定された令制の祈年祭では、この祈年の祭儀にあわせて大臣以下百官が参列する場に全国の官社の祝部等神祇職を参集させて、祝詞を読み聞かせ、幣帛を頒かつ儀式が行なわれた。国家が全官社に幣帛を頒布するのは恒例の祭祀では祈年祭だけであり、その意味で官社制と令制祈年祭は連動するものである。

延喜神名式には三一三二座の官社がリストアップされているが、近年の研究で八世紀段階の官社数はこれに比べてかなり少なかったことが明らかにされている。[34] また全国からの祝部の参集という点についてもその実効性を疑い、あくまで理念にすぎないとみる見解もある。[35] しかし、出雲国については八世紀前半の段階で、神名式にみえる官社のほとんどが官社となっており、官社制度の実施が先行的に行なわれたとみられる。また神賀詞奏上儀礼に際してその官社の祝部のほぼすべてが上京しており、神祇官で行なわれる祈年祭に参列したことはまちがいない。

このように、出雲国は律令神祇体制のモデル地区であったが、このような設定も律令国家の宗教的世界観のなかで出雲が王権の支配の対象となる葦原中国の中心と位置づけられたことによるものとみることができる。

註

（1）本書第九章、第十章。
（2）内田律雄「出雲の神社遺構と神祇制度」（『古代の信仰と社会』六一書房、二〇〇六年）、和田萃「出雲国造神賀詞」（千家和比古・松本岩雄編『出雲大社』柊風社、二〇一三年）、荒井秀規「古代出雲国の官社と班幣制度―神賀詞奏上と祈年祭班幣の関係―」（第十九回延喜式研究会・出雲古代史研究会合同大会報告レジュメ、二〇〇八年）、岡田荘司「古代律令神祇祭祀制と杵築大社・神賀詞奏上儀礼」（『延喜式研究』二五、二〇〇九年）。
（3）本書第九章、第十章。
（4）佐々田悠「記紀神話と王権の祭祀」（『岩波講座日本歴史』二、二〇一四年）はこれらの問題にかなり踏み込んでいるが、それでもなお不明な点は多く残されている。
（5）井上光貞『日本古代の王権と祭祀』（東京大学出版会、一九八四年）。
（6）本書九章、第十章。
（7）倭大国魂神を奉斎する倭直氏は、王権の祈雨の神である丹生川上社の祭祀を司るが（延喜臨時祭式27丹生川上神条）、これは倭屯田の水霊の祭祀であり、その仕奉の由来が日本書紀の神武即位前紀にみえる（本書第十章）。また仁徳即位前紀では倭直氏の祖吾子籠が倭屯田の由緒を説いており、倭直氏・倭大国魂神と倭屯田の密接な関係がわかる。

（8）本書第九章、第十章。

（9）本書第十章。

（10）岡田精司「河内大王家の成立」（『古代王権の祭祀と神話』塙書房、一九七〇年）。

（11）前田晴人『三輪山』（学生社、二〇〇六年）。

（12）武廣亮平「『出雲国造神賀詞』研究小史」（『出雲古代史研究』二、一九九二年）に詳しい。最近の大川原竜一「出雲国造と古代王権―神賀詞奏上儀礼の成立と杵築大社の創建をめぐって―」（『国史学』二一二、二〇一四年）は霊亀二年成立説を主張している。

（13）瀧音能之が指摘するように、神賀詞奏上儀礼は初見の霊亀二年の段階から延喜式の規定の通り行なわれていたのではなく、段階的な変遷を経て延喜式の規定のあり方が成立する（瀧音能之「出雲国造神賀詞奏上儀礼の成立過程」『出雲国風土記と古代日本』雄山閣出版、一九九四年）。

（14）本書第十二章。

（15）本書第十二章。

（16）このようなフツノミタマの神威による地方神の制圧は、神話的にはフツヌシ（フツノミタマの神格化）による葦原中国の平定として表現されることになる。

（17）本書第十三章。

（18）岡田精司「天皇家始祖神話の研究」（前掲註（10）書）。

（19）平石充「出雲西部地域の権力構造と物部氏」（『古代文化研究』十二、二〇〇四年）。

（20）崇神六十年紀の出雲の神宝をめぐる出雲臣内部の対立の記事は、こうした混乱を反映した伝承とみられる。

（21）古事記垂仁段のホムチワケ皇子の出雲大神参拝の際に対応する国造祖キイサツミは西部カンド側の人物であることから、

物部氏が出雲の祭祀に関与した段階の古い伝承とみられるが、ここでは出雲大神がアシハラシコオと称されている。
(22) 本書第一章。
(23) オウ氏の始祖はウカズクヌ、カンド氏の始祖はキイサツミであったのが、統合されアメノホヒ・アメノヒナトリを始祖とした国造系図が形成されるのもこの段階であろう。
(24) 本書第八章。
(25) 本書第九章、第十章。
(26) 本書第十章。
(27) 本書第九章。
(28) 日本書紀が天武二年と五・六年で「大嘗」「新嘗」の表記を区別しているのは、編纂時のありかたに基づいたものと考えられ、当時は五・六年もともに「大嘗」と称されていたとみられる。
(29) 菊地照夫「天武朝期の新嘗と諸国大祓」（服藤早苗ほか編『ケガレの文化史』森話社、二〇〇五年）。
(30) 佐々田前掲註（4）論文。
(31) 西宮秀紀「葛木鴨（神社）の名称について」（『律令国家と神祇祭祀制度の研究』塙書房、二〇〇四年）。
(32) 本書第十章。
(33) 本書では触れることができなかったが、六世紀における忌部氏を介した玉の貢納や、鳥取部による白鳥の貢進なども神賀詞奏上儀礼の要素に継承されていると考えられる（本書第七章、第十二章）。
(34) 小倉慈司「延喜神名式『貞』『延』標注の検討」（『延喜式研究』八、一九九三年）。
(35) 岡田精司「律令制祭祀の特質」（菊地康明編『律令制祭祀論考』塙書房、一九九一年）。

# あとがき

記紀の神話・伝承や天皇系譜は、戦前・戦中のファシズム体制の下では天皇制の根幹に関わる神聖不可侵のものとされ、記紀の作為性を追究した津田左右吉の著作が発禁処分とされたように、学問的な研究は制約されていた。戦後、その呪縛から解放され、日本国憲法で保障された言論の自由・表現の自由・学問の自由の下で、記紀に科学的なメスが入れられるようになった。歴史学では記紀の記述にとらわれない古代国家・古代天皇制の形成過程の研究が活発に行なわれて今日に至っている。記紀の神話・伝承を対象とする筆者のこれまでの研究や本書の刊行は、こうした歴史的環境のなかで可能であったという点をまず押さえておきたい。

筆者は一九五九年九月生まれで、翌年二月生まれの現在の皇太子（徳仁《なるひと》親王）と同学年である。幼少の頃から同年齢の「なるちゃん」なる人物がメディアにたびたび登場するのが気になり、かなり早い時期から「天皇」「天皇制」って何だろうという疑問を抱くようになっていた。文学部史学科に進学して日本古代史を専攻したのは、天皇制の起源が知りたかったからである。筆者が記紀を研究の対象とするのは、このような問題関心に基づいている。

本書は、筆者が三〇年間にわたって取り組んできた研究の成果をまとめたものである。各章と既発表の論考との関係は次のとおりである。一書としてまとめるにあたり旧稿を改訂し、大幅な加筆、修正を行なった箇所もある。

序章　日本古代史における出雲の特殊性の解明に向けて（新稿）

第一章　オオナムチ・スクナヒコナの国作り神話と稲霊信仰（『寺社と民衆』八、民衆宗教史研究会、二〇一二年）
第二章　アメワカヒコ神話と稲霊信仰（『歴史読本』二一―五、新人物往来社、一九九六年〔原題「稲霊から反逆者へ―アメワカヒコ神話の謎―」〕）
第三章　海神宮訪問神話と井戸の祭祀―島根県青木遺跡の井泉遺構をめぐって―（『出雲古代史研究』二一、出雲古代史研究会、二〇一一年〔原題「出雲青木遺跡と井戸の祭祀―海神宮訪問神話の検討をとおして―」〕）
第四章　古代王権と船あそび―五世紀の王権の宗教的世界観と王位就任儀礼―（『法政考古学』四〇、法政考古学会、二〇一四年）
第五章　ヤマト王権の宗教的世界観と出雲（『出雲古代史研究』七・八合併号、出雲古代史研究会、一九九八年）
第六章　出雲国忌部神戸をめぐる諸問題（岡田精司編『国家と祭祀の歴史学』塙書房、二〇〇一年）
第七章　古代王権と出雲の玉（『玉文化』二、日本玉文化研究会、二〇〇五年、および『古代文化研究』一五、島根県古代文化センター、二〇〇七年〔原題「島根県内玉作遺跡より出土する紅簾石片岩製内磨砥石の石材産出地の検討」〕の一部）
第八章　ヤマト王権の新嘗と屯田―顕宗三年紀二月条・四月条に関する一考察―（『千葉史学』九、千葉歴史学会、一九八六年〔原題「顕宗三年紀二月条・四月条に関する一考察―大和王権の新嘗と屯田―」〕）
第九章　ヤマト王権の祈年祭とその祭神・祭儀神話（林陸朗・鈴木靖民編『日本古代の国家と祭儀』雄山閣出版、一九九六年〔原題「大和王権の祈年祭―祭神・祭儀神話をてがかりに―」〕の一部）
第十章　ヤマト王権の祈年祭と三輪・葛城の神（『延喜式研究』二七、延喜式研究会、二〇一一年、および前掲原題「大和王権の祈年祭―祭神・祭儀神話をてがかりに―」の一部）

第十一章　毒流し漁とヤマト王権の祈雨祭祀（『法政考古学』三〇、法政考古学会、二〇〇三年〔原題「毒流し漁雑考―古代王権の祈雨祭祀にもふれて―」〕）
第十二章　出雲国造神賀詞奏上儀礼の意義（瀧音能之編『出雲世界と古代の山陰』名著出版、一九九五年）
第十三章　出雲大神の祭祀と物部氏のタマフリ儀礼―神賀詞奏上儀礼成立前史の一考察―（『出雲古代史研究』一九、出雲古代史研究会、二〇〇九年）
終章　出雲国造神賀詞奏上儀礼と祈年祭（『延喜式研究』三〇、延喜式研究会、二〇一四年）

筆者が曲がりなりにもこのような一書を成すことができたのは、国学院大学という環境で学んだことの影響が大きい。国学院は歴史学（文献史学、考古学）のみならず日本文学、民俗学、神話学、神道学の研究拠点であり、文献史学を中心に、隣接する様々な分野の研究成果や手法を学ぶことができた。指導教授の鈴木靖民先生からは歴史学の基礎から手ほどきを受け、林陸朗先生にも卒論の副査として指導していただき、また非常勤で出講していた小松和彦先生からは、講義のあとの自主ゼミで民俗学・文化人類学の指導を受けた。筆者が学問的影響を最も大きく受けたのは、歴史学の岡田精司先生、民俗学の坪井洋文先生、比較神話学の松前健先生、日本文学の三谷栄一先生である。いずれも国学院の大先輩で、柳田国男や折口信夫の学統を直接に間接に、発展的に批判的に継承して学問を展開されているこれら諸先生からの教えの数々は、筆者の思考や発想の根源となっている。

大学卒業後、すぐに高校の教員となったが、鈴木先生のお薦めにより高校勤務の傍ら、法政大学大学院で学ぶこととなった。当時法政には日本古代史の専任教員がおらず、考古学の伊藤玄三先生のゼミに属し、古代史は非常勤の鈴木先生、虎尾俊哉先生、佐藤信先生の指導を受けたが、とりわけ虎尾先生から古代祭祀研究の最重要文献である延喜式の研究方法を学ぶことができたのは幸いであった。

学外では歴史学研究会古代史部会、出雲古代史研究会、祭祀史料研究会、延喜式研究会、あたらしい古代史の会などに参加して、多くの研究者と交流し、視野を広げて研究を深めることができた。また玉作をめぐる考古学の分野では、祭祀考古学会の椙山林継先生および山岡邦章氏、米田克彦氏から多くのご教示を受けた。

一介の高校教員にすぎない筆者が、長年にわたって研究を継続することができたのは、同じ立場で研究に取り組んできた伊藤循氏、戸川点氏の励ましがあってのことである。その他、ここにお名前をあげることのできなかった諸先生、諸先輩、学友の方々も含めて、この間お世話になった皆様からの学恩に、心から感謝申し上げたい。

出版にあたっては、法政大学の小口雅史先生、同成社の佐藤涼子社長、山田隆氏に大変お世話になった。校正に協力してくださった工藤明日実氏、舟久保大輔氏にも御礼申し上げたい。

一書をまとめるまでに三〇年を要したが、本書は筆者の研究の中間報告にすぎない。出雲と伊勢、出雲と東国との関係の問題等、取り組むべきテーマは山積している。なるべく早く続編が出せるよう、これからも研究に努めていく所存である。

それとともに気になるのが、昨今の日本の情勢である。近年日本は急速に右傾化している。先日の参議院議員選挙では、立憲主義や基本的人権をないがしろにした憲法草案を掲げる最大与党が圧勝し、憲法改正を支持する勢力の議席数は、衆参両院で改憲発議に必要な三分の二を超えた。メディアは政府の圧力に屈して、政府・権力への批判的な報道が抑制され、歴史教育の現場では、記紀の神話や伝承で古代国家形成や天皇制の成立を教えようとする非学問的な教科書が採択数を伸ばしている。松江市教育委員会による、原爆の悲惨さを描いた漫画『はだしのゲン』の閲覧制限問題も記憶に新しい。

戦前に逆戻り、というより新たな戦前的状況が形成されつつある今日の情勢のなかで、本書は世に出ることとなった。この先、本書が閲覧制限、はたまた発禁処分となる日が来ないとも限らない。日本をそんな国にさせないための取り組みにも努めていく必要がある。

二〇一六年八月二日

菊地　照夫

# 古代王権《こだいおうけん》の宗教的《しゅうきょうてき》世界観《せかいかん》と出雲《いずも》

■著者略歴■

菊地照夫（きくち　てるお）

1959年　東京都に生まれる
1982年　国学院大学文学部史学科卒業
2001年　法政大学大学院人文科学研究科日本史学専攻博士課程後期単位取得満期退学
現　在　都内高校教員、法政大学非常勤講師、島根県古代文化センター客員研究員

主要論文

「国引き神話と杖」（『出雲古代史研究』第１号、1991年）、「律令国家と相嘗祭」（虎尾俊哉編『律令国家の政務と儀礼』吉川弘文館、1995年）、「相嘗祭の祭祀形態について」（『延喜式研究』第15号、1998年）、「赤山明神と新羅明神」（鈴木靖民編『古代日本の異文化交流』勉成出版社、2008年）、「天武朝期の新嘗と諸国大祓」（服藤早苗ほか編『ケガレの文化史』森話社、2005年）、「熊野大神の創祀と出雲東部の境界領域」（『出雲古代史研究』第25号、2015年）

2016年９月30日発行

著　者　菊 地 照 夫
発行者　山 脇 由 紀 子
印　刷　亜細亜印刷㈱
製　本　協 栄 製 本 ㈱

発行所　東京都千代田区飯田橋4-4-8
（〒102-0072）東京中央ビル
TEL 03-3239-1467　振替 00140-0-20618
㈱同成社



ISBN978-4-88621-738-7 C3321

## 同成社古代史選書

①古代瀬戸内の地域社会　松原弘宣　著　三五四頁・八〇〇〇円
②天智天皇と大化改新　森田　悌　著　二九四頁・六〇〇〇円
③古代都城のかたち　舘野和己　編　二三八頁・四八〇〇円
④平安貴族社会　阿部　猛　著　三三〇頁・七五〇〇円
⑤地方木簡と郡家の機構　森　公章　著　三四六頁・八〇〇〇円
⑥隼人と古代日本　永山修一　著　二五八頁・五〇〇〇円
⑦天武・持統天皇と律令国家　森田　悌　著　二四二頁・五〇〇〇円
⑧日本古代の外交儀礼と渤海　浜田久美子　著　二七四頁・六〇〇〇円
⑨古代官道の歴史地理　木本雅康　著　三〇六頁・七〇〇〇円
⑩日本古代の賤民　磯村幸男　著　二三六頁・五〇〇〇円
⑪飛鳥・藤原と古代王権　西本昌弘　著　二三六頁・五〇〇〇円
⑫古代王権と出雲　森田喜久男　著　二二六頁・五〇〇〇円
⑬古代武蔵国府の成立と展開　江口　桂　著　三二二頁・八〇〇〇円
⑭律令国司制の成立　渡部育子　著　二五〇頁・五五〇〇円
⑮正倉院文書と下級官人の実像　市川理恵　著　二七四頁・六〇〇〇円
⑯古代官僚制と遣唐使の時代　井上　亘　著　三七〇頁・七八〇〇円
⑰日本古代の大土地経営と社会　北村安裕　著　二六二頁・六〇〇〇円
⑱古代天皇制と辺境　伊藤　循　著　三五四頁・八〇〇〇円
⑲平安宮廷の儀式と天皇　神谷正昌　著　二八二頁・六〇〇〇円
⑳律令国家の軍事構造　吉永匡史　著　二七四頁・六〇〇〇円

（全て本体価格）